应 用 型 人 才 培 养 规 划 教 材 · 经济管理系列

Excel

在会计和财务中的应用

（第二版）

于清敏　冯志英　曾小平 ◎ 主编

清华大学出版社
北京

内 容 简 介

本书共分 10 个项目，采用基于工作过程的任务驱动模式编写，由浅入深、循序渐进地介绍了 Excel 的基本知识和技能，并运用大量实例重点介绍了 Excel 在会计核算、财务分析、工资核算、固定资产管理中的应用技能与技巧。

本书内容翔实、步骤清晰、图文并茂、通俗易懂，既突出基础性知识，又重视实践性应用。每个项目都由真实的财务问题导入，在任务学习过程中穿插了大量的实例，每个项目最后都进行了相应的总结并安排了具有针对性的练习。

本书可作为高等院校会计、财务管理、信息管理等相关专业的教材，也可作为 Excel 财务应用的培训教材。

图书在版编目（CIP）数据

Excel 在会计和财务中的应用 / 于清敏，冯志英，曾小平主编. —2 版. —北京：清华大学出版社，2021.5（2024.8重印）

应用型人才培养规划教材·经济管理系列

ISBN 978-7-302-57885-7

Ⅰ. ①E… Ⅱ. ①于… ②冯… ③曾… Ⅲ. ①表处理软件—应用—会计—高等学校—教材 ②表处理软件—应用—财务管理—高等学校—教材 ③Excel Ⅳ. ①F232 ②F275-39

中国版本图书馆 CIP 数据核字（2021）第 057324 号

责任编辑：邓　婷
封面设计：刘　超
版式设计：文森时代
责任校对：马军令
责任印制：杨　艳

出版发行：清华大学出版社
　　　　　网　　　址：https://www.tup.com.cn，https://www.wqxuetang.com
　　　　　地　　　址：北京清华大学学研大厦 A 座　　　　邮　　编：100084
　　　　　社 总 机：010-83470000　　　　　　　　　　　邮　　购：010-62786544
　　　　　投稿与读者服务：010-62776969，c-service@tup.tsinghua.edu.cn
　　　　　质量反馈：010-62772015，zhiliang@tup.tsinghua.edu.cn
印 装 者：北京鑫海金澳胶印有限公司
经　　销：全国新华书店
开　　本：185mm×260mm　　　印　　张：13　　　字　　数：316 千字
版　　次：2014 年 9 月第 1 版　　2021 年 5 月第 2 版　　印　　次：2024 年 8 月第 6 次印刷
定　　价：45.00 元

产品编号：087470-01

前 言 | Foreword

Excel 是微软公司出品的 Office 系列办公软件的一个组件，不仅内置了数学、财务、统计等多种函数，还提供了数据分析与管理及图表与图片处理等功能。运用 Excel 可以进行各种数据处理、统计分析和辅助决策，因而 Excel 在会计核算、财务管理、审计、统计和管理等领域得到了广泛应用。

本书强调 Excel 技能在财会中的应用。编者在教材编写过程中不仅介绍了 Excel 的基本技能，而且结合财会工作实务，展示了 Excel 技能在财会中的应用案例。全书采用基于工作过程的任务驱动模式编写，按照 Excel 基本技能以及该技能在财务中的应用编制 10 个项目，每个项目都由实际财务问题导入，将项目分解为若干任务，通过完成任务来完成项目，项目编排由浅入深、循序渐进，遵循实际财务处理过程的先后顺序。

本书项目一～项目四为基础知识部分。项目一"认识 Excel"，帮助读者认识 Excel 的工作界面、单元格、工作表、工作簿并进行工作表的美化与打印。项目二"认识 Excel 的公式与函数"，帮助读者认识 Excel 的公式并介绍了几个常用财务函数。项目三"认识 Excel 的数据管理"，介绍了 Excel 数据清单的排序、筛选、分类汇总以及数据透视表功能。项目四"认识 Excel 的图表与图片"，介绍了 Excel 的常用图表制作，插入图片、剪贴画、艺术字及绘图功能。

本书项目五～项目十为应用部分。该部分又可分会计核算部分和财务分析部分。项目五～项目七、项目九和项目十为会计核算部分，该部分结合家电厂某年 12 月 48 笔会计业务，通过应用 Excel 编制会计凭证、日记账、科目汇总表、科目余额表、总账、资产负债表、利润表、工资核算、固定资产核算来完成公司的一套会计核算业务，使读者对使用 Excel 进行会计核算有更深入、全面的认识。项目八为财务分析部分，介绍了运用 Excel 对资产负债表、利润表以及现金流量表进行比率分析。该项目引用大量实际案例来阐释 Excel 在偿债能力分析、营运能力分析、盈利能力分析、发展能力分析以及综合分析中的应用，既有背景知识介绍，又有 Excel 实际应用案例，使读者进一步加深对 Excel 实用性的认识。

本书是对 2014 版教材的更新，更新内容如下：① 依托 Excel 2016 编写；② 为适应新的会计准则以及税法变革，对会计核算案例内容及会计分录进行了相应更新；③ 大幅调整了财务分析内容，本书的财务分析更强调建立财务分析报表体系，强调财务比率分析。

本书是集体智慧的结晶，编者都是从事多年教学工作并具有丰富实践经验的老师。全书由于清敏、冯志英、曾小平编写，具体分工如下：于清敏负责大纲拟定和全书总纂，同时负责编写项目三、五、六、七、八、九、十，冯志英、曾小平负责编写项目一、二、四。本书编纂过程中还得到了石艾生、左三查、陈钢、贺世强等人的支持和帮助，在此向他们表示感谢。在本书的编写过程中，参考了一些相关著作和文献，在此向这些著作和文献的作者深表感谢。由于编者水平有限，本书不足之处在所难免，欢迎广大读者批评指正。

编 者

2020 年 12 月

目 录 | Contents

项目一 认识 Excel

对于未曾用过 Excel 的用户来说，第一次使用 Excel 会很茫然。例如，不熟悉 Excel 中单元格、工作表、工作簿的概念以及 Excel 的基本操作，不熟悉 Excel 工作界面中各菜单以及各种工具的用法。

本项目由一个情景问题引入，通过完成各任务认识 Excel 的工作界面、单元格、工作表和工作簿，了解 Excel 工作表的美化与打印，解决该项目中的情景问题，从而加深读者对 Excel 电子表格的认识。

 情景描述

小王是刚毕业的大学生，通过面试进入一家企业从事财务会计工作。上班的第一天，财务主管交给她一项工作，将本月的手写利润表用 Excel 输入计算机，然后设置表格的格式，最后设置打印区域和页面格式等并将该利润表打印在一张纸上，其打印结果如图 1-1 所示。

利润表

项 目	行数	本月数
编制单位：粤顺小家电厂　　时间：20xx年01月31日		单位：元
一、主营业务收入	1	106,000.00
减：主营业务成本	4	35,000.00
主营业务税金及附加	5	5,300.00
二、主营业务利润（亏损以"-"号填列）	10	65,700.00
加：其他业务利润（亏损以"-"号填列）	11	0.00
减：营业费用	14	7,480.00
管理费用	15	16,450.00
财务费用	16	600.00
三、营业利润（亏损以"-"号填列）	18	41,170.00
加：投资收益（损失以"-"号填列）	19	0.00
补贴收入	22	
营业外收入	23	10,000.00
减：营业外支出	25	2,000.00
四、利润总额（亏损总额以"-"号填列）	27	49,170.00
减：所得税	28	16,226.10

图 1-1 利润表

 问题分析

为了完成财务主管交代的工作，对 Excel 一无所知的小王必须通过学习完成以下 4 项任务，即任务一"认识 Excel 的工作界面"；任务二"认识 Excel 的单元格"；任务三"认识 Excel 的工作表和工作簿"；任务四"Excel 工作表的美化与打印"。

学习目标

- 熟悉 Excel 的工作界面，理解 Excel 中单元格、工作表、工作簿等基本概念；
- 能够对 Excel 的单元格、工作表、工作簿进行基本的操作；
- 能够美化 Excel 工作表，设置打印页面格式并打印。

任务一　认识 Excel 的工作界面

一、任务目的及要求

目的：通过本次任务，读者能够掌握 Excel 的启动方法，熟悉 Excel 工作界面中各组成部分的名称。

要求：每 6 人组成一个学习小组，共同练习 Excel 的启动方法，共同探讨 Excel 工作界面的组成以及各部分的功能。

二、背景知识

1. Excel 的启动

Excel 的启动方法主要有以下两种。

（1）用"开始"菜单启动：选择"开始"→"程序"→Microsoft Office→Microsoft Office Excel 命令。

（2）用快捷方式启动：如果经常使用 Excel，可以在桌面上创建一个快捷方式，在启动 Windows 后，桌面上就会有一个 Excel 的图标，双击该图标，就可以启动 Excel。

2. Excel 的工作界面

启动 Excel 后，Excel 的工作界面即呈现在我们面前，该界面由快捷访问工具栏、标题栏、选项卡、功能区、工作表编辑区、状态栏、视图栏组成，如图 1-2 所示。

（1）快捷访问工具栏：位于工作界面的左上方，主要将常用的命令工具以按钮的形式整合在一起。默认情况下，快捷访问工具栏包含 3 个按钮，分别是"保存"按钮■、"撤销"按钮■和"恢复"按钮■。

（2）标题栏：位于工作界面的顶端，主要由文件名称、应用程序名称和窗口控制按钮组成，如图 1-2 所示，当前使用的文件名称为"工作簿 1.xlsx"。在标题栏中，窗口控制按钮有 3 个，分别是"最小化"按钮■、"最大化"按钮■和"关闭"按钮■，分别用于最小化窗口、最大化窗口和关闭窗口。

（3）"文件"选项卡：该选项卡中包括"新建""打开""保存""关闭""打印"等常用功能，它相当于以往版本中"文件"菜单和"打印"菜单，并扩展了一些功能。

（4）功能区：Excel 将各类操作整合在功能区中，方便用户直观地选择需要进行的操作，该区域主要由选项卡、组和按钮组成，如图 1-3 所示。

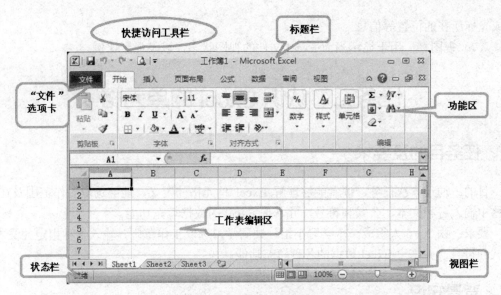

图 1-2 Excel 工作界面

图 1-3 功能区

功能区各组成部分的具体功能如下。

● 选项卡：在 Excel 中，将所有功能分类归纳到不同的选项卡中，除"文件"选项卡外，默认情况下显示 7 个选项卡，分别是"开始""插入""页面布局""公式""数据""审阅""视图"。

● 组：组是构成选项卡的基本单位，主要用于将执行特定操作的所有命令整合到一起。对于某些组而言，系统还提供了一个对话框启动器按钮，单击该按钮，在打开的对话框中可以进行更多的操作。

● 按钮：按钮是构成组的基本单位，单击每个按钮都可以完成相应的功能。

（5）工作表编辑区：是编辑表格的主要场所，主要由名称框、编辑栏、工作表切换按钮、工作表标签组和单元格组成。编辑栏用于显示当前活动单元格中的数据或公式，是 Excel 特有的工具栏，如图 1-4 所示。其左侧显示单元格的名称，右侧显示单元格的数据或公式。

图 1-4 工作表编辑区的编辑栏

编辑栏下方的单元格区域是用来记录数据的区域，占据着最大的窗口面积，所有信息都将存储于这张表格中，编辑区上端是单元格的列标，左端是行号，右端是垂直滚动条，单击向上和向下按钮或拖动其中的滚动条，可以实现编辑区的上下移动。

（6）状态栏：用于显示当前的操作状态，如有关命令、工具栏、按钮、正在进行的操作或光标所在的位置等信息。

（7）视图栏：用于显示当前 Excel 文件的视图状态，以及显示比例。

任务二　认识 Excel 的单元格

一、任务目的及要求

目的：通过本次任务，读者能够理解 Excel 单元格的定义，能够选取工作范围及在单元格中输入各种文本、公式和符号，并掌握 Excel 的数据填充功能。

要求：由 3~6 人组成一个学习小组，共同学习选取工作范围，输入各种指定的文本、公式和符号，并练习 Excel 数据的各种填充功能。

二、背景知识

1. 认识 Excel 的单元格

启动 Excel 工作簿，将光标置于工作表编辑区，光标所在的位置即为单元格，如图 1-5 所示。

单元格是工作簿的基本对象的核心，也是组成 Excel 工作簿的最小单位。图 1-5 中的白色方格就是单元格。单元格可以记录字符或者数据。在 Excel 的操作中，一个单元格内记录信息的长短并不重要，关键是以单元格作为整体进行操作。实际上，单元格的长度、宽度及单元格内字符串的类型可以根据需要进行改变。

单元格可以通过位置标识，每一个单元格均有对应的列号（列标）和行号（行标）。一般来说，如图 1-5 所示，A1、B2、C3 等就是相应单元格的位置。在确认工作表中某一个单元格时，只要向上找到该单元格的列号字母，向左找到该单元格所在的行号数字，将它们结合在一起就可以作为该单元格的标识。

2. 选取工作范围

Excel 中的工作范围是指一组选定的单元格，它们可以是连续的，也可以是离散的，如图 1-6 所示。如果选定一个范围后再进行操作，则这些操作将作用于该范围内的所有单元格。例如，可以对一个范围内的单元格同时设置大小、边框和注释。当然，范围由用户选定，它可以是一个单元格，也可以是许多单元格，甚至是整个工作表和整个工作簿。

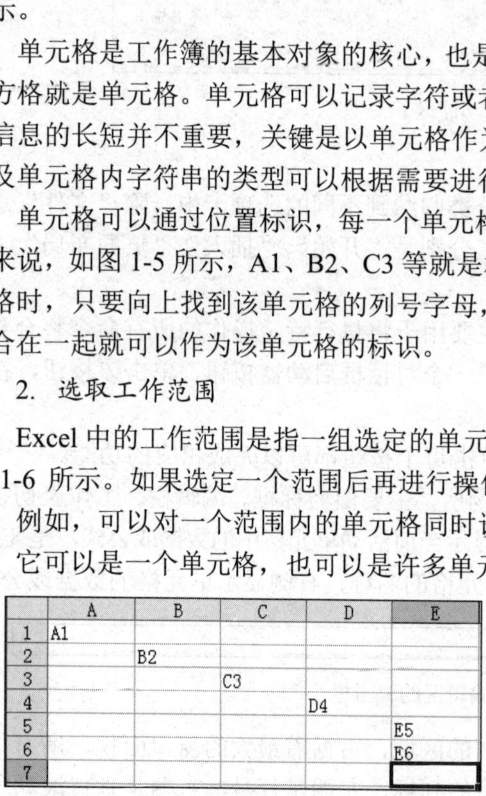

图 1-5　单元格示例

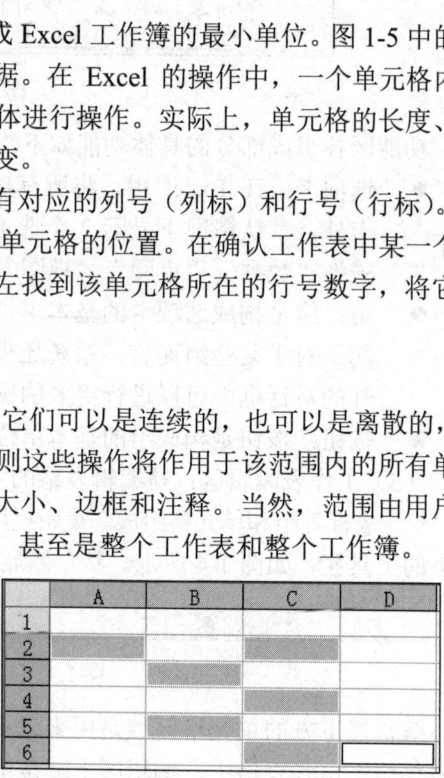

图 1-6　工作范围

工作范围是一个单元格时，选取操作很简单，只要单击该单元格就可以选中这个工作范围。但是，工作范围一般包括若干个单元格，这又可分为如下几种情况。

（1）如果要选中工作表中的一片连续区域，可以在要选区域一角的单元格上单击并按住鼠标左键，然后拖动鼠标，这时屏幕上会出现一片暗色区域，当这片区域刚好覆盖要选中的区域时，释放鼠标左键，此区域就被选中为工作范围。

（2）如果要选择几个不相连的区域或单元格，可以按住 Ctrl 键，再选择单个或多个单元格，即可选定所需的工作范围。

（3）如果要选中一行或一列单元格，可以单击列号区的字母或者行号区的数字，则该列或者该行单元格就被选中为工作范围。

3. 数据的输入

1）输入文本

打开一张新工作表，启动所需的输入法并选中目标单元格后，即可开始输入数据。在向单元格中输入数据时，需要掌握以下 3 种基本输入方法。

（1）单击目标单元格，然后直接输入。

（2）双击目标单元格，单元格中会出现插入光标，将光标移至所需的位置后，即可输入数据（这种方法多用于修改单元格中的数据）。

（3）单击目标单元格，再单击编辑栏，然后在编辑栏中编辑或修改数据。

文本包括汉字、英文字母、特殊符号、数字、空格以及其他能从键盘输入的符号。在 Excel 中，一个单元格最多可容纳 32,767 个字符，编辑栏可以显示全部的字符，而单元格内最多只可以显示 1,024 个字符。

在向单元格中输入文本时，如果相邻单元格中没有数据，那么 Excel 允许长文本覆盖其右边相邻的单元格；如果相邻单元格中有数据，则当前单元格只显示该文本的开头部分。要想查看并编辑单元格中的所有内容，可以单击该单元格，此时编辑栏会将该单元格的内容显示出来，如图 1-7 所示。

图 1-7　显示单元格中的所有内容

2）输入数字

数字也是一种文本，和输入其他文本一样，在工作表中输入数字也很简单。要在一个单元格中输入一个数字，首先用鼠标或键盘选定该单元格，然后输入数字，最后按 Enter 键。

在 Excel 中，可作为数字使用的字符包括 0、1、2、3、4、5、6、7、8、9、-、( )、.、e、E、/、$、¥、%。

在单元格中输入数字时，有一点与其他文本不同，即单元格中的数字和其他文本的对齐方式不同。默认情况下，单元格中文本的对齐方式为左对齐，而数字是右对齐。如果要改变对齐方式，可在"单元格格式"对话框中进行设置。

在向单元格中输入某些数字时，其格式不同，输入方法也不同。下面着重介绍分数和负数的输入方法。

（1）输入分数。在工作表中，分式常以斜杠"/"来分界分子和分母，其格式为"分子/分母"，但日期的输入方法也是以斜杠来分隔年、月、日，如"2006 年 2 月 27 日"可以表示为"2006/2/27"，这就有可能造成在输入分数时系统将分数当成日期的错误。

为了避免发生这种情况，Excel 规定：在输入分数时，须在分数前输入 0 作区别，并且 0 和分子之间用空格隔开。例如，要输入分数 1/4，需输入"0 1/4"。如果没有输入 0 和一个空格，Excel 会将该数据作为日期处理，认为输入的内容是"1 月 4 日"。

（2）输入负数。在输入负数时，可以在负数前输入减号"-"作为标识，也可以将数字置于括号"( )"中。例如，在选定的单元格中输入"(1)"，再按 Enter 键，即显示为-1。

3）输入日期和时间

日期和时间实际上也是一种数字，只不过有其特定的格式。Excel 能够识别绝大多数用普通表示方法输入的日期和时间格式。在输入 Excel 可以识别的日期或时间数据之后，该数据在单元格中的格式将变为 Excel 某种内置的日期或时间格式。

用户可以使用多种格式来输入一个日期，如可以用斜杠"/"或"-"来分隔日期的年、月和日。传统的日期表示方法以两位数来表示年份，如"2003 年 6 月 28 日"可以表示为"03/6/28"或"03-6-28"。当在单元格中输入"03/6/28"或"03-6-28"并按 Enter 键后，Excel 会自动将其转换为默认的日期格式，并将两位数表示的年份更改为 4 位数的年份。

默认情况下，当用户输入以两位数字表示的年份时，会出现以下两种情况。

（1）当输入的年份为 00～29 的两位数年份时，Excel 将解释为 2000～2029 年。例如，如果输入"28/2/27"，则 Excel 将认为日期为 2028 年 2 月 27 日。

（2）当输入的年份为 30～99 的两位数年份时，Excel 将解释为 1930～1999 年。例如，如果输入"30/2/27"，则 Excel 将认为日期为 1930 年 2 月 27 日。

在单元格中输入时间的方式有两种：按 12 小时制或按 24 小时制。二者的输入方法不同。如果按 12 小时制输入时间，要在时间数字后加一空格，然后输入"a"（AM）或"p"（PM），a 表示上午，p 表示下午。例如，下午 4 时 30 分 20 秒的输入格式为 4:30:20 p。如果按 24 小时制输入时间，则只需输入 16:30:20 即可。如果只输入时间数字，而不输入 a 或 p，则 Excel 将默认为上午的时间。

4）输入公式

公式是指一个等式，利用它可以从已有的值计算出一个新值。公式中可以包含数值、算术运算符、单元格引用和内置等式等。

Excel 最强大的功能之一是计算。用户可以在单元格中输入公式，以便对工作表中的数据进行计算。只要输入正确的计算公式，经过简单的操作步骤后，计算的结果将显示在相应的单元格中。如果工作表内的数据有变动，系统会自动将变动后的结果显示出来。

　　在 Excel 中，所有的公式都以等号开始。等号标志着数学计算的开始，它也告诉 Excel 将其后的等式作为一个公式来存储。公式中可以包含工作表中的单元格引用。这样，单元格中的内容即可参与公式中的计算。单元格引用可与数值、算术运算符以及函数一起使用。

　　输入公式的具体操作步骤如下：

　　（1）选中要输入公式的单元格。

　　（2）在单元格中输入一个等号"="。

　　（3）输入公式的内容，如 2+6、A2+B3、B1+5 等。

　　（4）按 Enter 键。

　　5）输入符号和特殊字符

　　如果要输入键盘上没有的符号，具体操作步骤如下：

　　（1）选中目标单元格。

　　（2）选择"插入"→"符号"命令，打开"符号"对话框，系统默认打开"符号"选项卡，如图 1-8 所示。

图 1-8　"符号"选项卡

　　（3）在"符号"选项卡的列表框中选择所需的符号，然后单击"插入"按钮。

　　（4）此时"取消"按钮将变为"关闭"按钮，单击该按钮，即可在单元格中输入所需的符号。

　　如果要输入键盘上没有的特殊字符，具体操作步骤如下：

　　（1）选中目标单元格。

　　（2）选择"插入"→"符号"命令，打开"符号"对话框，然后切换到"特殊字符"选项卡，如图 1-9 所示。

　　（3）在"特殊字符"选项卡的"字符"列表框中选择所需的特殊字符，然后单击"插入"按钮。

　　（4）此时"取消"按钮将变为"关闭"按钮，单击该按钮，即可在单元格中输入所需的特殊字符。

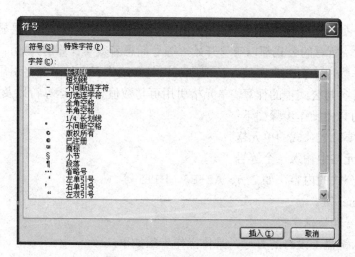

图 1-9   "特殊字符"选项卡

6）数据的快速填充

在表格中经常要输入一些有规律的数据，如果按常规逐个输入这些数据，既费时又容易出错。下面介绍如何又快又准确地输入这些有规律的数据。

（1）在多个单元格中输入相同的数据。如果表格中有很多单元格的内容是相同的，显然逐个重复输入很麻烦，可使用一次填充多个单元格的方法。

首先选择需要输入相同数据的多个单元格，然后输入数据。这时，只在活动单元格（最后选择的单元格）中显示输入的内容，同时按 Ctrl 和 Enter 键，在所有选中的单元格中都将出现相同的输入数据，如图 1-10 所示。

▶ **注意：** 一定要同时按 Ctrl 和 Enter 键。如果只按 Enter 键，那么只会在活动单元格中输入数据。

（2）自动完成输入功能。如果在单元格中输入的起始字符与该列已有单元格中的内容相符，那么 Excel 可以自动填写其余的字符，如图 1-11 所示。

图 1-10   输入数据

图 1-11   自动完成输入

按 Enter 键可以接受自动提供的字符。如果不想采用，继续输入内容即可。按 Backspace 键可以清除自动提供的字符。

自动完成输入功能还有另外一种形式。如图 1-12 所示，右击单元格，在弹出的快捷菜单中选择"从下拉列表中选择"命令，Excel 将列出所在列所有相邻单元格中的内容供用户选择。

（3）自动填充。如果需要输入的数字或文字数据并不是完全一样，而是遵循某种规律，那么该如何处理呢？例如，需要输入 1～100 作为编号。显然，逐个手动输入很麻烦。这时，就需要用 Excel 的自动填充功能在连续的单元格内产生有规律的序列。

首先应建立一段有规律的数据，然后选中它们。这段有规律的数据既可以在同一列，也可以在同一行，但是必须在相邻的单元格中。

假设建立了一个 1~3 的序列，如图 1-13 所示。单击按住填充控制点，向下拖动到合适的位置后释放鼠标，Excel 就会按照已有数据的规律来填充选中的单元格，如图 1-14 所示。

图 1-12 选择列表   图 1-13 自动填充前   图 1-14 自动填充后

自动填充还有另外一种方式。如果用鼠标右键拖动填充控制点，那么将会弹出如图 1-15 所示的快捷菜单。在这个快捷菜单中，可以改变填充的方式或指定填充的规律。主要命令含义如下。

图 1-15 填充的方式

* 选择"复制单元格"命令，可将选中的单元格中的内容填充到拖动范围内其他的单元格中。

* 选择"填充序列"命令，可按照选中的单元格中数据的规律进行填充。

* 选择"仅填充格式"命令，则仅仅填充格式而不会填充数据。

* 选择"不带格式填充"命令，则按照新单元格的格式填充数据。

* 选择"等差序列"或"等比序列"命令，可分别根据已有的数据，按照等差序列或等比序列的规律填充其他单元格。

选择"序列"命令，将打开"序列"对话框。在该对话框中，可以设置自动填充的规律。单击"确定"按钮即可完成自动填充操作。

使用 Excel 处理日常事务时，经常需要填充日期序列。Excel 提供了十分方便的日期填充功能。首先在单元格中输入一个日期，如 2005-5-25，然后用鼠标右键拖动填充控制点，可在打开的快捷菜单中选择日期的填充方式。如图 1-16 所示，一共有 4 种填充方式："以天数填充"指依次填入以输入日期开始的每一天；"以工作日填充"指跳过周六和周日，只填充工作日；"以月填充"指填充每月中和输入日期同处在一天的日期；"以年填充"指填充每年中和输入日期处在同一月、同一天的日期（即仅改变年份）。

（4）用户自定义填充序列。Excel 提供了 11 种预定义的序列，除此之外，还允许用户根据实际需要自定义序列。自定义序列的操作步骤如下：

① 选择"文件"→"选项"命令，打开"Excel 选项"对话框。

② 在"Excel 选项"对话框中打开"高级"选项卡，向下拖动滚动条找到并单击"编辑自定义列表"按钮，弹出"自定义序列"对话框，如图 1-17 所示。

 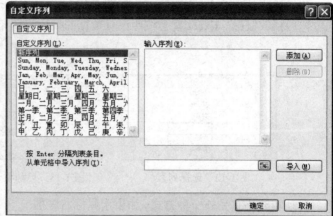

图 1-16 日期的填充方式   图 1-17 自定义填充序列的设置

③ 在"输入序列"文本框中输入新序列，序列内容之间按 Enter 键隔开，如输入序列"上，中，下"。

④ 单击"添加"按钮，此时"自定义序列"列表中出现新建序列内容。

⑤ 单击"确定"按钮，完成自定义序列的设置并返回工作界面。

此时，单击工作表中的某一单元格，输入"上"，然后向右拖动填充柄，释放鼠标即可得到自动填充的"上，中，下"序列。

任务三 认识 Excel 的工作表和工作簿

一、任务目的及要求

目的：通过本次任务，读者能够理解 Excel 工作表、工作簿的定义，能够启用、保存和重命名工作簿，能够激活、插入和删除、移动和复制、拆分和冻结工作表。

要求：由 3～6 人组成一个学习小组，共同练习 Excel 工作簿的启用及保存操作，以及工作表的各种操作。

二、背景知识

当开始运行 Excel 时，首先看到的界面就是工作表，如图 1-18 所示。工作表是由许多排列整齐的单元格集中在一起构成的。工作表能够存储字符串、数字、公式、图表，甚至声音等各种信息或数据。用户不仅能在计算机上对这些工作表中的信息和数据进行各种操作，还能将工作表打印出来进行存档和查阅。

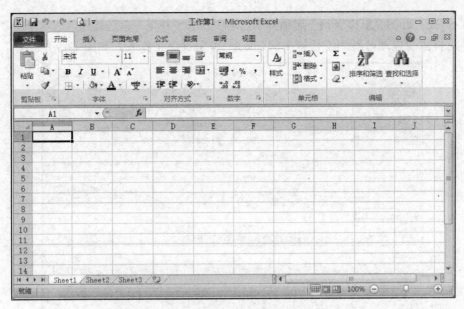

图 1-18 工作表

使用工作表可以对数据进行组织和分析,也可以同时在多张工作表上输入并编辑数据,还可以对来自不同工作表的数据进行汇总计算。在创建图表之后,既可以将其置于源数据所在的工作表上,也可以将其放置在单独的图表工作表上。工作表由单元格组成,纵向为列,分别以字母命名(如 A、B、C 等);横向为行,分别以数字命名(如 1、2、3 等)。

工作表的名称显示在工作簿窗口底部的工作表标签上。要从一张工作表切换到另一张工作表进行编辑,可以单击工作表标签。活动工作表的名称反相显示。可以在一个工作簿内或两个工作簿之间对工作表进行重命名、添加、删除、移动或复制等操作。

如图 1-18 所示的工作表,当前的名字为 Sheet1。每张工作表均有一个标签与之对应,标签上的内容就是工作表的名称。对于 Excel,一张工作表最多可以有 1,048,576 行、16,384 列数据。将光标移到工作表中的某一单元格上单击,该单元格的边框将变为粗黑线,表示该单元格已被选中。在图 1-18 中,选中的单元格是 A1,即 A 列第 1 行。在工作表中选中单元格后,即可输入字符串、公式、数字和图表等信息。

工作簿是指在 Excel 环境中用来存储并处理工作数据的文件,它可以拥有许多不同类型的工作表。对于 Excel,在一个工作簿中最多可以有 255 张工作表。当启动 Excel 时,系统会自动打开一个新的工作簿,如图 1-18 所示的"工作簿 1",该工作簿一般有 3 张默认的工作表 Sheet1、Sheet2 和 Sheet3,当前的工作表是 Sheet1。

在工作簿中,要切换到相应的工作表,只需单击工作表标签,相应的工作表就会成为当前工作表,而其他工作表被隐藏起来。如果想要在屏幕上同时看到一个工作簿的多张工作表(如 Sheet1 和 Sheet2),只需打开工作簿并且显示其中的一张工作表 Sheet1,然后进行以下操作:

(1)选择"视图"→"新建窗口"命令。

(2)单击新建窗口中的 Sheet2。

(3)选择"视图"→"全部重排"命令。

（4）在打开的"重排窗口"对话框中，选中"水平并排"单选按钮，然后单击"确定"按钮。这样就可以同时看到工作簿 1 的 Sheet1 和 Sheet2 工作表，如图 1-19 所示。

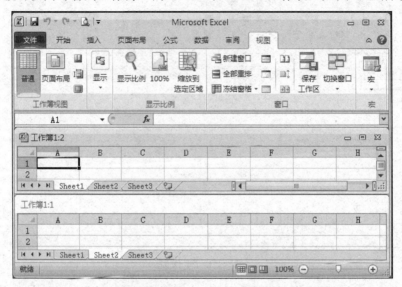

图 1-19　显示屏同时显示一个工作簿的多张工作表

1. 启动工作簿

Excel 工作簿的启动方法主要有下列两种。

（1）用"开始"菜单启动：选择"开始"→"程序"→Microsoft Office→Microsoft Office Excel 命令。

（2）用快捷方式启动：如果经常使用 Excel，可以在桌面上创建一个快捷方式，双击该快捷方式的图标，就可以启动 Excel。

2. 保存与重命名工作簿

要将新工作簿保存在 D 盘的根目录下并重命名，具体步骤如下：

（1）将光标移至已启用的新工作簿的"文件"选项卡上。

（2）单击该"文件"选项卡，在如图 1-20 所示的下拉菜单中选择"另存为"命令。

（3）弹出"另存为"对话框，在"保存位置"下拉列表框中选择保存的位置为 D 盘根目录，并将文件名更改为"点名表"即可，如图 1-21 所示。

3. 激活工作表

要激活一张工作表，可以使用以下方法之一。

（1）单击工作簿底部的工作表标签。

（2）使用键盘，按 Ctrl+PageUp 快捷键激活当前页的前一张工作表，然后按 Ctrl+PageDown 快捷键激活当前页的后一张工作表。

（3）使用工作表标签滚动按钮。当工作簿中显示不了过多的工作表标签时，可以单击标签滚动按钮对工作表标签进行翻页。标签滚动按钮 |◀ ◀ ▶ ▶| 在工作簿的左下方。

如果要滚动显示其他工作表标签，在所需方向上连续单击标签滚动按钮中的滚动箭头，直到所需工作表标签显示在屏幕上；如果要一次滚动多张工作表，按 Shift 键，再单击标签滚动按钮中的标签滚动箭头；如果要显示最前或者最后一张工作表，则可以单击标签滚动按钮左侧或者右侧的标签滚动按钮。

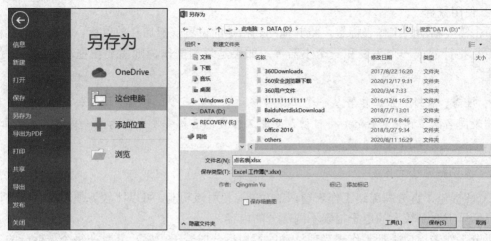

图 1-20 "另存为"命令　　　　　　　　图 1-21 保存工作簿

如果右击标签滚动按钮，则可以直接从弹出的当前工作簿的所有工作表列表中选择需要切换到的工作表标签。

4. 插入和删除工作表

在编辑过程中，经常需要插入一张新的工作表，可以使用以下操作方法之一。

（1）单击"开始"选项卡"单元格"组中的"插入"下拉按钮，在弹出的菜单中选择"插入工作表"命令。

（2）在需要插入工作表的后一个工作表标签上右击，在弹出的快捷菜单中选择"插入"命令。

如果要删除某张工作表，可以使用以下操作方法之一。

（1）单击"开始"选项卡"单元格"组中的"删除"下拉按钮，在弹出的菜单中选择"删除工作表"命令。

（2）在需要删除的工作表标签上右击，在弹出的快捷菜单中选择"删除"命令。

▶ **注意**：工作表被删除以后将无法恢复，所以在删除之前要慎重考虑。

5. 移动和复制工作表

Excel 的工作表可以在一个或者多个工作簿中移动。如果要将一张工作表移动或者复制到不同的工作簿中，两个工作簿必须是打开的。移动和复制工作表可以使用以下操作方法之一。

1）使用菜单

使用菜单移动或复制工作表的具体步骤如下：

（1）激活要移动的工作表。

（2）右击，在弹出的快捷菜单中选择"移动或复制"命令，打开"移动或复制工作表"对话框，如图 1-22 所示。

（3）在"工作簿"下拉列表框中选择需要移到的工作簿，在"下列选定工作表之前"

列表框中选择要移至位置之后的工作表。如果要移动，则取消选中"建立副本"复选框；如果要复制，则应选中"建立副本"复选框。单击"确定"按钮。

2）使用鼠标

单击需要移动的工作表标签，将其拖动到指定的位置，然后释放鼠标。在拖动的过程中，鼠标指针变成一个小表和一个小箭头。如果是复制操作，则需要在拖动鼠标时按住 Ctrl 键。

▶ **注意**：若将一张工作表从一个工作簿移动到另外一个工作簿，而目标工作簿含有与此工作表同名的工作表，Excel 将自动改变此工作表的名称并使之变为唯一的名称。例如，"工作表"变为"工作表（2）"。

6. 拆分和冻结工作表

Excel 提供了拆分和冻结工作表窗口的功能，利用该功能，可以比较方便地在有限的计算机显示屏上看到较大的电子报表不同部分的内容。

拆分工作表窗口是把工作表当前活动的窗口拆分成若干窗格，并且在每个被拆分的窗格中都可以通过滚动条来显示工作表的每一个部分，如图 1-23 所示。

图 1-22　"移动或复制工作表"对话框

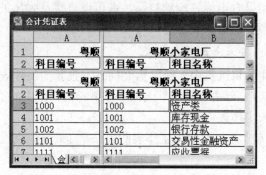

图 1-23　拆分工作表

拆分工作表的操作步骤如下：

（1）选定拆分分隔处的单元格，该单元格的左上角就是拆分的分隔点。

（2）单击"视图"选项卡"窗口"组中的"拆分"按钮。

如果要取消窗口拆分，再次单击"拆分"按钮即可。

冻结工作表窗口也是将当前工作表活动窗口拆分成窗格。所不同的是，在冻结工作表窗口时，活动工作表上方和左边窗格将被冻结，即当垂直滚动时，冻结点上方的全部单元格不参与滚动；当水平滚动时，冻结点左边的全部单元格不参与滚动。通常情况下，冻结行标题和列标题，然后通过滚动条查看工作表的内容，如图 1-24 所示。

冻结工作表的操作步骤如下：

（1）选择一个单元格作为冻结点，在冻结点上方和左边的所有单元格都将被冻结，并保留在屏幕上。

（2）单击"视图"选项卡"窗口"组中的"冻结窗格"下拉按钮，在弹出的菜单中选择"冻结拆分窗格"命令。

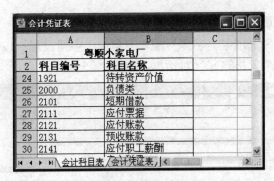

图 1-24 冻结工作表

如果要撤销窗口冻结，可以单击"视图"选项卡"窗口"组中的"冻结窗格"下拉按钮，在弹出的菜单中选择"取消窗口冻结"命令。

任务四　Excel 工作表的美化与打印

一、任务目的及要求

目的：通过本次任务，读者能够进行 Excel 工作表外观参数（如数字、对齐、字体、边框、图案等）的设置，美化工作表，学会自动套用格式及打印 Excel 工作表的方法与步骤。

要求：由 3～6 人组成一个学习小组，完成本项目开始情景问题中财务主管交给小王的工作，将利润表输入 Excel 工作表中并打印在一张 A4 纸上。

二、背景知识

一张好的 Excel 数据表格既要有翔实的数据和公式，又要有漂亮的外观。下面通过对表格外观参数（如数字、对齐、字体、边框、图案等）的设置来美化工作表。

1. 设置单元格格式

美化工作表的第一步是设置单元格的格式，包括字体格式、对齐方式、数字显示格式和填充与边框等的设置。只有恰当地集合这些元素，才能更好地表现数据，使表格美化，使数字更加突出。单元格格式最基本的设置是字体设置，可通过"开始"选项卡"字体"组中的命令按钮来设置，也可以用"设置单元格格式"对话框来设置。利用前一种方法设置字体直观、简单、快捷，利用后一种方法设置字体虽然相对复杂，但是功能更加全面。下面着重介绍利用"设置单元格格式"对话框来设置字体。

在 Excel 中，打开"设置单元格格式"对话框的方法有多种，可以单击"字体"组中的"字体设置"按钮来打开，也可以通过右键快捷菜单中的"设置单元格格式"命令来打开，还可以使用"开始"→"单元格"→"格式"→"设置单元格格式"命令来打开。在"设置单元格格式"对话框中设置字体的方法与操作步骤如下：

（1）选中要进行单元格设置的单元格或者单元格区域。

（2）单击"开始"选项卡"字体"组右下角的"字体设置"按钮。

（3）弹出"设置单元格格式"对话框，如图 1-25 所示。

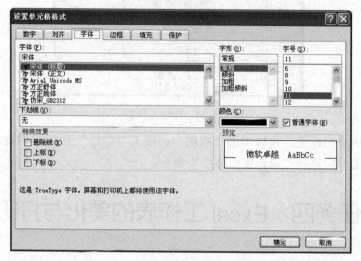

图 1-25　"设置单元格格式"对话框

（4）在"设置单元格格式"对话框中，切换到目标选项卡，进行相应的格式设置，然后单击"确定"按钮即结束格式设置任务。

1）"数字"格式设置

如果要设置格式的单元格内的数据是数值、日期、时间、百分比、科学计数等，可以将"设置单元格格式"对话框切换到"数字"选项卡进行格式设置。例如，将单元格数据12000.065 设置为只显示两位小数并显示千位分隔符，可以先将"设置单元格格式"对话框切换至"数字"选项卡，然后在"分类"列表框中选择"数值"，在右侧"小数位数"数值框中选择数字"2"，并选中"使用千位分隔符"复选框，如图 1-26 所示。此时单元格中的数值则显示为 12,000.07。

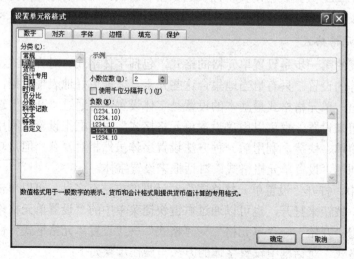

图 1-26　"数字"选项卡

2）"对齐"格式设置

选中要进行格式设置的单元格或者单元格区域，右击，在弹出的快捷菜单中选择"设置单元格格式"命令，打开"设置单元格格式"对话框，切换至"对齐"选项卡，如图 1-27 所示，可以对目标单元格设置对齐方式。

图 1-27　"对齐"选项卡

"文本对齐方式"下有 3 个选项："水平对齐""垂直对齐""缩进"，分别用于设置所选单元格的水平对齐方式、垂直对齐方式及单元格的缩进方式。

"文本控制"下有 3 个复选框："自动换行""缩小字体填充""合并单元格"。选中"自动换行"复选框，表示目标单元格中的文本如果在列宽不变的前提下无法完全显示，可以自动增加行高换行显示；选中"缩小字体填充"复选框，表示目标单元格在行高、列宽都不变的前提下缩小字体填充指定大小的单元格；选中"合并单元格"复选框，表示目标单元格区域将被合并为一个单元格。

"文字方向"下拉列表框与右侧的"度"数值框合用，可以设置目标单元格显示的方向与斜度。

3）"字体"格式设置

将"设置单元格格式"对话框切换至"字体"选项卡，即可进行目标单元格的字体设置，如图 1-28 所示。

在该选项卡中，"字体"文本框表示目标单元格字体的显示方式，如宋体、楷体、黑体等，使用者可以根据需要选择。"字形"文本框表示单元格字形显示方式，如常规、倾斜、加粗等。"字号"文本框显示目标单元格中的字号大小，所选择的数字越大，字号越大。"下画线"下拉列表框用于选择目标单元格是否显示下画线以及下画线的显示方式。"颜色"下拉列表框用于选择目标单元格文本的显示颜色。"特殊效果"下有 3 个复选框："删除线""上标""下标"。如果选中"删除线"复选框，则在目标单元格文本上加一个删除线；如果选中"上标"复选框，则目标单元格文本显示为上标样式；如果选中"下标"复选框，则目标单元格文本显示为下标样式。

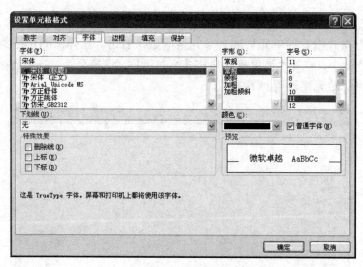

图 1-28　"字体"选项卡

4）"边框"格式设置

将"设置单元格格式"对话框切换至"边框"选项卡，显示如图 1-29 所示的"边框"格式设置。

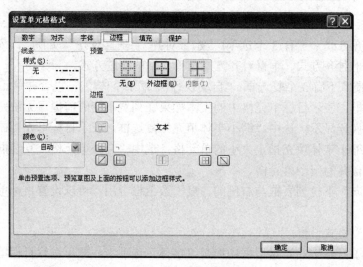

图 1-29　"边框"选项卡

该选项卡的"预置"下有 3 个选项："无""外边框""内部"。选择"无"选项，表示目标单元格区域不设边框或者取消以前的边框显示；选择"外边框"选项，表示显示目标单元格区域的外边框，如果同时设置"边框""线条""颜色"选项，可以设置外边框线条的样式和颜色；选择"内部"选项，表示显示目标单元格区域的内部线条，如果配合设置"边框""样式""颜色"，可以设置内部线条显示的样式和颜色。

5）"填充"格式设置

将"设置单元格格式"对话框切换至"填充"选项卡，如图 1-30 所示，即可对目标单元格进行"填充"设置。

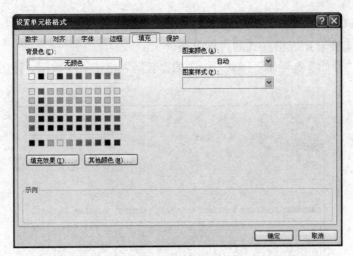

图 1-30 "填充"选项卡

在该选项卡中,"图案颜色"下拉列表框用于设置目标单元格底纹的颜色,"图案样式"下拉列表框用于设置目标单元格显示的图案样式。

2. 设置单元格样式

Excel 为用户提供了单元格样式,用户可以直接应用到选定的单元格中,从而方便、快捷地设置单元格的样式,美化工作表。快速应用单元格样式的操作方法与步骤如下:

(1)选中需要设置单元格样式的单元格或者单元格区域。

(2)单击"开始"选项卡"样式"组中的"单元格样式"按钮,弹出的单元格样式如图 1-31 所示。

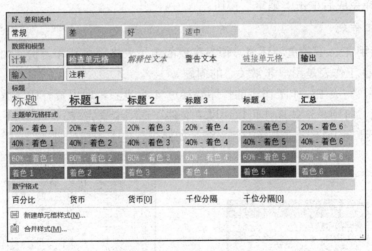

图 1-31 设置单元格样式

(3)选择单元格或者单元格区域所需的样式即可。

3. 设置套用表格格式

Excel 提供了许多预定义的表样式(或快速样式),使用这些样式可快速套用表格式。如果预定义的表样式不能满足需要,可以创建并应用自定义的表样式。应用预定义的表样式的方法与步骤如下：

（1）打开需要套用表格样式的目标表格。

（2）单击"开始"选项卡"样式"组中的"套用表格格式"按钮，弹出各种表格格式，如图 1-32 所示。

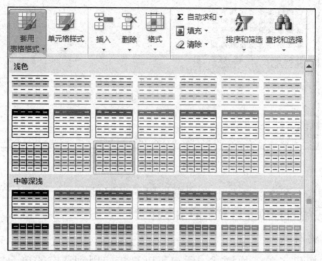

图 1-32   套用表格格式

（3）选择所需的表格格式，弹出"套用表格式"对话框，如图 1-33 所示。

（4）在该对话框中单击"表数据的来源"文本框右侧的按钮，即可选择要套用表格式的区域。

（5）选择完成后单击"确定"按钮。

4. 打印工作表

打印是应用 Excel 的重要环节，很多重要的电子表格都要打印备份。如何在指定的纸张上打印 Excel 工作表是用户非常关心的问题。

大体来讲，完成 Excel 工作表的打印要经过 4 个步骤，即设置打印区域、设置打印格式、打印预览、打印，这些操作可以通过"文件"选项卡来完成。

下面以打印图 1-34 所示表格为例来演示如何进行电子表格的打印。

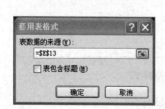

	学号	语文	数学	英语
张三	66	88	59	
李四	87	85	95	
王五	77	84	25	
赵六	55	59	75	
刘七	66	88	59	
陈八	87	85	95	
高九	89	84	75	
于十	55	59	75	

图 1-33   "套用表格式"对话框   图 1-34   成绩表

1）设置打印区域

（1）选中要打印的单元格区域，即 A1:F11 单元格区域。

（2）单击"页面布局"选项卡"页面设置"组中的"打印区域"下拉按钮，在弹出的菜单中选择"设置打印区域"命令，确认所选的单元格区域为打印区域。

▶ **注意：** 如果要取消打印区域，只要选中单元格区域，单击"页面布局"选项卡"页面设置"组中的"打印区域"下拉按钮，在弹出的菜单中选择"取消打印区域"命令即可。

2）页面设置

单击"页面布局"选项卡"页面设置"组右下角的"页面设置"按钮，弹出如图 1-35 所示的"页面设置"对话框。该对话框有 4 个选项卡，即"页面"选项卡、"页边距"选项卡、"页眉/页脚"选项卡、"工作表"选项卡，下面分别进行介绍。

（1）"页面"选项卡。将"页面设置"对话框切换至"页面"选项卡，可以进行如下设置。

① 设置打印方向。在"页面"选项卡的上部有一个"方向"选项组，有两个待选项："纵向""横向"，可以按照纵向、横向两个方向来设置文件的打印方向。纵向是以纸的

图 1-35　"页面设置"对话框

短边为水平位置打印，横向是以纸的长边为水平位置打印。

② 设置缩放比例。在"页面"选项卡的中间位置有一个"缩放"选项组，该选项组有两个选项："缩放比例""调整为"，二者取其一。如果选中"缩放比例"单选按钮，可以调整缩放的比例数字，缩放的比例区间为 10%～400%；如果选中"调整为"单选按钮，可以让 Excel 根据定义的纸张大小自动计算工作表缩放的比例。

③ 设置纸张大小。单击"纸张大小"文本框右侧的下拉按钮，可以选择纸张的大小。

④ 设置打印质量。单击"打印质量"文本框右侧的下拉按钮，可以打开适合当前打印机的打印质量或分辨率的列表，用户可以在列表中选择一种分辨率。

⑤ 设置起始页码。用户可以在"起始页码"文本框内输入需要打印的工作表起始页号。Excel 默认的"自动"设置是从当前页开始打印。

（2）"页边距"选项卡。将"页面设置"对话框切换到"页边距"选项卡，如图 1-36 所示。在该选项卡中，可以设置打印页面上、下、左、右页边的距离及页眉、页脚距页边的距离。

在"居中方式"选项组中，选中"水平"复选框，工作表在水平方向居中；选中"垂直"复选框，工作表在垂直方向居中；两个都选中，则工作表位于页面中间。

（3）"页眉/页脚"选项卡。页眉是打印在工作表顶部的眉批、文本或页号。页脚是打印在工作表底部文本或页号。将"页面设置"对话框切换至"页眉/页脚"选项卡，如图 1-37 所示。

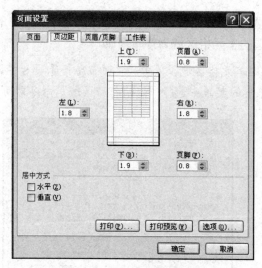
图 1-36　"页边距"选项卡

图 1-37　"页眉/页脚"选项卡

可以在"页眉"下拉列表框中选择页眉显示的内容，在"页脚"下拉列表框中选择页脚显示的内容。还可以单击"自定义页眉""自定义页脚"按钮，对页眉、页脚进行自定义设置。

（4）"工作表"选项卡。将"页面设置"对话框切换至"工作表"选项卡，如图 1-38 所示，可以进行如下设置。

① 设置打印区域。单击"打印区域"文本框右侧的折叠按钮，可以设置打印区域。

② 设置打印标题。当一个 Excel 工作表过长要分多页打印时，必须在每页显示顶端标题行，此时可以单击"打印标题"选项组中"顶端标题行"文本框右侧的折叠按钮，选择标题行所在的位置区域。当一个 Excel 工作表过宽要分多页打印时，如果希望每页都显示左端标题列，可以单击"左端标题列"文本框右侧的折叠按钮，选中左端标题列所在的区域即可。

③ 设置打印选项。在"工作表"选项卡的中间有"打印"选项组。在该选项组中有"网格线""行号列标""单色打印""批注""草稿品质"等。选中"网格线"复选框，表示在打印时将网格线打印出来；选中"行号列标"复选框，表示打印时将工作表的行号和列号打印出来；选中"单色打印"复选框，表示打印时采用单色的方式打印，忽略单元格的图案和颜色；选择"有"批注，表示打印时将工作表单元格上的批注全部打印出来；选中"草稿品质"复选框，表示为了更快地获得打印结果，而不在乎打印质量。

3）打印预览

打印工作表之前要先进行打印预览，可以通过"打印预览"功能来快速查看打印的效果，如果效果不理想，再返回"页面设置"对话框对页面进行重新设置。

执行"打印预览"功能步骤是：通过选择"文件"→"打印"命令完成。

例如，将图 1-34 所示的表格页面设置为 250%的显示比例，并且打印方向为纵向，通过打印预览得出如图 1-39 所示的打印效果。

4）打印

可以使用以下任意一种方法打印工作表。

图 1-38 "工作表"选项卡

图 1-39 打印预览效果

（1）选择"文件"→"打印"命令。

（2）单击"页面布局"选项卡"页面设置"组右下角的"页面设置"按钮，在弹出的对话框中进行相应设置后单击"打印"按钮。

（3）在"打印预览"视图中单击"打印"按钮。

通过以上任意一种方法，均会弹出图 1-40 所示的打印内容对话框，单击"打印"按钮即可打印。

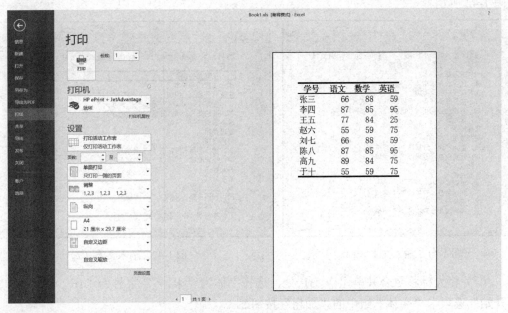

图 1-40 打印内容对话框

打印内容对话框中主要选项的作用如下。

● "份数"数值框：可以选择打印的份数。

● "打印机"下拉列表框：可以选择不同的打印机进行打印。

● "设置"选项组：可以设置打印的内容、打印的纸型、打印方向等。单击"打印活动工作表"右侧的下拉按钮，可以选择"打印活动工作表"、"打印整个工作簿"或者"打印选定区域"。在"页数"数值框中可以设置打印的起始页和终止页。

三、操作步骤

下面具体演示本项目问题情景描述中提到的问题解决方法。

（1）用"开始"菜单启动：选择"开始"→"程序"→Microsoft Office→Microsoft Office Excel 命令，打开一个新工作簿 1。

（2）选择"文件"→"另存为"命令，将文件名改为"利润表"，并保存在计算机合适的位置。

（3）将光标移至 B1 单元格，输入文本"利润表"，然后连续选中 B1、C1、D1 单元格并单击"开始"选项卡"对齐方式"组中的"合并及居中"按钮。

（4）分别在 B2～B19 单元格输入图 1-41 所示的文本。

（5）连续选中 B2:D19 单元格区域的所有内容，在"开始"选项卡"字体"组中设置字体为"宋体"，字号为"11"号 宋体 ▾ 11 ▾ 。

（6）将光标置于 B 列和 C 列的交界处，当光标变为黑体的十字时，按住鼠标左键向右拖动，直到 B 列中所有的文本都能在该列以内显示，将剩余文本输入相应的单元格内，如图 1-42 所示。

图 1-41　输入文本（1）　　　　　　　图 1-42　输入文本（2）

（7）将光标移至合并单元格 B1 处，选择字体为"宋体"，字号为"16"号，并单击"开始"选项卡"字体"组中的"加粗"按钮。

（8）将光标移至 B3 单元格，单击"开始"选项卡"对齐方式"组中的"居中"按钮。用同样的方法，将 C3、D3 单元格的文本居中。连续选中 B3:D3 单元格区域，右击，在弹出的快捷菜单中选择"设置单元格格式"命令，如图 1-43 所示。

图 1-43 设置居中格式

（9）弹出"设置单元格格式"对话框，选择"填充"选项卡，选择单元格底纹为深蓝色，如图 1-44 所示，再选择"字体"选项卡，将字体的颜色改为白色。用同样的方法，将单元格区域 B7:D7、B12:D12、B17:D17、B19:D19 的单元格底纹调整为浅黄色。

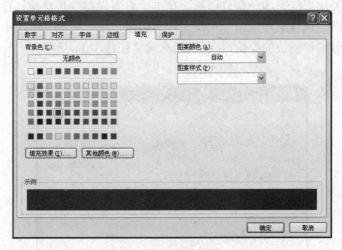

图 1-44 设置"填充"

（10）调整 B4:B19 单元格区域的格式，然后连续选中 C4:C19 单元格区域，单击"开始"选项卡"对齐方式"组中的"居中"按钮，使其居中，再连续选择 D4:D19 单元格区域，右击，在弹出的快捷菜单中选择"设置单元格格式"命令，弹出"设置单元格格式"对话框，选择"数字"选项卡，在"分类"列表框中选择"数值"，"小数位数"选择 2，选中"使用千位分隔符"复选框。数字显示结果如图 1-45 所示。

（11）选择"视图"选项卡"显示"组，取消选中"网格线"复选框，这样就去掉了 Excel 工作表中的网格线。

（12）连续选择 B3:D19 单元格区域，然后单击"开始"选项卡"字体"组中的"边框"下拉按钮，在弹出的菜单中选择"所有框线"命令。利润表的显示效果如图 1-46 所示。

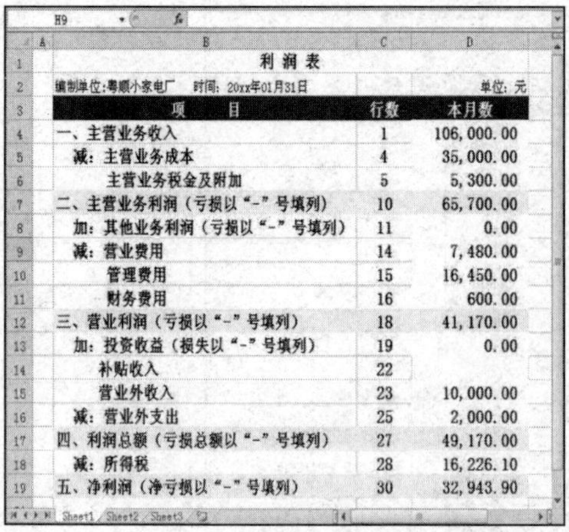

图 1-45　数字显示结果　　　　　　　　图 1-46　边框设置效果

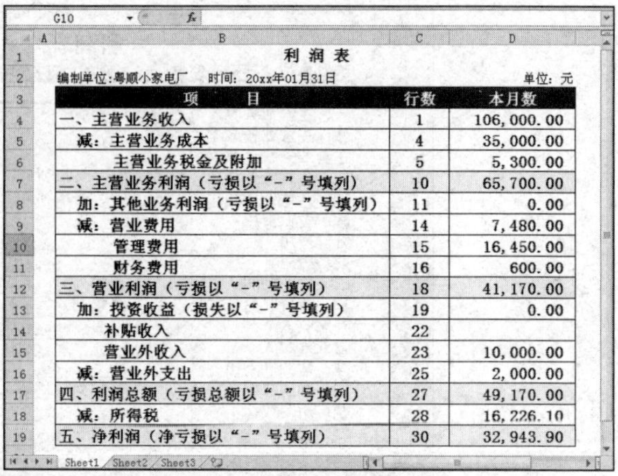

（13）连续选择 A1:E20 单元格区域，单击"页面布局"选项卡"页面设置"组中的"打印区域"按钮，将 A1:E20 单元格区域设置为打印区域。

（14）选择"文件"→"打印"命令，预览打印效果，该利润表在一张纸上的打印结果显然太小，要使该表格充满一张打印纸。单击"页面设置"超链接，打开"页面设置"对话框，在"方向"选项组中选中"横向"单选按钮，在"缩放"选项组中选中"缩放比例"单选按钮，试着调整缩放的比例，使利润表充满整张打印纸，该项目的显示比例是 150%，如图 1-47 所示。

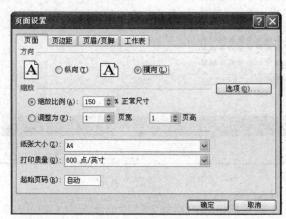

图 1-47　页面设置

调整图 1-1 的打印页面，完成该任务。

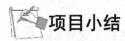 ## 项目小结

在本项目中，我们对 Excel 的工作界面有了初步的认识，并理解了 Excel 的单元格、工作表、工作簿等基本概念，同时进行了单元格、工作表和工作簿的基本操作。在此基础上，我们又学习了工作表的美化与打印，这些都是 Excel 操作的基础。

思考与操作题

1. 填空题

（1）单元格最多能容纳_____个字符。

（2）在 Excel 工作表中，行标号以_____表示，列标号以_____表示。

（3）在 Excel 中，默认的工作表名称为_____。

（4）在 Excel 工作表中可以输入两类数据，一类是常量值，另一类是_____。

（5）在 Excel 默认格式下，数值数据会_____对齐，字符数据会_____对齐。

（6）填充柄在每一单元格的_____下角。

（7）工作簿窗口默认有_____张独立的工作表，最多不能超过_____张工作表。

2. 选择题

（1）列标的表示应为（　　）。

    A. 英文字母　　　　　　　　　B. 汉字　　　　　　　　　　C. 数字

（2）在单元格中输入内容后，不做任何格式设置下，以下说法不正确的是（　　）。

    A. 数值居右显示　　　　　　B. 所有内容居右

    C. 文本居左　　　　　　　　D. 输入公式可得结果

（3）在 Excel 中，工作簿相当于（　　）。

    A. Excel 文档　　　　　　　　B. 工作表

    C. 记录方式　　　　　　　　D. 组表文件

（4）在 Excel 中，执行了插入工作表的操作后，新插入的工作表（　　）。

    A. 在当前工作表之前　　　　B. 在所有工作表之后

    C. 在所有工作表之前　　　　D. 在当前工作表之后

（5）在 Excel 中，"合并单元格"可在"设置单元格格式"对话框的（　　）选项卡中设置。

    A. 保存　　　　B. 字体　　　　C. 数字　　　　　D. 对齐

（6）在 Excel 中，如果希望将工作表打印在页面的中部，可以通过（　　）选项卡中的命令来设置居中方式。

    A. 视图　　　　B. 文件　　　　C. 格式　　　　D. 窗口

3. 判断题

（1）在 Excel 中，只能在单元格内编辑输入的数据。（　　）

（2）Excel 中的单元格可用来存取文字、公式、函数及逻辑等数据。（　　）

（3）在 Excel 中，工作簿中最多可以设置 16 张工作表。（　　）

（4）Excel 的主要功能是电子表格、图表、数据库。（　　）

（5）设置 Excel 选项只能采用鼠标操作。（　　）

（6）在 Excel 中，直接处理的对象为工作表，若干工作表集合称为工作簿。（　　）

（7）Excel 规定在同一工作簿中不能引用其他表。（　　）

4．操作题

（1）在当前工作表的 A3 单元格中输入分数：二又四分之一，并确认。

（2）将当前工作表 C 列删除，在当前工作表的第 2 行前插入两个空行。

（3）在当前工作表中，将窗口平均拆分为 4 个窗格。

（4）把当前工作簿的"基本工资"工作表移动到新工作簿中（新工作簿在移动工作表时自动创建）。

（5）以 B2 单元格内的数字 1 为起始值，步长为 5，终值为 60，向下填充等差序列（使用菜单操作）。

（6）删除已有的自定义序列"one、two、three、four"。

项目二　认识 Excel 的公式与函数

Excel 最重要的功能是计算，因此 Excel 公式与函数是 Excel 知识的重要组成部分。本项目由一个情景问题引入，通过运用 Excel 函数解决该问题。在解决本项目问题的过程中，我们学习了 Excel 的公式与函数的基本概念，公式与函数的建立、修改、移动与复制，公式的引用与审核，以及一些常用财务函数，如 VLOOKUP()函数、SUM()函数、COUNT()函数、IF()函数等。

 情景描述

小王是某涂料公司的销售成本会计，每月要制作产品的收发存表。表 2-1 是该涂料公司某月不同产品编号的产品与销售数量对应表，表中每一种编号代表一种涂料产品，而且表中的产品编号都不同，迅速从表 2-1 中找到相应产品编号的涂料的本月销售数量填入表 2-2 中。

表 2-1　产品编号与销售数量表

单位：吨

产品编号	数　量	产品编号	数　量	产品编号	数　量
JX007-8	8,840	DP63007-4	176	990Y4145K-AP-4	4
DP63103-25	944	EZ809-1.5	184	999E-1H	3
DP6310-25	4,800	999E-200S	1,544	EZ810-0.5	4,200
JX907-3	12,000	DP63103-5	160	A200X@2-2	396
A200X@2-3	77	725C4066K-AP-8	400	EZ810-1.5	1,050
FSS100-4	33	DED0170-25	224	A201X@2-3	534
A318-D6001-0.15L	31	DNZ002-3.5	680	GAC103-25	166
GAD04-20	351	725C4078K-AP-8	976	DP63703-4	264
KBZ01-3	135	KT130-0.5	80	A318-D6102-0.15L	213
KK01-1L	6	DP65003-20	320	DPZ001-3.5	308
DP65005-20	4	734C4003K-AP-16	48	A7000D@2-4	336
DEX808-15	8	GAD10-20	3,504	A7005M@2-4	264
A700MR@2-2	5	912C4009K-AP-4	40	DN81601-20	184
990B4139K-AP-2	4	DP66005-4	106	ED0600-1	150

表 2-2 部分产品销售情况表

单位：吨

产品编号	数量	产品编号	数量
725C4066K-AP-8		DN81601-20	
990Y4145K-AP-4		DP63007-4	
999E-200S		DP65005-20	
A200X@2-3		DP66005-4	
A318-D6001-0.15L		DPZ001-3.5	
A7005M@2-4		GAD04-20	
DEX808-15		KBZ01-3	

 问题分析

完成此项任务至少有 3 种方法：第一，可以通过眼睛观察，逐个在表 2-1 中寻找表 2-2 中产品编号的涂料的产品销售数量，如果表 2-2 中的产品少，这种方法尚可用，如果产品很多，这种方法既费时又容易出错；第二，对 Excel 有一些了解的读者可以通过"开始"选项卡"编辑"组中"查找和选择"按钮下的"查找"功能配合"复制""粘贴"完成，但此种方法也要依据表 2-2 逐个查找，也比较费时费力；第三，可以通过 Excel 中的 VLOOKUP()函数来完成此项工作，该函数是从事财务工作的人员使用频率非常高的函数，运用它可以既快又准地完成任务，在演示该问题的解决方案之前，我们首先要完成两项任务，即任务一"认识 Excel 的公式"、任务二"认识 Excel 的函数"。

 学习目标

- 理解 Excel 公式、函数的定义；
- 理解运算符的分类以及运算顺序；
- 理解相对引用、绝对引用以及混合引用的概念并掌握其方法；
- 能够建立、修改、移动和复制 Excel 的公式与函数；
- 了解函数的分类，并熟练运用几个财务常用函数，如 VLOOKUP()函数、IF()函数、SUM()函数、COUNT()函数等。

任务一 认识 Excel 的公式

一、任务目的及要求

目的：通过本次任务，读者应理解 Excel 公式的定义、运算符的概念及分类以及运算顺序，理解相对引用、绝对引用、混合引用的概念并掌握其使用方法；能够建立、修改、移动和复制 Excel 的公式。

要求：由 6 人组成一个学习小组，共同学习 Excel 公式的定义、运算符的概念，公式中各种引用的用法以及公式的复制、粘贴、删除等操作。

二、背景知识

1. 公式概述

公式是一个等式，或者说是连续的一组数据和运算符组成的序列。公式是 Excel 的核心，可以说，没有公式，Excel 就失去了其存在的意义。我们可以通过 Excel 对数字进行简单的运算，如加、减、乘、除等，也可以完成很复杂的财务、统计及科学计算，还可以对文本进行比较、合并、截取等操作。

如下的等式即为公式：

$$=20-3+5$$
$$=(A1+B2+\$C3)/3$$
$$=A5<B6$$

以上 3 个等式中，第一个等式是由数字以及运算符组成的一个序列，最简单也最易理解；第二个等式是由引用（包括相对引用和混合引用）和运算符组成的序列；第三个等式是由相对引用和比较运算符组成的序列。在以上 3 个等式中涉及与公式相关的几个概念：运算符、单元格的引用，下面我们来了解这些基本的概念。

运算符用于对公式中的元素进行特定类型的运算，Excel 包含 4 种类型的运算：算术运算符、比较运算符、文本运算符和引用运算符。

1）算术运算符

算术运算符可以完成基本的数学运算，包括加、减、乘、除、乘方和求百分数等，表 2-3 所示是 Excel 中所有的算术运算符。

表 2-3 算术运算符

算术运算符	含 义	示 例
+	加	3+3
-	减	3-3
-	负号	-3
*	乘	3*3
/	除	3/3
^	乘方	3^3
%	百分号	3%
()	括号	(3+3)*2

2）比较运算符

比较运算符可以比较两个数值，并产生逻辑值。即若条件相符，则产生逻辑真值 TRUE；若条件不符，则产生逻辑假值 FALSE。表 2-4 是 Excel 中所有的比较运算符。

表2-4　比较运算符

比较运算符	含　义	示　例
=	等于	A1=A2
>	大于	A1>A2
<	小于	A1<A2
>=	大于等于	A1>=A2
<=	小于等于	A1<=A2
<>	不等于	A1<>A2

3）文本运算符

文本运算符可以将一个和多个文本连接为一个组合文本。文本运算符只有一个，即&。

例如，将文本 GOOD 与文本 MORNING 组合为一个连续文本 GOODMORNING，即可用以下等式：="GOOD"&"MORNING"。

4）引用运算符

引用运算符可以对单元格区域合并计算，Excel 中的引用运算符如表 2-5 所示。

表2-5　引用运算符

引用运算符	含　义	示　例
:（冒号）	区域运算符：对两个引用之间，包括两个引用在内的所有单元格进行引用	SUM(A1:A6)
,（逗号）	联合运算符：将多个引用合并为一个引用	SUM(A1:A6,B1:B6)
（空格）	交叉运算符：表示几个单元格区域所重叠的单元格部分	SUM(B2:C4 C3:D4)（这两个单元格区域的共有单元格为 C3、C4）

如果公式中包含了多种运算符，则计算时会按照运算符优先级的顺序进行，对于同级运算，则按照从等号开始从左到右的顺序进行。运算符的优先级如表 2-6 所示。

表2-6　运算符的优先级

优先顺序	运算符	说　明
1	:（冒号）	区域运算符
2	,（逗号）	联合运算符
3	（空格）	交叉运算符
4	()	括号
5	−	负号
6	%	百分号
7	^	乘方
8	*和/	乘和除
9	+和−	加和减
10	&	文本运算符
11	=、<、>、>=、<=、<>	比较运算符

2. 公式的操作

输入公式的操作类似于输入文本，所不同的是每次输入公式时总是要先输入"="，然后输入公式的表达式。例如，我们要在一张工作表的 D7 单元格中输入公式 3+6/2，首先选中需要输入公式的单元格 D7，然后按"="键，接着输入公式 3+6/2，输入完成后按 Enter 键确认即可。在编辑栏中将显示公式"=3+6/2"，在 D7 单元格中将显示计算结果 6。

如果想要在单元格 D7 中显示公式，可以单击"公式"选项卡"公式审核"组中的"显示公式"按钮。

如此操作，即能在单元格中显示公式。该步骤在财务实际工作中主要用于审核工作表的公式设置是否正确。

修改公式时，只需将光标移至目标单元格，双击该单元格，即可在该单元格中修改公式。另外，还可以先将光标移至该单元格，再将光标移至编辑栏，在编辑栏中修改公式。

公式的使用在 Excel 中会经常碰到，逐一输入所有公式是很费时费力的事，Excel 提供了公式的移动和复制功能，可以很方便地输入大量的公式。公式的移动和复制同数值或者文本的移动和复制非常相似。

1）移动公式

（1）选中目标单元格，单击"开始"选项卡"剪贴板"组中的"剪切"按钮 ；或者右击，在弹出的快捷菜单中选择"剪切"命令。

（2）选中公式移动的目标单元格，单击"开始"选项卡"剪贴板"组中的"粘贴"按钮 ；或者右击，在弹出的快捷菜单中选择"粘贴选项"命令，即可完成公式的移动。

2）复制公式

（1）选中要复制的单元格，单击"开始"选项卡"剪贴板"组中的"复制"按钮 ；或者右击，在弹出的快捷菜单中选择"复制"命令。

（2）选中公式复制的目标单元格，单击"开始"选项卡"剪贴板"组中的"粘贴"按钮 ；或者右击，在弹出的快捷菜单中选择"选择性粘贴"命令，即可完成公式的复制。

3. 单元格的引用

项目一中我们已经标识了工作表中任何一个单元格，即向上寻找该单元格所在的列，向左寻找该单元格所在的行，例如 D7 单元格表示 D 列与第 7 行交叉的单元格。在公式中，例如"=A3+B4"，其中 A3、B4 表示公式引用了 A3、B4 单元格所存储的数值，也就是说，A3、B4 表示公式所引数值所在的地址，即单元格的引用。通过单元格的引用，我们可以在公式和函数中引用同一个工作表中不同单元格存储的数据，也可以引用同一个工作簿中不同工作表存储的数据，还可以引用不同工作簿的工作表中单元格存储的数据。

引用单元格数据后，公式的运算值将随着被引用的单元格数据变化而变化。当被引用的单元格数据被修改后，公式的运算值将自动修改。

单元格的引用分为相对引用、绝对引用和混合引用。

1）相对引用

相对引用是指在 Excel 公式中进行单元格引用时直接用单元格或者单元格区域名，而不加符号"$"，例如公式"=A1+B2"。使用相对引用时，系统将记住建立公式的单元格与被引用单元格的相对位置，当该公式被复制、粘贴到新的单元格时，新的公式单元格与被引用单元格的相对位置保持不变。

如图 2-1 所示，D4 单元格引用了 B4 和 C4 单元格的数据，当将 D4 单元格的公式复制到 D5、D6、D7 单元格时，新公式单元格与被引用单元格的相对位置保持不变。

2）绝对引用

如果在公式中引用的单元格或者单元格区域前有符号"$"，那么这种引用即为绝对引用。例如，公式"=$D$2"即为绝对引用。绝对引用是指被引用的单元格与公式引用所在的单元格的位置是绝对的，无论将这个公式复制、粘贴到哪个单元格，被引用的单元格依旧是原来的单元格。

如图 2-2 中的"总评"列，E5 单元格按照语文和数学成绩的不同比重求出总评成绩，当将该公式复制、粘贴在 E6、E7、E8 单元格时，其中 B2、C2 单元格存储的数据在新公式单元格中都得到了引用，原因就在于 B2、C2 单元格地址前加了符号"$"，为绝对引用。

	A	B	C	D	
1					
2					
3	姓名	语文	数学	总成绩	
4	小王	96	88	=B4+C4	
5	小于	85	89	=B5+C5	
6	小张	95	90	=B6+C6	
7	小刘	87	91	=B7+C7	
8					

图 2-1　相对引用

	A	B	C	D	E
1					
2	所占比重	0.6	0.4		
3					
4	姓名	语文	数学	总成绩	总评
5	小王	96	88	=B5+C5	=B5*$B$2+C5*$C$2
6	小于	85	89	=B6+C6	=B6*$B$2+C6*$C$2
7	小张	95	90	=B7+C7	=B7*$B$2+C7*$C$2
8	小刘	87	91	=B8+C8	=B8*$B$2+C8*$C$2
9					

图 2-2　绝对引用

3）混合引用

Excel 公式在引用单元格时，如果被引用单元格的列号前有符号"$"而行号前没有，或者被引用单元格的行号前有符号"$"而列号前没有，这种引用叫作混合引用。例如，公式"=$A1"或者公式"=A$1"。

另外，如图 2-2 中的"总评"列，E5 单元格的公式"=B5*$B$2+C5*$C$2"中既有相对引用 B5、C5，又有绝对引用$B$2、$C$2，那么也可以将公式单元格的引用称为混合引用。

Excel 可以引用同一工作簿不同工作表中的单元格，还可以引用不同工作簿工作表中的单元格。当引用同一工作簿不同工作表中的单元格时，首先选中要建立公式的单元格，输入"="，然后切换到被引用单元格所在的工作表，选择被引用的单元格，按 Enter 键即可。例如公式"=Sheet3A5"。

引用不同工作簿的数据如图 2-3 所示，有两个工作簿，其名称分别是"工作表""任务表"，要在"工作表"中的一张工作表的 C3 单元格中引用另外一个工作簿"任务表" Sheet1 表中的 B3 单元格，其操作如下：

（1）同时打开两个工作簿。

（2）单击"视图"选项卡"窗口"组中的"全部重排"按钮，在弹出的对话框中选中"垂直并排"单选按钮，将两个工作簿显示在同一个显示屏上。

（3）选中要建立公式的单元格，即"工作表"中的 C3 单元格。

（4）输入"="，然后将光标移至另外一张工作簿"任务表"的被引用单元格 B3。

（5）被引用单元格的地址被直接带入建立公式的单元格，按 Enter 键即完成单元格引用的操作。

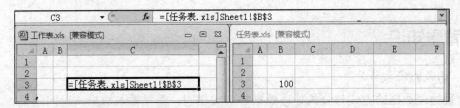

图 2-3 不同工作簿的单元格引用

4. 公式的错误值

在单元格中输入公式后，Excel 会对公式进行检查，如果发现存在问题，将在单元格内出现错误代码，提示用户检查所输入的公式，并进行相应的修改。Excel 中常见的错误代码及其含义和解决办法如表 2-7 所示。

表 2-7 常见错误代码及其含义和解决办法

错误代码	含 义	解决方法
####	当公式的运算结果或者输入的常数太长，而单元格宽度不够时，会显示该代码	加宽单元格可以解决该问题
NAME?	当公式中有不正确或不能识别的字符时，显示该代码	检查公式中是否包含了不整齐的字符
#DIV/0!	当公式中出现被零除的情况时，显示该代码	检查公式中是否存在分母为零的式子
#N/A	当公式中引用的单元格没有可用数据时，显示该代码	检查公式中所引用的单元格是否有可用数据
#NULL	当公式中出现两个不相交的区域存在交叉点时，显示该代码	检查公式中是否使用了不正确的区域
#BVALUE!	当公式中出现两个不同的数据类型相加时，显示该代码	检查公式中出现的数据类型是否一致
#NUM!	当公式中包含的函数的参数不正确时，显示该代码	检查公式中函数的参数数量、类型是否正确
#FEF!	当公式中出现了无效的单元格引用时，显示该代码，这种错误经常会在复制或者剪切后进行粘贴时出现	检查公式中是否引用了无效的单元格

任务二 认识 Excel 的函数

一、任务目的及要求

目的：通过本次任务，读者能够理解 Excel 函数的定义、Excel 函数的分类，并能够使用常用的财务函数。

要求：由 6 人组成一个学习小组，共同练习 Excel 的常用财务函数，如 SUM()函数、IF()函数、SUMIF()函数、AVERAGE()函数、COUNT()函数、VLOOKUP()函数等。

二、背景知识

1. 函数的定义与分类

函数处理数据的方式与公式处理数据的方式相同，都是输入数据，返回结果。大多数情况下，函数返回的是数值，也可以返回文本、引用、逻辑值、数组，或者工作表的信息。

函数与公式在处理数据的过程中又有所不同，函数在数据处理上比公式更方便、快捷，而且不易出错。例如，函数公式"=SUM(A1:A8)"与公式"=A1+A2+A3+A4+A5+A6+A7+A8"是等价的。但是，我们在使用函数时更便捷、速度更快且不易出错。

函数的语法形式如下：

=函数名称(参数 1,参数 2,…)

其中，函数的参数可以是数值、文本、逻辑值、数组、单元格引用、常量公式、区域、区域名称或其他函数。

Excel 提供了大量的函数，这些函数大致分为如下 9 类。

（1）财务函数：用于资产折旧、投资回报分析、利息计算等财务计算。

（2）日期与时间函数：用于日期、时间的计算与处理。

（3）数学与三角函数：用于数值与三角函数的计算与处理。

（4）统计函数：对选定区域的数据进行统计分析。

（5）查找与引用函数：可以在数据清单或者表格中查找特定数据，或者查找某一单元格的数据。

（6）数据库函数：对数据库中的数据进行计算和处理。

（7）文本函数：用于处理文本。

（8）逻辑函数：用于进行条件判断，或者返回真假值。

（9）信息函数：检测目标单元格的数据类型。

输入函数时，可以单击"公式"选项卡"函数库"组最左侧的 f_x 按钮，弹出如图 2-4 所示的"插入函数"对话框，在"或选择类别"下拉列表框中选择函数的类别，最后在"选择函数"列表框中选择目标函数即可。

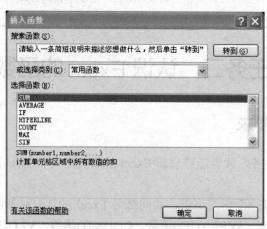

图 2-4   选择函数

2. 财务常用函数

财务会计实务中常见的函数有 SUM()函数、IF()函数、SUMIF()函数、AVERAGE()函数、COUNT()函数、COUNTA()函数、VLOOKUP()函数、HLOOKUP()函数，下面分别进行介绍。

1）SUM()函数

功能：计算单元格区域中所有数值的和。

语法：=SUM(number1,number2,…)

说明：number1,number2,...为 1～30 个需要求和的参数。参数可以是数值、文本、逻辑值和单元格引用。单元格引用如果是空单元格、文本和逻辑值，那么该单元格引用将被忽略；如果作为参数，那么文本和逻辑值视为有效。

例如：

=SUM(10,9)

结果为 19；

=SUM("10",9)

结果为 19，因为文本"10"被转换为数值 10；

=SUM(10,TRUE)

结果为 11，因为逻辑值 TRUE 被转换为数值 1；

=SUM(10,A1)

结果为 10，其中单元格引用 A1 为逻辑值 TRUE，该单元格被忽略；

=SUM(A1:A5)

=15，其中单元格区域 A1:A5 分别是 5 个数值：1，2，3，4，5。

"公式"选项卡中的"函数库"组中有一个工具按钮——"自动求和"按钮Σ ，单击该按钮，可以迅速在目标单元格中建立求和函数。

2）IF()函数

功能：判断一个条件是否满足，如果满足返回一个值，如果不满足则返回另一个值。

语法：=IF(logical_test,value_if_true,value_if_false)

说明：其中第一个参数 logical_test 为任何一个可判断为 TRUE 或 FALSE 的数值或表达式。第二个参数 value_if_true 为 logical_test 为真时函数的返回值，可以是某一个公式。如果 value_if_true 省略，当 logical_test 为真时，IF()函数返回 TRUE 值。第三个参数 value_if_false 为 logical_test 为假时的返回值，当该参数省略同时 logical_test 为假时，IF()函数的返回值为 FALSE。IF()函数可以进行嵌套，最多可以嵌套 7 层。

例如：

=IF(A2>60,"及格","不及格")

结果为及格，其中单元格引用 A2 为数值 75。

【例 2-1】

图 2-5 为学生成绩表，请在 C 列判断学生的成绩等级，如果学生的成绩小于 60 分，那么"状态"栏显示"不及格"；如果学生的成绩为 60～85 分（包括 60 分，不包括 85 分），那么"状态"栏显示"好"；如果学生的成绩高于 85 分（包括 85 分），那么"状态"栏显示"很好"。

【操作步骤】

（1）选中 C3 单元格，单击编辑栏左边的函数按钮 *f*ₓ，弹出"插入函数"对话框。

（2）在"插入函数"对话框的"或选择类别"下拉列表框中选择"逻辑"选项，在"选择函数"列表框中找到 IF() 函数，单击"确定"按钮。

（3）弹出"函数参数"对话框，如图 2-6 所示，在 Logical_test 文本框中输入"B3>=60"。

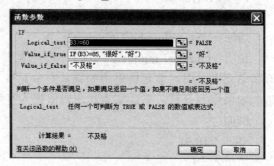

图 2-5　学生成绩表　　　　　　　　　图 2-6　"函数参数"对话框

（4）将光标移至 Value_if_true 中，在编辑栏最左侧的下拉列表框中再一次选择 IF() 函数，再次弹出"函数参数"对话框，分别在 Logical_test 文本框中输入"B3>=85"，在 Value_if_true 文本框中输入"很好"，在 Value_if_false 文本框中输入"好"。单击"确定"按钮。

（5）在第一个 IF() 函数的 Value_if_false 文本框中输入"不及格"，即完成操作，如图 2-7 所示。

	A	B	C
1			
2	学生姓名	语文分数	状态
3	张三	58	=IF(B3>=60,IF(B3>=85,"很好","好"),"不及格")
4	李四	72	=IF(B4>=60,IF(B4>=85,"很好","好"),"不及格")
5	王五	86	=IF(B5>=60,IF(B5>=85,"很好","好"),"不及格")
6	赵六	95	=IF(B6>=60,IF(B6>=85,"很好","好"),"不及格")
7			

图 2-7　输入 IF() 函数

（6）将光标指向 C3 单元格的右下角，当光标变成实心的十字时，按住鼠标左键向下移动，将 C3 单元格的公式分别复制到 C4、C5、C6 单元格，显示结果如图 2-8 所示。

	A	B	C
1			
2	学生姓名	语文分数	状态
3	张三	58	不及格
4	李四	72	好
5	王五	86	很好
6	赵六	95	很好
7			

图 2-8　IF() 函数的显示结果

3）SUMIF() 函数

功能：对满足条件的单元格求和。

语法：=SUMIF(range,criteria,sum_range)

说明：其中 range 表示要进行计算的单元格区域；criteria 表示用数字、表达式或文本形式定义的条件；sum_range 表示用于求和计算的实际单元格。如果省略，将使用区域中的单元格。

【例 2-2】

图 2-9 中给出了一家公司部分员工的月工资情况，在 D7 单元格中求出财务部员工的工资合计。

	A	B	C	D	
1					
2		员工名称	所属部门	月工资总额	
3		张三	财务部	10,000.00	
4		李四	人事部	5,500.00	
5		王五	财务部	5,300.00	
6		赵六	市场部	6,300.00	
7		财务部人员工资合计			
8					

图 2-9　员工工资表

【操作步骤】

（1）将光标移至 D7 单元格，单击编辑栏左侧的函数按钮 *fx*。

（2）弹出"插入函数"对话框，在"或选择类别"下拉列表框中选择"数学与三角函数"选项。

（3）在"选择函数"列表框中找到 SUMIF() 函数，选中该函数，单击"确定"按钮。

（4）弹出"函数参数"对话框，在 Range 文本框中输入"C3:C6"，在 Criteria 文本框中输入文本""财务部""，在 Sum_range 文本框中输入"D3:D6"后，单击"确定"按钮，函数公式"=SUMIF(C3:C6,"财务部",D3:D6)"编辑完成。

4）AVERAGE() 函数

功能：返回其参数的算术平均值；参数可以是数值或包含数值的名称、数组或引用。

语法：=AVERAGE(number1,number2,…)

说明：number1,number2,…为用于计算平均值的 1～30 个参数。

【例 2-3】

图 2-10 是张三期末考试各科的成绩，在 G3 单元格中设置公式，求出张三的平均成绩。

	A	B	C	D	E	F	G
1							
2		学生名称	语文	数学	英语	化学	平均分
3		张三	86	95	98	90	
4							

图 2-10　计算平均成绩

【操作步骤】

（1）选中 G3 单元格，单击编辑栏左侧的函数按钮 *fx*。

（2）弹出"插入函数"对话框，在"或选择类别"下拉列表框中选择"统计"选项。

（3）在函数列表中找到 AVERAGE() 函数，选中该函数，单击"确定"按钮。

（4）弹出"函数参数"对话框，在函数参数中输入"C3:F3"后单击"确定"按钮，完成公式的设置，新公式为"=AVERAGE(C3:F3)"。

5）COUNT() 函数

功能：计算包含数字的单元格以及参数列表中数字的个数。

语法：=COUNT(value1,value2,…)

说明：value1,value2,…为 1～30 个可以包含或引用各种不同类型数据的参数，但只对数字型数据进行计数。若参数是文本、逻辑值或空单元格，则忽略不计。

例如，假设 A1、A2、A3、A4、A5 为 1，2，3，4，5：

=COUNT(A1:A5)

结果为 5。

假设 A3 是空单元格，那么结果为 4；假设 A3 为逻辑值 TRUE，那么结果为 4。

6）COUNTA()函数

功能：计算参数列表所包含的数值个数以及非空单元格的数目。

语法：=COUNTA(value1,value2,…)

说明：value1,value2,…为 1～30 个用于对值和单元格进行计数的参数。它们可以是任何形式的信息。

例如，B3 为唯一的空单元格：

=COUNTA(B1:B5)

结果为 4。

7）VLOOKUP()函数

功能：搜索表区域首列满足条件的元素，确定待检索单元格在区域中的行序号，再进一步返回选定单元格的值。默认情况下，表是以升序排序的。

语法：=VLOOKUP(lookup_value,table_array,col_index_num,range_lookup)

说明：第一个参数 lookup_value 为需要在数据表首列进行搜索的值，可以是数值、引用或字符串。table_array 为需要在其中搜索数据的信息表，可以是对区域或区域名称的引用。col_index_num 为满足条件的单元格，数组区域 table_array 中的列序号，首列序号为 1。range_lookup 为指定在查找时是精确匹配还是大致匹配。如果为 FALSE，为大致匹配；如果为 TRUE 或忽略，为精确匹配。

VLOOKUP()函数用于查找指定的表格区域中存放的信息。当在一张表格区域中寻找目标数据时，可以先定位该目标数据所在单元格所在的行，再锁定该目标单元格所在的列，该行与该列的交叉点即为目标单元格，从而从该目标单元格取数。这就是 VLOOKUP()函数的工作原理，即系统在运用 VLOOKUP()函数时，在区域 table_array 的第一列寻找小于或者等于 lookup_value 的文本所在的行，锁定了目标单元格所在的行，再通过 col_index_num 的参数定位目标单元格所在的列，如此便找到了目标单元格并从中取数。

【例 2-4】

如图 2-11 所示，要在 D8 单元格寻找姓名为"小于"的数学成绩。

	A	B	C	D
1				
2	姓名	语文	数学	总成绩
3	小王	96	88	184
4	小于	85	89	174
5	小张	95	90	185
6	小刘	87	91	178
7				
8				89
9				

图 2-11　寻找数据

【操作步骤】

（1）选中 D8 单元格，单击编辑栏左边的函数按钮 *fx*。

（2）弹出"插入函数"对话框，在"或选择类别"下拉列表框中选择"查找与引用"选项。

（3）在"选择函数"列表框中找到 VLOOKUP()函数，单击"确定"按钮。

（4）弹出"函数参数"对话框，分别在函数参数中输入相应的参数，单击"确定"按钮即可。

（5）生成的函数为"=VLOOKUP(A4,A2:D6,3,FALSE)"。

8）HLOOKUP()函数

功能：搜索数组区域首行满足条件的元素，确定待检索单元格在区域中的列序号，再进一步返回选定单元格的值。

语法：=HLOOKUP(lookup_value, table_array, row_index_num, range_lookup)

说明：HLOOKUP()函数的用法同 VLOOKUP()函数的用法类似，可参见 VLOOKUP()函数的用法。

三、操作步骤

下面根据在前两项任务中学到的知识，运用 VLOOKUP()函数，来解决本项目最初提出的问题。

操作步骤如下：

（1）将表 2-1 所示的数据复制到一张新工作表中，工作表名改为"产品销量"，整理表格，通过剪切、粘贴等操作将"产品编号""数量"分别放置在 A 列、B 列，如图 2-12 所示。

（2）同理，将表 2-2 所示的数据复制到另一张工作表中，工作表名改为"部分产品销量"，整理表格，通过剪切、粘贴等操作将"产品编号""数量"分别放置在 A 列、B 列，如图 2-13 所示。

	A	B
1		
2	产品编号	数量
3	JX007-8	8,840
4	DP63103-25	944
5	DP6310-25	4,800
6	JX907-3	12,000
7	A200X@2-3	77
8	FSS100-4	33
9	A318-D6001-0.15L	31
10	GAD04-20	351
11	KBZ01-3	135
12	KK01-1L	6
13	DP65005-20	4
14	DEX808-15	8
15	A700MR@2-2	5
16	990B4139K-AP-2	4

图 2-12　编辑"产品销量"表

	A	B
1		
2	产品编号	数量
3	725C4066K-AP-8	
4	990Y4145K-AP-4	
5	999E-200S	
6	A200X@2-3	
7	A318-D6001-0.15L	
8	A7005M@2-4	
9	DEX808-15	
10	DN81601-20	
11	DP63007-4	
12	DP65005-20	
13	DP66005-4	
14	DPZ001-3.5	
15	GAD04-20	
16	KBZ01-3	

图 2-13　编辑"部分产品销量"表

（3）后续操作有如下两种方法。

方法一：

① 在"部分产品销量"工作表中复制 A3 单元格的文本 725C4066K-AP-8，然后将工作表切换至"产品销量"工作表。

② 选中该表的 A 列，单击"开始"选项卡"编辑"组中的"查找和选择"按钮。

③ 选择其下的"查找"，再在打开的对话框中粘贴所需查找的文本，进行查找。

④ 找到该文本所在的行，并将相应产品的数量复制到"部分产品销量"表中的"数量"列，即完成了寻找第一个产品编号产品销量的工作。

⑤ 同理，重复以上操作，完成其他产品销量的查找。

方法二：

① 切换到"产品销量"工作表，选中 A2:B44 单元格区域。

② 单击"公式"选项卡"定义的名称"组中的"定义名称"按钮，弹出"新建名称"对话框，如图 2-14 所示。

③ 在"名称"文本框中输入"产品销量表"，在"引用位置"空白处输入相应的引用位置，单元格区域 A2:B44 即被定义了名称"产品销量"表。

④ 切换到"部分产品销量"工作表，选中 B3 单元格。

图 2-14　"新建名称"对话框

⑤ 单击"公式"选项卡"函数库"组最左侧的函数按钮 *fx*，弹出"插入函数"对话框。

⑥ 在"或选择类别"下拉列表框中选择"查找与引用"选项。

⑦ 在该类函数中找到 VLOOKUP()函数，单击"确定"按钮。

⑧ 弹出"函数参数"对话框，分别在各参数框中输入相应的参数，单击"确定"按钮结束函数的输入。函数为"=VLOOKUP(A3,产品销量表,2,FALSE)"。

⑨ 将光标移至 B3 单元格的右下角，当光标变成黑十字时，按住鼠标左键向下拖动，将 B3 单元格的公式复制到其他的单元格。

⑩ 单击"公式"选项卡"公式审核"组中的"显示公式"按钮，即显示工作表中的公式，如图 2-15 所示。

⑪ 再次单击"显示公式"按钮，产品销量表中的"数量"列即显示查找的数值，如图 2-16 所示。

	A	B
1		
2	产品编号	数量
3	725C4066K-AP-8	=VLOOKUP(A3,产品销量表,2,FALSE)
4	990Y4145K-AP-4	=VLOOKUP(A4,产品销量表,2,FALSE)
5	999E-200S	=VLOOKUP(A5,产品销量表,2,FALSE)
6	A200X@2-3	=VLOOKUP(A6,产品销量表,2,FALSE)
7	A318-D6001-0.15L	=VLOOKUP(A7,产品销量表,2,FALSE)
8	A7005M@2-4	=VLOOKUP(A8,产品销量表,2,FALSE)
9	DEX808-15	=VLOOKUP(A9,产品销量表,2,FALSE)
10	DN81601-20	=VLOOKUP(A10,产品销量表,2,FALSE)
11	DP63007-4	=VLOOKUP(A11,产品销量表,2,FALSE)
12	DP65005-20	=VLOOKUP(A12,产品销量表,2,FALSE)
13	DP66005-4	=VLOOKUP(A13,产品销量表,2,FALSE)
14	DPZ001-3.5	=VLOOKUP(A14,产品销量表,2,FALSE)
15	GAD04-20	=VLOOKUP(A15,产品销量表,2,FALSE)
16	KBZ01-3	=VLOOKUP(A16,产品销量表,2,FALSE)
17		

图 2-15　显示公式的产品销量表

	A	B
1		
2	产品编号	数量
3	725C4066K-AP-8	400
4	990Y4145K-AP-4	4
5	999E-200S	1544
6	A200X@2-3	77
7	A318-D6001-0.15L	31
8	A7005M@2-4	264
9	DEX808-15	8
10	DN81601-20	184
11	DP63007-4	176
12	DP65005-20	4
13	DP66005-4	106
14	DPZ001-3.5	308
15	GAD04-20	351
16	KBZ01-3	135

图 2-16　显示数值的产品销量表

项目小结

通过本项目的学习，我们认识了 Excel 中公式与函数的定义以及相关的概念，进行了公式的输入、移动以及复制等操作。同时，我们学习了财务方面的几个常用函数的用法。

思考与操作题

1. 填空题

（1）在 Excel 的单元格中，一方面可通过_____输入函数，另一方面可用_____工具按钮，将函数直接粘贴到单元格公式中。

（2）单元格引用分为绝对引用、_____、_____3 种

（3）Excel 引用绝对单元格需在工作表地址前加上_____符号。

（4）在 G8 单元格中引用 B5 单元格地址，相对引用方式是_____，绝对引用方式是_____，混合引用方式是_____或_____。

2. 选择题

（1）在 Excel 中，各运算符的优先级由高到低为（　　　）。

　　A．数学运算符、比较运算符、字符串运算符

　　B．数学运算符、字符串运算符、比较运算符

　　C．比较运算符、字符串运算符、数学运算符

　　D．字符串运算符、数学运算符、比较运算符

（2）对单元格中的公式进行复制时，（　　）地址会发生变化。

　　A．相对地址中的偏移量　　　　　　B．相对地址所引用的单元格

　　C．绝对地址中的地址表达式　　　　D．绝对地址所引用的单元格

（3）D1 单元格中有公式"=A1+$C1"，将 D1 中的公式复制到 E4 单元格中，E4 单元格中的公式为（　　　）。

　　A．=A4+$C4　　　　　　　　　　B．=B4+$D4

　　C．=B4+$C4　　　　　　　　　　D．=A4+C4

（4）在 Excel 中，下列引用地址为绝对引用地址的是（　　　）。

　　A．$D5　　　　　　　　　　　　B．E$6

　　C．F8　　　　　　　　　　　　　D．$G$9

（5）D1 单元格中有公式"=A1+$C1"，将 D1 中的公式复制到 E4 单元格中，E4 单元格中的公式为（　　　）。

　　A．=A4+$C4　　　　　　　　　　B．=B4+$D4

　　C．=B4+$C4　　　　　　　　　　D．=A4+C4

3. 判断题

（1）在单元格中输入公式表达式时，首先应输入"等于"号。　　　　　　（　　　）

（2）在 Excel 中，运算符有算术运算符、文字运算符和比较运算符 3 种。　（　　　）

（3）在公式"=A$1+B3"中，A$1 是绝对引用，而 B3 是相对引用。　　（　　）

（4）单元格中的错误信息都是以"#"开头的。　　（　　）

（5）相对引用的含义是：把一个含有单元格地址引用的公式复制到一个新的位置或在一个公式中输入一个选定范围时，公式中单元格地址会根据情况而改变。　　（　　）

（6）绝对引用的含义是：把一个含有单元格地址引用的公式复制到一个新的位置或在公式中输入一个选定范围时，公式中单元格地址会根据情况而改变。　　（　　）

4．操作题

（1）自设某公司某月 1～12 日最大日产量，设置函数，如果某日最大日产量大于 1,500，评价为"良好"，否则为"一般"。使用函数将评价结果显示在当前单元格中。

（2）根据表 2-8 所示的产品销量表的基本数据，按下列要求建立 Excel 表。

表 2-8　产品销量表

单位：千元

月　份	录　音　机	电　视　机	VCD	总　计
一月	21.3	305	40.7	
二月	22.3	306	41.7	
三月	23.3	307	42.7	
四月	24.3	308	43.7	
五月	25.3	309	44.7	
六月	26.3	310	45.7	
平均				
合计				

要求如下：

① 利用公式计算表中的总计值；

② 利用公式计算表中的平均值；

③ 利用公式计算表中的合计值。

项目三 认识 Excel 的数据管理

财务会计专业人员、审计人员等经常要对大而复杂的数据表格进行处理与分析，从中整理、提炼出有用的信息用于经营决策。本项目就带领读者认识 Excel 强大的数据处理与分析功能：数据的排序、筛选、自动汇总、数据透视表等。

 情景描述

小李是一家涂料公司的销售成本会计，每月要从大量的产品销售清单数据中整理分析出有用的信息，用于撰写月度产品销售情况分析报告。请整理该公司某月的产品销售数据（见表 3-1），并将汇总数据填列在表 3-2 中。

表 3-1 涂料公司销售数据表

产品编号	经营用途	成　分	销售数量/千克	销售金额/元	销售成本/元
OC150-5L	汽车修补漆	—	5	444.3	287.68
481W24012K-AP-4	其他家具漆	W 水性木器漆	8	411.36	386.09
481W34003K-AP-16	其他家具漆	W 水性木器漆	16	618.24	529.43
OC140-1L	汽车修补漆	—	30	1,522.54	1,297.06
OC140-5L	汽车修补漆	—	49	2,330.75	1,781.92
A700MR@2-2	装修木器漆	PU 聚酯漆	150	3,272.44	3,030.99
702B4071K-AP-16	其他家具漆	PU 聚酯漆	160	1,632.00	1,605.52
A318-D6101-0.15L	装修木器漆	PU 聚酯漆	264	8,719.03	4,896.59
A7005M@2-4	装修木器漆	PU 聚酯漆	264	3,293.54	3,322.37
A7000D@2-4	装修木器漆	PU 聚酯漆	336	3,165.84	3,183.65
JC8005K-2	KA 装修木器漆	PU 聚酯漆	340	9,563.08	6,075.08
IT10DX-5	KA 装修木器漆	PU 聚酯漆	600	11,056.40	8,486.46
JC8003K-2	KA 装修木器漆	PU 聚酯漆	630	17,659.60	11,405.40
500C4153K-AP-16	其他家具漆	PE 不饱和聚酯漆	896	9,267.52	8,862.21
JD800K-2	KA 装修木器漆	PU 聚酯漆	918	13,597.29	9,198.66
IT903MX-5	KA 装修木器漆	PU 聚酯漆	1,150	26,477.01	17,984.59
UA3522-20	UV 家具漆	UV 紫外光固化漆	3,000	80,241.01	69,174.14
UA3002-20	UV 家具漆	UV 紫外光固化漆	3,440	80,932.69	74,478.66
702C4063K-AP-16	其他家具漆	PU 聚酯漆	4,832	51,612.48	51,709.59
UA0322-20	UV 家具漆	UV 紫外光固化漆	5,400	133,736.91	115,302.95
UA1892-20	UV 家具漆	UV 紫外光固化漆	11,500	273,929.48	239,303.02

表 3-2　销售数据汇总表

经 营 用 途	成 　分	销售数量/千克	销售金额/元	销售成本/元
KA 装修木器漆	PU 聚酯漆			
UV 家具漆	UV 紫外光固化漆			
其他家具漆	PE 不饱和聚酯漆			
其他家具漆	PU 聚酯漆			
其他家具漆	W 水性木器漆			
汽车修补漆	—			
装修木器漆	PU 聚酯漆			
总计				

问题分析

此问题涉及对大量数据的快速处理，实际的财务会计以及审计工作中经常会碰到此类问题，对大量数据的处理中，一个非常好的 Excel 工具即为数据透视表。为了让初学者能够更好地理解数据透视表，我们首先要完成任务一"认识 Excel 基本的数据管理功能"，了解 Excel 数据清单的概念，掌握数据清单的排序、筛选、自动汇总等知识，然后完成任务二"认识 Excel 的数据透视表功能"，学习数据透视表的使用方法，最后利用 Excel 的数据透视表功能快速而准确地解决销售数据汇总问题。

学习目标

- 理解 Excel 数据清单的概念；
- 掌握 Excel 数据清单中的排序、筛选操作；
- 理解 Excel 数据清单的自动汇总功能；
- 掌握 Excel 数据清单的数据透视表功能以及数据透视图功能。

任务一　认识 Excel 基本的数据管理功能

一、任务目的及要求

目的：通过本次任务，读者能够学会运用 Excel 对数据清单进行排序、筛选以及分类汇总等基本的数据管理。

要求：读者能够边看书边动手操作，从而掌握看似简单，实际上在财务工作中运用相当频繁的基本的数据处理功能。

二、背景知识

1. 数据清单概述

数据清单是包含相关数据的一系列工作表数据行。数据清单中的行表示记录，列表示字段，数据清单的第一行中含有列标志，如图 3-1 中单元格区域 A2:F6 所示。数据清单的同一列具有相同类型的数据，不同行是具有相同数据类型结构的记录。

	A	B	C	D	E	F	G
1							
2	班级	语文	数学	物理	化学	英语	
3	一班	85	59	59	75	75	
4	二班	90	84	87	68	25	
5	三班	78	88	65	86	59	
6	四班	66	85	45	68	95	
7							

图 3-1　数据清单

数据清单同数据库类似，数据清单中的列是数据库中的字段；数据清单中的列标志是数据库中的字段名称；数据清单中的每一行对应数据库中的一个记录。二者都可以对数据进行查询、排序、筛选，所不同的是，Excel 中的数据清单可以建立数据透视表。

在建立数据清单的过程中，应遵循以下原则：

（1）避免在一张工作表上建立多个数据清单。因为数据清单的某些管理功能，如筛选，可能筛选不到正确的结果。

（2）如果必须在同一张工作表上建立两个或者两个以上的数据清单，数据清单间至少留一个空行和空列，以区分不同的数据清单。

（3）避免在一个数据清单内放置空行和空列，这将有助于 Excel 检测和选定数据清单。

（4）在清单的第一行中创建字段名。Excel 将使用字段名创建报告并查找和组织数据。在输入列标志前，应将单元格设置为文本格式。

（5）字段名虽然最长可有 32,000 个字符，但是短的字段名在单元格中一目了然且有利于创建报告，不同列的字段名不要重复。

（6）如果要将字段名和其他数据区分开，应使用单元格边框（而不是空格和短画线）在字段名行下插入下框线。

（7）避免将关键数据放到数据清单的左右两侧，因为这些数据在筛选数据清单时可能会被隐藏。

（8）在修改数据清单前，要确保隐藏的行或列也被显示。如果清单中的行和列未被显示，那么数据可能被删除。

2. 数据清单的排序

数据清单的排序分为按升序排序和按降序排序。这里所指的升、降是指 Excel 默认的一种排序顺序，在按升序排序时，Excel 使用如下次序。在按降序排序时，除空格总在最后外，其他的顺序反转。

● 数字。数字从最小的负数到最大的正数进行排序。

● 按字母先后顺序进行排序。在按字母先后顺序对文本项进行排序时，Excel 从左到右逐个字符进行排序。例如，一个单元格中含有一个文本"B100"，则这个单元格将排在含有"B1"的单元格的后面、含有"B11"的单元格的前面。

- 文本以及包含数字的文本，按字母顺序（A～Z）排序。
- 撇号（'）和连字符（-）会被忽略。但如果两个字符串除连字符不同外其余都相同，则带连字符的文本排在后面。
- 逻辑值。在逻辑值中，FALSE 排在 TRUE 之前。
- 错误值。所有错误值的优先级相同。
- 空格。空格始终排在最后。

在 Excel 2016 中，数据清单的排序主要包括简单排序、高级排序和自定义排序 3 种方式，下面分别进行详细介绍。

1）简单排序

简单排序是指在排序时设置单一的排序条件，将工作表中的数据按照指定的某一处数据类型进行重新排序，具体操作方法与步骤如下：

（1）打开目标工作簿。

（2）单击需要排序的列字段。

（3）在"数据"选项卡的"排序和筛选"组中单击"升序"按钮 即可。

如果需要在工作表中对某一字段进行降序排列，只需在"数据"选项卡的"排序和筛选"组中单击"降序"按钮 即可。

2）高级排序

除了可以使用"排序和筛选"组中的"升序"和"降序"按钮对选中的单元格所在列进行升序或降序排列，还可以利用"排序"对话框对数据进行排序。在"排序"对话框中设置排序条件时，可以设置多个条件，即将多个条件同时设置出来，以对工作表中的数据进行排序，这里的排序称为"高级排序"。

【例 3-1】

图 3-2 所示为不同班级各科成绩表，先按语文成绩从低到高排序，如果语文成绩相同，再按数学成绩由高到低对班级进行排序。

	A	B	C	D	E	F
2	班级	语文	数学	物理	化学	英语
3	一班	85	59	59	75	75
4	二班	90	84	87	68	25
5	四班	85	85	45	68	95
6	三班	78	88	65	86	59

图 3-2 班级成绩表

【操作步骤】

（1）选中数据清单中任一单元格。

（2）单击"数据"选项卡"排序和筛选"组中的"排序"按钮。

（3）在弹出的"排序"对话框中单击"添加条件"按钮，分别设置"主要关键字"为"语文"，"次序"为"升序"；"次要关键字"为"数学"，"次序"为"降序"，如图 3-3 所示。

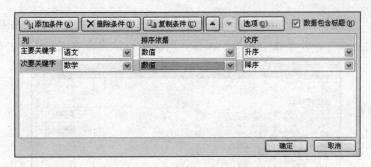

图 3-3 "排序"对话框

（4）单击"确定"按钮，新的排序结果如图 3-4 所示。

	A	B	C	D	E	F
2	班级	语文	数学	物理	化学	英语
3	三班	78	88	65	86	59
4	四班	85	85	45	68	95
5	一班	85	59	59	75	75
6	二班	90	84	87	68	25

图 3-4 按多列排序结果

如果按 3 个字段名对数据清单排序，只需按照如上操作，在"排序"对话框的"第三关键字"中选择相应字段名，并选择排序的方法即可。

3）自定义排序

在对表格数据进行排序时，还可以根据需要自定义排序序列，对指定字段按自定义方式排序。

【例 3-2】

将图 3-4 所示表格中的"班级"列，按照"二班""四班""三班""一班"的顺序进行排列。

【操作步骤】

（1）选中数据清单中任一单元格。

（2）单击"数据"选项卡"排序和筛选"组中的"排序"按钮。

（3）弹出"排序"对话框，在"主要关键字"中输入"班级"，在"次序"下拉列表框中选择"自定义序列"，如图 3-5 所示。

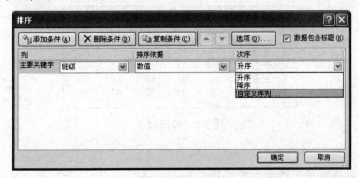

图 3-5 设置"次序"

（4）弹出"自定义序列"对话框，在"输入序列"列表框中分别输入序列"二班""四班""三班""一班"，并单击"添加"按钮，则该序列被保存在 Excel 中，如图 3-6 所示。

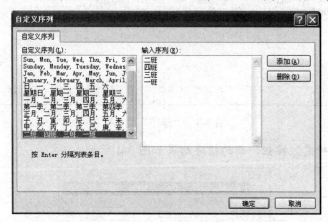

图 3-6　自定义序列

（5）选择"自定义序列"中新添加的序列，即返回到如图 3-5 所示的"排序"对话框，单击"确定"按钮，新的排序结果如图 3-7 所示。

	A	B	C	D	E	F
2	班级	语文	数学	物理	化学	英语
3	二班	90	84	87	68	25
4	四班	85	85	45	68	95
5	三班	78	88	65	86	59
6	一班	85	59	59	75	75

图 3-7　自定义序列的排序结果

3. 数据清单的筛选

所谓筛选，是指从数据清单中找出符合条件的数据行。Excel 的筛选分为自动筛选和高级筛选，下面分别介绍各功能的用法。

1）自动筛选

【例 3-3】

对图 3-8 所示的数据清单进行自动筛选。

	A	B	C	D	E	F
1						
2	姓名	语文	数学	物理	化学	英语
3	张三	78	89	65	87	59
4	李四	85	83	55	68	96
5	王五	85	59	60	77	75
6	赵六	90	84	87	68	35
7						

图 3-8　数据清单

【操作步骤】

（1）选中数据清单中的任一单元格。

（2）单击"数据"选项卡"排序和筛选"组中的"筛选"按钮。

（3）图 3-8 所示的数据清单变成如图 3-9 所示。

	A	B	C	D	E	F
1						
2	姓名	语文	数学	物理	化学	英语
3	张三	78	89	65	87	59
4	李四	85	83	55	68	96
5	王五	85	59	60	77	75
6	赵六	90	84	87	68	35

图 3-9 清单的自动筛选

（4）字段名右侧出现下拉按钮，单击下拉按钮即可进行进一步筛选。

【例 3-4】

筛选图 3-9 所示表格中语文成绩为 85 分的数据行。

【操作步骤】

单击"语文"字段名右侧的下拉按钮，在列表中选中数字"85"即可，结果如图 3-10 所示。如果要恢复显示所有的数据，选择"语文"下拉列表中的"全部"即可。

	A	B	C	D	E	F
1						
2	姓名	语文	数学	物理	化学	英语
4	李四	85	83	55	68	96
5	王五	85	59	60	77	75

图 3-10 筛选结果

【例 3-5】

筛选图 3-9 所示表格中英语成绩为 35~75 分的数据行。

【操作步骤】

（1）单击"英语"字段名右侧的下拉按钮，选择"数字筛选"，在弹出的下拉菜单中选择"自定义筛选"。

（2）弹出"自定义自动筛选方式"对话框，如图 3-11 所示。

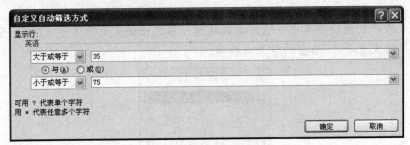

图 3-11 "自定义自动筛选方式"对话框

（3）在该对话框第一行的下拉列表框中选择"大于或等于"，在其右侧的文本框中输入"35"；在第二行的下拉列表框中选择"小于或等于"，在其右侧的文本框中输入"75"。选中"与"单选按钮。

（4）单击"确定"按钮，筛选出的数据行如图 3-12 所示。

	A	B	C	D	E	F
1						
2	姓名	语文	数学	物理	化学	英语
3	张三	78	89	65	87	59
5	王五	85	59	60	77	75
6	赵六	90	84	87	68	35

图 3-12　筛选结果

【例 3-6】

显示图 3-9 所示表格中英语成绩第一、第二的学生成绩单。

【操作步骤】

（1）在图 3-9 中，单击"英语"字段名右侧的下拉按钮，选择"数字筛选"，在弹出的下拉菜单中选择"10 个最大的值"。

（2）弹出"自动筛选前 10 个"对话框，保持两侧下拉列表框的内容不变，单击中间数值框中的微调按钮，将数字调整为 2，如图 3-13 所示。

（3）单击"确定"按钮，想要搜索的数据即被显示出来，如图 3-14 所示。

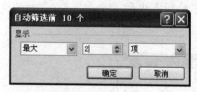

图 3-13　自动筛选

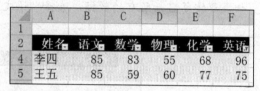

图 3-14　自动筛选结果

2）高级筛选

使用高级筛选可以查找匹配复杂计算条件的数据。此外，这个命令还为用户提供了更为强大的功能，例如从数据清单中提取筛选数据的副本。

在使用高级筛选之前，需建立一个条件，即指定筛选的数据必须满足的条件。条件区域类似于一个只包含条件的数据清单，在条件区域的首行中包含的字段名必须拼写正确，并与数据清单上的字段名一致，条件区域不必包含数据清单中的所有字段名，且顺序可与数据清单中的字段名顺序不同。

【例 3-7】

图 3-15 所示的数据清单中，运用高级筛选，筛选出语文大于等于 87 分，数学大于等于 85 分，英语大于等于 70 分的学生成绩单。

图 3-15　学生成绩清单

【操作步骤】

（1）在该数据清单所在工作表的任何空白处建立条件区域（最好选择靠近数据区域的

上方或者下方）。

（2）在图 3-15 所示数据清单的下方，即单元格 A13 开始建立条件区域，如图 3-16 所示。

（3）将光标移至数据清单的任一单元格，单击"数据"选项卡"排序和筛选"组中的"高级"按钮。

（4）弹出"高级筛选"对话框，如图 3-17 所示。

图 3-16　设置条件区域

图 3-17　"高级筛选"对话框

（5）如果选中"在原有区域显示筛选结果"单选按钮，则在工作表的原有数据清单区域内只能看到符合条件的数据记录行。如果选中"将筛选结果复制到其他位置"单选按钮，应在"复制到"文本框中指定筛选后的副本放置的起始单元格。

（6）如果"列表区域"文本框中没有自动显示出数据清单区域，那么就在该文本框中输入数据清单区域或使用鼠标选中该区域；如果"条件区域"文本框中没有自动显示出条件区域，那么就在文本框中输入条件区域或使用鼠标选定，设置结果如图 3-18 所示。

（7）单击"确定"按钮，通过高级筛选筛选出来的数据清单将被复制到指定的区域显示，如图 3-19 所示。

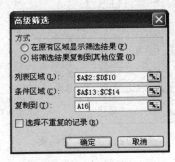

图 3-18　设置结果

图 3-19　高级筛选结果

4. 数据清单的分类汇总

分类汇总是在数据清单中轻松快速地汇总数据的方法，使用该方法能够从原始数据表中快速获得有用的信息。在汇总之前，需要对数据按汇总字段进行排序，否则会出现相邻字段值相同的进行汇总，不相邻的字段值则各自进行汇总。

【例 3-8】

图 3-20 是一家公司的员工基本工资表，使用 Excel 的自动分类汇总功能，汇总不同部门的员工工资。

	A	B	C	D	
1	**姓名**	**部门**	**人员类别**	**基本工资**	
2	钱小红	总部	管理	1,470.00	
3	钱正红	车间	管理	1,050.00	
4	石文管	总部	管理	798.00	
5	孙大伟	车间	工人	882.00	
6	孙伟	总部	管理	1,650.00	
7	王晶莹	车间	工人	903.00	
8	吴光	总部	管理	840.00	
9	吴华光	总部	工人	840.00	
10	杨柳华	车间	管理	1,302.00	
11	赵正华	总部	管理	1,680.00	
12					

图 3-20　员工基本工资表

【操作步骤】

（1）选中该数据清单中"部门"列字段的任一单元格，在"数据"选项卡"排序和筛选"组中单击"升序"按钮 2↓，此时，整个数据清单按"部门"字段进行升序排列。

（2）将光标移至数据清单任一单元格，在"数据"选项卡"分级显示"组中单击"分类汇总"按钮，弹出"分类汇总"对话框，如图 3-21 所示。

（3）在"分类字段"中选择"部门"，表示数据清单按"部门"分类，在"汇总方式"中选择"求和"，在"选定汇总项"中选择"基本工资"，表示对数据清单中的"基本工资"字段进行求和。

（4）选中"替换当前分类汇总"和"汇总结果显示在数据下方"复选框。

（5）单击"确定"按钮，分类汇总后的数据清单如图 3-22 所示。

图 3-21　"分类汇总"对话框

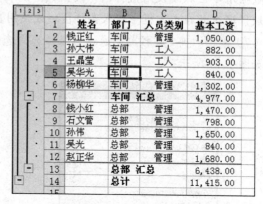

图 3-22　分类汇总结果

▶ **注意：** 在对数据清单进行分类汇总之前，一定按照要进行分类汇总的字段名进行排序。Excel 利用分类汇总功能对数据进行一次分类汇总后，还可以再一次对已经做了分类汇总的数据清单进行分类汇总。

【例 3-9】

如图 3-20 所示的数据清单，先按部门统计不同部门员工工资的合计，再在同一部门中，按照人员类别统计在同一部门中不同类别员工工资的合计。

【操作步骤】

（1）将光标移至数据清单中的任一单元格，在"数据"选项卡"排序和筛选"组中单击"排序"按钮，弹出"排序"对话框，在"主要关键字"中选择"部门"并按升序排列，在"次要关键字"中选择"人员类别"并按升序排列，如图 3-23 所示。

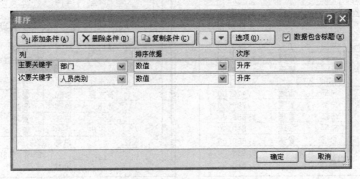

图 3-23　"排序"对话框

（2）单击"确定"按钮，原数据清单变成如图 3-24 所示的清单。

（3）将光标移至图 3-24 所示数据清单中的任一单元格，单击"数据"选项卡"分级显示"组中的"分类汇总"按钮。

（4）弹出如图 3-25 所示的"分类汇总"对话框，在"分类字段"中选择字段名"部门"，在"汇总方式"中选择"求和"，在"选定汇总项"中选择"基本工资"。

	A	B	C	D
1	姓名	部门	人员类别	基本工资
2	孙大伟	车间	工人	882.00
3	王晶莹	车间	工人	903.00
4	吴华光	车间	工人	840.00
5	钱正红	车间	管理	1,050.00
6	杨柳华	车间	管理	1,302.00
7	钱小红	总部	管理	1,470.00
8	石文管	总部	管理	798.00
9	孙伟	总部	管理	1,650.00
10	吴光	总部	管理	840.00
11	赵正华	总部	管理	1,680.00

图 3-24　排序结果

图 3-25　"分类汇总"对话框

（5）选中"替换当前分类汇总"和"汇总结果显示在数据下方"复选框。

（6）单击"确定"按钮，形成的新数据清单如图 3-26 所示。

（7）将光标移至图 3-26 所示的数据清单中，单击"分类汇总"按钮，重复步骤（3）、步骤（4）的操作。

（8）再一次弹出"分类汇总"对话框，将"分类字段"设置为"人员类别"，取消选中"替换当前分类汇总"复选框，其他保持不变。

（9）单击"确定"按钮，形成的数据清单如图 3-27 所示。

▶ **注意**：可否从图 3-20 所示的数据清单开始按"人员类别"嵌套分类汇总？答案是不可以。因为对数据清单的字段进行分类汇总一定要先排序，如果要嵌套分类汇总，就要在排序时，将"主要关键字"设置为第一层汇总字段，将"次要关键字"设置为第二层汇总字段。另外，在执行操作时，要取消选中"替换当前分类汇总"复选框。

1 2 3		A	B	C	D
	1	**姓名**	**部门**	**人员类别**	**基本工资**
	2	孙大伟	车间	工人	882.00
	3	王晶莹	车间	工人	903.00
	4	吴华光	车间	工人	840.00
	5	钱正红	车间	管理	1,050.00
	6	杨柳华	车间	管理	1,302.00
	7		**车间 汇总**		4,977.00
	8	钱小红	总部	管理	1,470.00
	9	石文管	总部	管理	798.00
	10	孙伟	总部	管理	1,650.00
	11	吴光	总部	管理	840.00
	12	赵正华	总部	管理	1,680.00
	13		**总部 汇总**		6,438.00
	14		**总计**		11,415.00
	15				

图 3-26　第一次分类汇总结果

1 2 3 4		A	B	C	D
	1	**姓名**	**部门**	**人员类别**	**基本工资**
	2	孙大伟	车间	工人	882.00
	3	王晶莹	车间	工人	903.00
	4	吴华光	车间	工人	840.00
	5			**工人 汇总**	2,625.00
	6	钱正红	车间	管理	1,050.00
	7	杨柳华	车间	管理	1,302.00
	8			**管理 汇总**	2,352.00
	9		**车间 汇总**		4,977.00
	10	钱小红	总部	管理	1,470.00
	11	石文管	总部	管理	798.00
	12	孙伟	总部	管理	1,650.00
	13	吴光	总部	管理	840.00
	14	赵正华	总部	管理	1,680.00
	15		**总部 汇总**		6,438.00
	16			**管理 汇总**	6,438.00
	17		**总计**		11,415.00
	18				

图 3-27　第二次分类汇总结果

要删除数据清单的分类汇总，只需在"分类汇总"对话框中单击"全部删除"按钮，那么该数据清单即恢复为最初的形式。

5. 显示或隐藏分级显示

分级显示即数据清单按列字段名分级显示。级数从 1 级开始到多级不等。级数越高，显示的数据清单越详细；级数越低，显示的一般为汇总结果。如图 3-27 所示，将工资数据清单分为 4 级（见数据清单的左侧），第 4 级为最详细的明细工资清单数据，第 3 级为同时按部门和人员类别汇总的员工工资合计数，第 2 级为按部门汇总的员工工资合计数，第 1 级为该公司所有员工的工资合计数。

用户可以单击"隐藏明细数据" ▬ 或"显示明细数据" ✚ 来折叠和展开分级显示，以改变数据的显示样式。

任务二　认识 Excel 数据透视表

一、任务目的及要求

目的：通过本次任务，读者能够运用 Excel 的数据透视表以及数据透视图功能对大而复杂的数据清单进行快速汇总处理。

要求：读者能够边看书边动手操作，从而掌握 Excel 的数据透视表功能。

二、背景知识

1. 数据透视表概述

数据透视表是一种动态工作表，是对大量数据快速汇总并建立交叉列表的交互式表格。在数据透视表中，可以转换行和列以查看源数据的不同汇总结果，也可以显示不同页面以筛选数据，还可以根据需要显示区域中的明细数据。

1）数据透视表的组成

数据透视表是一种具有特殊格式的汇总表，其汇总的数据源是指定的数据清单。利用数据透视表可以对源数据清单进行重新组织，根据有关字段分析数据清单的数值并显示分析结果。如图 3-28 所示是一般的数据透视表布局，其组成元素包括报表筛选字段、行字段、列字段和值字段。

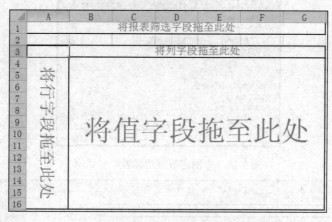

图 3-28　数据透视表布局

（1）报表筛选字段：报表筛选字段是指数据透视表中指定为页方向的源数据清单或表单中的字段。报表筛选字段可以有也可以没有。报表筛选字段一般在数据透视表的左上角显示。

（2）行字段：行字段是指在数据透视表中指定为行方向的源数据清单或表单中的字段。行字段一般在数据透视表的左侧显示。

（3）列字段：列字段是指在数据透视表中指定为列方向的源数据清单或表单中的字段。在数据透视表中列字段可以有也可以没有。

（4）值字段数据区：数据区是含有汇总数据的数据透视表中的一部分。数据区中的单元格用来显示源数据清单中指定的值字段汇总数据。

2）数据源

在 Excel 中，可以利用多种数据源来创建数据透视表。可利用的数据源如下。

（1）Excel 的数据列表或者数据库。

（2）外部数据源，包括数据库、文本文件或者除 Excel 工作簿外的其他数据源，也可以是 Internet 上的数据源。

（3）多重合并计算数据区域。

（4）另一个数据透视表或数据透视图。

2. 建立数据透视表

下面以图 3-20 中的数据清单为例，讲解数据透视表建立的过程。

（1）光标移至图 3-20 所示数据清单中的任一单元格，单击"插入"选项卡"表格"组中的"数据透视表"下拉按钮，在弹出的菜单中选择"数据透视表"命令。

（2）弹出如图 3-29 所示的"创建数据透视表"对话框。在"选择一个表或区域"中输入表格所在区域，在"选择放置数据透视表的位置"栏选中"新工作表"单选按钮，单击"确定"按钮。

（3）弹出如图 3-30 所示的界面，左侧是要建立的数据透视表结构，右侧上部分为"选择要添加到报表的字段"，右侧下部分是报表字段被拖动到的区域，分别为"报表筛选"区域、"列标签"区域、"行标签"区域、"数值"区域。

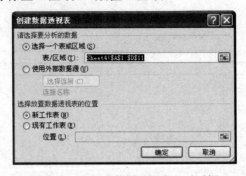

图 3-29 "创建数据透视表"对话框

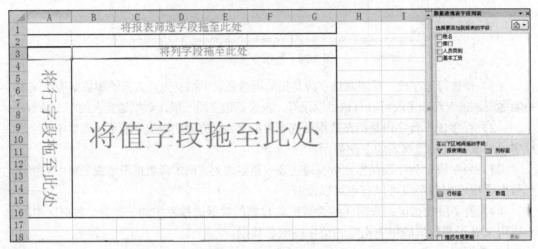

图 3-30 创建数据透视表

（4）选中图 3-30 右上角的"部门"字段，按住并拖动到右下角的"行标签"区域，此时图 3-30 左侧的数据透视表也跟着发生变化，依次将"人员类别"字段拖动到"行标签"区域，将"基本工资"拖动到"数值"区域，如图 3-31 所示。

（5）此时屏幕左侧的数据透视表形成了一个崭新的结构，如图 3-32 所示。

图 3-31 字段在各个区域中的布局

图 3-32 生成的新数据透视表

创建数据透视表的注意事项如下：

（1）Excel 将忽略使用"筛选"菜单中的命令所设置的所有筛选条件，数据透视表处理数据的范围包括数据清单中的所有数据。要从筛选后的数据清单创建数据透视表，可以使用"高级筛选"命令提取符合条件的数据放到工作表中的其他位置，再以所提取的数据区域创建数据透视表。

（2）在数据透视表中，Excel 会自动创建"总计"和"分类汇总"。如果在源数据清单中已有总计或者汇总行，在创建数据透视表时应将其删除，否则将导致生成的数据透视表数据出错。

3. 编辑数据透视表

1）在数据透视表中添加及删除字段

在数据透视表中添加和删除字段有两种方法，第一种方法是拖动法，选中图 3-30 右上角的字段并按住不放，将其拖动到右下角相应的结构区域中，即完成了字段的添加。相反，将图 3-30 右下角的字段选中并按住不放，拖回右上角的字段区，即完成了数据透视表字段的删除。

第二种方法是菜单法。首先来看字段的添加，选中图 3-30 右上角要添加的字段，右击，弹出如图 3-33 所示的菜单，该菜单中有"添加到报表筛选""添加到行标签""添加到列标签""添加到值"，选中字段所要添加到的区域即可。删除字段的方法如下：选中图 3-30 右下角要删除的字段，右击，弹出如图 3-34 所示的快捷菜单，选择"删除字段"命令即可完成字段的删除。要将数据透视表中已有字段移动到其他区域，只要选择该菜单中的相应命令即可。

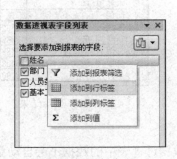

图 3-33 添加字段

图 3-34 删除字段

2）修改数据区域数据字段的汇总方式

Excel 数据透视表中数据字段的汇总方式除求和外，还有计数、平均值、最大值、最小值、乘积等。

【例 3-10】

修改图 3-32 所示的数据透视表中数据项"基本工资"为计数形式。

【操作步骤】

（1）在"选项"选项卡"计算"组中单击"按值汇总"按钮，弹出如图 3-35 所示的菜单。

（2）在该菜单中，将汇总方式改为"计数"。

（3）形成的新数据透视表如图 3-36 所示。

图 3-35　汇总方式菜单　　　　　图 3-36　按"计数"方式汇总的结果

3）显示或隐藏数据透视表字段项

假设用户想要隐藏图 3-32 所示的数据透视表中"人员类别"为"工人"的数据项，显示或隐藏数据透视表字段项操作如下：

（1）单击字段右侧的下拉按钮，本例为单击"人员类别"列字段右侧的下拉按钮。

（2）在出现的列表中选择需要显示或隐藏的字段内容，如隐藏"人员类别"为"工人"的数据项，如图 3-37 所示。

（3）单击"确定"按钮，即可隐藏"人员类别"为"工人"的数据项，新的数据透视表如图 3-38 所示。

图 3-37　显示或隐藏数据透视表字段项　　　图 3-38　显示结果

4）更新数据透视表

如果修改了源数据清单的数据，建立的数据透视表中的数据不会自动更新。要更新数据透视表中的数据，可右击数据透视表数据区域的数据，在弹出的快捷菜单中选择"刷新"命令。

5）数据透视表的自动套用格式

用户可以运用数据透视表的自动套用格式来美化数据透视表，使其更加美观易读。

【例 3-11】

美化图 3-32 所示的数据透视表，使之更加美观易读。

【操作步骤】

（1）选中数据透视表的任一单元格。

（2）选择"数据透视表工具"中的"设计"选项卡，在其中选择所需的数据透视表样式即可，如图 3-39 所示。

图 3-39 数据透视表样式

6）删除数据透视表

删除数据透视表的操作步骤如下：

（1）选中数据透视表中的任一单元格。

（2）选择"数据透视表工具"中的"选项"选项卡，在"操作"组中单击"清除"按钮即可，如图 3-40 所示。

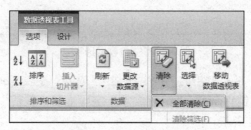

图 3-40 删除数据透视表

三、操作步骤

下面演示对本项目开始提出的情景问题的解决方法。

（1）将表 3-1 中的数据清单输入 Excel 工作表中。

（2）将光标移至数据清单中的任一单元格，在"数据"选项卡"表格"组中单击"数据透视表"下拉按钮，在弹出的菜单中选择"数据透视表"命令。

（3）弹出如图 3-41 所示的"创建数据透视表"对话框，在"请选择要分析的数据"栏中选中"选择一个表或区域"单选按钮并通过"表/区域"右侧的按钮选择数据透视表的源区域。在"选择放置数据透视表的位置"栏中选中"新工作表"单选按钮。单击"确定"按钮。

图 3-41 创建数据透视表

（4）弹出如图 3-42 所示的数据透视表空白界面。

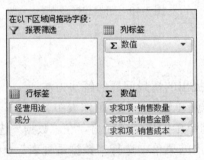

图 3-42 空白数据透视表

（5）在图 3-42 中，将右上角的"经营用途""成分"字段拖到右下角的"行标签"区域内，将"销售数量""销售金额""销售成本"字段拖到"数值"区域，并将汇总方式调整为"求和"，如图 3-43 所示。

图 3-43 设置各个区域的字段

（6）在此期间，图 3-42 左侧的数据透视表区域一直发生变动，当完成图 3-43 所示的拖动后，新的数据透视表形成，调整数据区的数据格式，新数据透视表如图 3-44 所示。

	经营用途	成分	求和项:销售数量	求和项:销售金额	求和项:销售成本
5	⊟KA装修木器漆	PU聚酯漆	3,638	78,353.38	53,150.19
6	KA装修木器漆 汇总		3,638	78,353.38	53,150.19
7	⊟UV家具漆	UV紫外光固化漆	23,340	568,840.09	498,258.77
8	UV家具漆 汇总		23,340	568,840.09	498,258.77
9	⊟其他家具漆	PE不饱和聚酯漆	896	9,267.52	8,862.21
10		PU聚酯漆	4,992	53,244.48	53,315.11
11		W水性木器漆	24	1,029.60	915.52
12	其他家具漆 汇总		5,912	63,541.60	63,092.84
13	⊟汽车修补漆	空	84	4,297.59	3,366.66
14	汽车修补漆 汇总		84	4,297.59	3,366.66
15	⊟装修木器漆	PU聚酯漆	1,014	18,450.85	14,433.60
16	装修木器漆 汇总		1,014	18,450.85	14,433.60
17	总计		33,988	733,483.51	632,302.06

图 3-44 新数据透视表

（7）美化图 3-44 所示的数据透视表。选择"数据透视表工具"中的"设计"选项卡，选中喜欢的表格样式，本样例选择"数据透视表浅色 16"，得到的表格样式如图 3-45 所示。

		数据		
经营用途	成分	求和项:销售数量	求和项:销售金额	求和项:销售成本
⊟KA装修木器漆	PU聚酯漆	3,638	78,353.38	53,150.19
KA装修木器漆 汇总		3,638	78,353.38	53,150.19
⊟UV家具漆	UV紫外光固化漆	23,340	568,840.09	498,258.77
UV家具漆 汇总		23,340	568,840.09	498,258.77
⊟其他家具漆	PE不饱和聚酯漆	896	9,267.52	8,862.21
	PU聚酯漆	4,992	53,244.48	53,315.11
	W水性木器漆	24	1,029.60	915.52
其他家具漆 汇总		5,912	63,541.60	63,092.84
⊟汽车修补漆	空	84	4,297.59	3,366.66
汽车修补漆 汇总		84	4,297.59	3,366.66
⊟装修木器漆	PU聚酯漆	1,014	18,450.85	14,433.60
装修木器漆 汇总		1,014	18,450.85	14,433.60
总计		33,988	733,483.51	632,302.06

图 3-45　套用样式的数据透视表

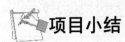

项目小结

通过本项目的学习，我们熟悉了 Excel 数据清单的概念以及数据清单的排序、筛选、分类汇总功能，进而学习了 Excel 强大的数据透视表功能并利用该功能解决了本项目的情景问题，加深了对 Excel 功能的认识。

思考与操作题

1. 填空题

（1）在 Excel 的降序排列中，序列中空白的单元格被放置在排序数据清单的_____。

（2）Excel 提供了两种筛选命令，分别是_____和_____。

（3）在 Excel 中，数据库包括_____、_____、_____3 个要素。

2. 选择题

（1）Excel 中数据清单的列称为（　　）。

    A. 字段　　　　　　　　　　　　B. 数据

    C. 单元格　　　　　　　　　　　D. 记录

（2）一个数据清单中，只显示外语系学生成绩记录，可使用（　　）命令。

    A. 筛选　　　　　　　　　　　　B. 分类汇总

    C. 排序　　　　　　　　　　　　D. 分列

（3）使用（　　）选项卡中的"分类汇总"命令来对记录进行统计分析。

    A. 插入　　　　　　　　　　　　B. 编辑

    C. 格式　　　　　　　　　　　　D. 数据

（4）在 Excel 中，使用（　　）选项卡中的命令来创建数据透视表。

    A. 工具　　　　　　B. 插入　　　　　　C. 数据

（5）在降序排序中，在序列中空白的单元格行被（　　）。

    A．放置在排序数据清单的最前　　　B．放置在排序数据清单的最后

    C．不被排序　　　　　　　　　　　D．应重新修改公式

（6）Excel 有电子数据表、图表和（　　）3 种功能。

    A．文字处理　　　　　　　　　　　B．数据库

    C．图像处理　　　　　　　　　　　D．数理统计

3．操作题

（1）启用 Excel，建立一个如表 3-3 所示的数据清单，并以"学生成绩表.xls"为文件名保存在 D 盘根目录中。

表 3-3　数据清单

姓　　名	性　　别	数　　学	英　　语	语　　文	总　　分
王大伟	男	78	80	90	248
李博	男	89	86	80	255
程小霞	女	79	75	86	240
马红军	男	90	92	88	270
李蓓	女	96	95	97	288
丁一平	男	69	74	79	222
张珊珊	女	60	68	75	203
刘亚萍	女	72	79	80	231

（2）将表 3-3 按性别排序。

（3）将表 3-3 按性别排序，性别相同的按总分降序排列。

（4）筛选出总分小于 240 或大于 270 的女生记录。

（5）分别求出男生、女生各科的平均成绩，平均成绩保留一位小数。

项目四　认识 Excel 的图表和图片

Excel 提供了多种图表类型来生动形象地演示不同类型的数据，同时还提供了插入图片、剪贴画以及手工制图等图片管理功能，使用户对事物的描述更加完美。财务分析人员可以利用 Excel 的图表处理功能分析数据，还可以利用图表及图片处理功能来撰写分析报告并生动地演示数据。目前，熟练掌握 Excel 的图表处理和图片管理功能已成为财务人员必备的能力之一。

 情景描述

王主管是一家涂料生产厂的财务主管，他每月都要分析生产厂的生产成本数据。图 4-1 是该厂 20××年 1～8 月的产量与部分相关生产成本数据，根据该数据，运用 Excel 的图表功能绘制该厂的成本产量线，并找出相应的固定成本与单位变动成本。

月份	一月	二月	三月	四月
生产数量（吨）	2,881.00	1,012.00	4,336.00	4,040.00
生产成本（万元）	59.40	47.30	73.60	70.20
月份	五月	六月	七月	八月
生产数量（吨）	4,243.00	5,002.00	3,847.00	5,170.00
生产成本（万元）	69.90	74.00	72.80	79.50

图 4-1　20××年 1～8 月产量与生产成本数据

 问题分析

本项目要运用 Excel 的散点图绘制成本产量线，并通过添加趋势线来找出该厂生产成本与产生的二元一次函数线，从而找到单位变动成本和固定成本。在解决该问题之前，首先要学习 Excel 的图表处理和图片管理的知识。

 学习目标

- 理解 Excel 图表的基本概念；
- 掌握 Excel 图表中的饼图、柱形图、折线图、散点图在财务中的运用；
- 掌握 Excel 插入剪贴画、图片、艺术字等功能。

任务一　认识 Excel 图表

一、任务目的及要求

目的：通过本次任务，读者能够认识 Excel 的图表及其分类，能够根据图表数据绘制

Excel 的柱形图、折线图、饼图、散点图，并对图形进行修改。

要求：由 6 人组成一个小组，共同学习 Excel 的图表及其分类，完成任务一。

二、背景知识

1. Excel 图表概述

Excel 的图表具有很好的视觉效果，不仅可以清晰地显示数据间的差异，而且可以反映数据内的逻辑关系，用户可以根据数据的变化趋势，做出合理的预测。设计完美的图表与枯燥的数据清单相比，更能迅速有力地传递数据。

Excel 中提供了 11 种图表类型，每种图表类型还包含几种不同的子类型，子类型是在图表类型基础上变化而来的。每种类型的图表都有各自不同的特点，读者可以根据需要选择使用哪一种类型。表 4-1 列示了不同类型的图表及用途。

表 4-1   各种图表类型及用途

图 表 类 型	用 途
柱形图	用于显示一段时期内数据的变化或者各项之间的比较关系
条形图	用于描述各项之间的差异变化或者显示各项与整体之间的关系
折线图	用于显示数据之间的变化趋势
饼图	用于显示数据系列中各项占总体的比例关系，注意饼图只显示一个数据系列
散点图	多用于科学数据，用于比较不同数据系列中的数值，以反映数值之间的关联性
面积图	用于显示局部和整体之间的关系，更强调幅值随时间的变化趋势
圆环图	用于显示部分与整体之间的比例关系，这和饼图类似，但可以表示多个数据系列
雷达图	用于多个数据系列之间总和值的比较，各分类沿各自的数值坐标轴相对于中点呈辐射状分布，同一序列的数值之间用折线相连
曲面图	用于确定两组数据之间的最佳逼近
气泡图	一种特殊类型的 XY 散点图
股价图	用于分析股票价格的走势

2. 柱形图

【例 4-1】

科顺公司 2019—2020 年各季度的净利润数据如表 4-2 所示，请据此表绘制柱形图。

表 4-2   2019—2020 年科顺公司净利润表

季度	一	二	三	四
2019 年净利润/万元	24,700.40	29,184.00	26,385.00	28,096.62
2020 年净利润/万元	25,000.00	28,250.00	36,500.00	30,120.00

【操作步骤】

（1）将表 4-2 所示的数据输入 Excel，如图 4-2 所示。

（2）选取数据范围。连续选中工作表中该数据所在的区域，如果希望所使用的数据的行列标志也显示在图表中，则选定区域还包括含有行列标志的单元格。例如，图 4-2 表格中数据区域上方 B2:F2 区域及左方 B2:B4 区域内容。

	A	B	C	D	E	F
1						
2		季度	一	二	三	四
3		2019 年净利润/万元	24,700.40	29,184.00	26,385.00	28,096.62
4		2020 年净利润/万元	25,000.00	28,250.00	36,500.00	30,120.00

图 4-2 输入净利润表数据

（3）选择图表类型。单击"插入"选项卡"图表"组中的"柱形图"按钮，如图 4-3 所示。

图 4-3 选择图表类型

（4）在弹出的下拉菜单中选择柱形图的子类别。柱形图的子类别分为二维柱形图、三维柱形图、圆柱图等，本例选择二维柱形图中的第一个，即"簇状柱形图"，如图 4-4 所示。

（5）此时，在原电子表格右下角生成了该数据的柱形图，如图 4-5 所示。

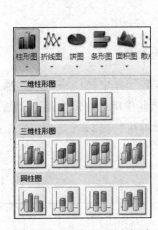

图 4-4 选择柱形图子类型

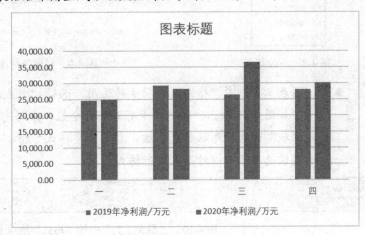

图 4-5 柱形图

（6）插入柱形图后，功能区中显示了"图表工具"栏，如图 4-6 所示，其中有两个选项卡，分别是"设计"选项卡和"格式"选项卡，当选择某一选项卡时，该选项卡呈亮色显示。

图 4-6 "图表工具"栏

- "图表工具"栏中"设计"选项卡的运用。选择"图表工具"栏中的"设计"选项卡，如图 4-7 所示，该选项卡中有 5 个命令组，在"图表布局"组中，可以快速查找用户所需的图表布局；在"图表样式"组中，可以快速查找所需的图表样式；在"数据"组中，可以切换数据显示的"行"或"列"，或者重新选择柱形图的数据；在"类型"组中，可以更改图表类型或将该图表另存为模板；在"位置"组中，可以移动图表位置。

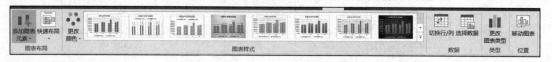

图 4-7　"设计"选项卡

● "图表布局"组中"添加图表元素"的运用。单击图 4-7 中"图表布局"组中的"添加图表元素"下拉按钮，弹出如图 4-8 所示菜单。可以分别对图表的坐标轴、轴标题、图表标题等进行设置。本例中将"图表标题"设置为"科顺公司净利润图"，形成如图 4-9 所示图表。

图 4-8　下拉菜单

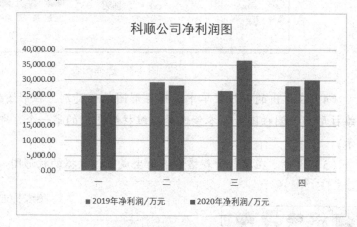

图 4-9　科顺公司净利润图

● "图表工具"中"格式"选项卡的运用。选择"图表工具"栏中的"格式"选项卡，如图 4-10 所示。该选项卡有 6 个命令组，分别是"当前所选内容"组、"插入形状"组、"形状样式"组、"艺术字样式"组、"排列"组和"大小"组。通过该选项卡可以对图表进行格式设置。

图 4-10　"图表工具"中的"格式"选项卡

3. 折线图

Excel 可以对图表中的图表项进行修改，如调整各图表项字体的大小、背景色；调整数值轴、分类轴主、次网格线的显示；调整数值轴的间距。另外，用户还可以根据需要调整数据系列的图表选项，将图表中某一系列的数据由柱形图改为折线图等。

【例 4-2】

将图 4-9 中所有图表项的字体设置为宋体，字号设置为 9 号；将标题改为"科顺公司

2019—2020 年净利润图"；将数值轴主网格线的间距由 5,000 调整为 4,000；将两组数据系列的图表类型由柱形图改为折线图。调整后的图表如图 4-11 所示。

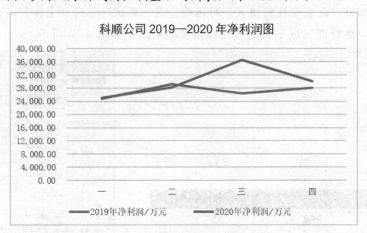

图 4-11　科顺公司净利润折线图

【操作步骤】

（1）将光标移至图 4-9 所示的图表区域，右击，在弹出的快捷菜单中选择"字体"命令，弹出"字体"对话框，在该对话框中进行相应设置，如图 4-12 所示。

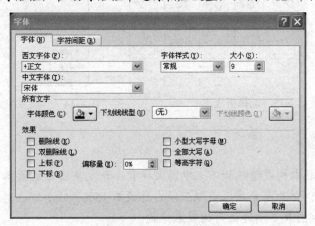

图 4-12　"字体"对话框

（2）在"字体"对话框中，选择"字体"选项卡，在"中文字体"下拉列表框中选择"宋体"，在"字体样式"下拉列表框中选择"常规"，在"大小"数值框中选择"9"，单击"确定"按钮，则图表区域中所有的汉字及数字都调整到规定的设置。

（3）将光标移至图表标题处，双击该标题，标题处于选中状态，此时可以直接修改标题的名称为"科顺公司 2019—2020 年净利润图"。将光标移至标题处，右击，在弹出的快捷菜单中选择"设置图表标题格式"命令，可以对图表标题的图案、字体等格式进行设置。

（4）选中该图表，选择"图表工具"栏中的"设计"选项卡，在"类型"组中单击"更改图表类型"按钮，在弹出的"更改图表类型"对话框中选择"折线图"中的第一个子类型，如图 4-13 所示，单击"确定"按钮。

（5）选中该图表的垂直坐标轴后，选择"图表工具"栏中的"设计"选项卡，在"图表布局"组中单击"添加图表元素"下拉按钮，在弹出的菜单中选择"坐标轴"→"主要横坐标轴"，弹出"设置坐标轴格式"对话框，在"单位"中的"主要"部分处将"5000"改为"4000"，这样即完成了主要网格线刻度的更改，如图 4-14 所示。

图 4-13　选择折线图

图 4-14　"设置坐标轴格式"对话框

4. 饼图

【例 4-3】

湘滨食品厂的股本构成情况如下：中国大洋食品开发集团占总股本 49%；长岛食品研究所占总股本 21%；企业高管层人员赵正华占总股本 15%，钱小红占总股本 10%，孙伟占总股本 5%。请绘制图表，描述该厂的股本结构。

【操作步骤】

（1）在一张新工作表中输入湘滨食品厂的股本结构表，如图 4-15 所示。

	A	B	C	D	E	F	G
1							
2	持股机构或人员		大洋集团	长岛研究所	赵正华	钱小红	孙伟
3	持股比例		49%	21%	15%	10%	5%
4							

图 4-15　湘滨食品厂股本结构表

（2）连续选中图 4-15 中 B2:G3 单元格区域，在"插入"选项卡"图表"组中单击"饼图"下拉按钮，在弹出的菜单中选择"三维饼图"中的第二个，即"分离型饼图"，如图 4-16 所示。

（3）选择"图表工具"栏中的"设计"选项卡，在"图表布局"组中选择"图表布局6"。

（4）单击图表中的"图表标题"部分，在"图表标题"文本框中输入"湘滨食品厂股本构成"。

（5）生成的湘滨食品厂股本构成饼状图如图 4-17 所示。

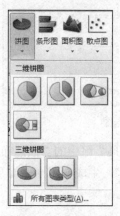

图 4-16 选择饼图子类型

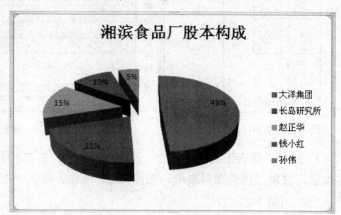

图 4-17 湘滨食品厂股本构成图

三、操作步骤

下面运用 Excel 的散点图来解决本项目最初设置的情景问题。该情景问题涉及的财务知识即成本的属性。在实际生产过程中，生产成本随产量变化而表现不同，有的成本不随产量的变动而变动，这种成本为固定成本；有的成本随产量的变化而成正比例变化，这种成本为完全变动成本；有的成本随产量的变化而变化，但不是正比例变化，这种成本为混合成本。在实际工作中，我们拟合生产成本随产量变动的图形，为二元一次函数的形式，即 $y=ax+b$，其中 a 表示单位变动成本，b 表示固定成本，这条线可以在 Excel 图表中通过绘制散点图并添加趋势线找到。操作步骤如下：

（1）在新建的工作表中输入该涂料厂 20××年 1～8 月产量与相应的生产成本数据，如图 4-18 所示。

	A	B	C	D	E	F	G	H	I	J
1										
2		数量及成本				月份				
3			1月	2月	3月	4月	5月	6月	7月	8月
4		生产数量/吨	2881	1012	4336	4040	4243	5002	3847	5170
5		生产成本/万元	59.4	47.3	73.6	70.2	69.9	74	72.8	79.5

图 4-18 涂料厂 20××年 1～8 月成本产量线

（2）选中 B3:J4 单元格区域（注意，这里一定不要选中 B2:J4 单元格区域），在"插入"选项卡"图表"组中单击"散点图"下拉按钮，在弹出的菜单中选择第一个散点子图"仅带数据标记的散点图"，如图 4-19 所示。此时生成如图 4-20 所示的散点图。

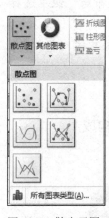

图 4-19　散点子图

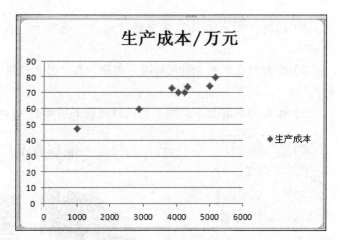

图 4-20　涂料厂散点图

（3）选择"图表工具"栏中的"设计"选项卡，单击"图表布局"组中的"快速布局"下拉按钮，展现出图表布局菜单，如图 4-21 所示，单击"布局 9"，生成套用图表布局 9 的散点图，如图 4-22 所示。

图 4-21　图表布局

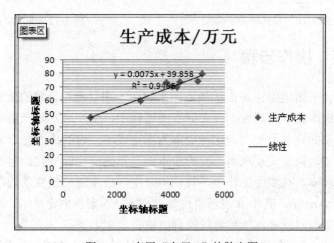

图 4-22　套用"布局 9"的散点图

（4）单击图 4-22 的图表标题，将标题改为"涂料厂 20××年 1～8 月成本产量线"，单击纵坐标标题，将标题改为"成本/万元"；单击横坐标标题，将标题改为"产量/吨"。

（5）选择"图表工具"栏中的"布局"选项卡，单击"标签"组中的"图例"按钮，在弹出的下拉菜单中选择"在底部显示图例"，此时涂料厂的散点图如图 4-23 所示。在该图表中，我们可以看到一条直线，图中的 8 个点均匀分布在这条直线的两侧或者在该直线上，该直线的二元一次方程显示在该直线的右上方，即 $y=0.0075x+39.858$。其中 39.858 代表该厂的固定成本，即在不生产的情况下，该厂也存在的生产成本，如生产厂中机器设备的折旧费、生产工人的工资费用等；0.0075 代表该厂的单位变动成本，即每多生产一吨的涂料，该厂要增加 75 元的生产成本。

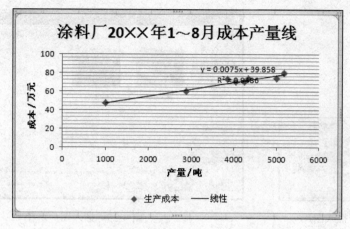

图 4-23 涂料厂 20××年 1~8 月成本产量线

任务二 认识 Excel 图片管理功能

一、任务目的及要求

目的：通过本次任务，读者可学会插入图片、剪贴画、艺术字等操作，能够使用 Excel 的绘图工具来绘制各种图形。

要求：由 3~6 人组成一个学习小组，以"我对会计专业或职业的认识"为题，在 Excel 工作表中完成一幅作品，阐释对该题目的认识。可以通过绘制图表和插入图片、剪贴画、艺术字的形式，也可以通过绘制图形、流程图的形式展示，时间为 30min，每个小组展示自己组的作品并解释。

二、背景知识

在 Excel 中除了可以插入图表，还可以插入纯粹的图形元素。这里所说的图表与图形的不同在于图表是建立在一个数据清单基础上的，是由数据清单生成的图，而图形不是建立在数据清单基础之上，只是一个纯粹的图形。在 Excel 中，可以通过插入图片、剪贴画、艺术字以及使用 Excel 绘图工具的方法将一些精美的图片、剪贴画插入电子表格，为表格填色，从而制作出更加赏心悦目的表格。

1. 插入图片

插入图片的步骤如下：

（1）如果要在 Excel 中插入图片，首先选中图片插入位置所在的单元格，然后在"插入"选项卡"插图"组中单击"图片"按钮，如图 4-24 所示。

（2）弹出"插入图片"对话框，在"查找范围"中找到保存图片的文件夹，然后选择要插入的图片，单击"插入"按钮，如图 4-25 所示。如此，便完成了图片的插入。

（3）此时，功能区中出现了"图片工具"栏，如图 4-26 所示。

图 4-24　插入图片　　　　　　　　　　　图 4-25　插入图片路径

图 4-26　"图片工具"栏

"图片工具"栏下有 4 组命令，分别是"调整"组、"图片样式"组、"排列"组、"大小"组。在"调整"组，用户可以进行删除图片背景、压缩图片、更改图片等操作；在"图片样式"组，用户可以调整图片的样式、边框、效果和版式；在"排列"组，用户可以将图片上移一层、下移一层，也可以选择窗格；在"大小"组，用户可以对图片进行裁剪操作。

2. 插入剪贴画

Office 包含了一个"剪辑库"，收集了比以前版本更多的剪贴画。Office 的各应用程序可以共享该剪辑库。用户可以将剪贴画加入自己的工作簿，并进行编辑。

要插入剪贴画，首先选择要插入的位置，然后在"插入"选项卡"插图"组中单击"剪贴画"按钮，打开如图 4-27 所示的"剪贴画"任务窗格，此时"剪贴画"显示框中尚无剪贴画显示，在"搜索范围"下拉列表框中选择剪贴画搜索的范围，再单击"剪贴画"任务窗格上的"搜索"按钮，此时多张剪贴画即被搜索并显示出来，如图 4-28 所示。

图 4-27　"剪贴画"任务窗格　　　　　　　图 4-28　选择搜索范围

3. 绘制图形

绘制图形是指以自选图形为图形元素，在工作表中绘制需要的图形，表现直观的数据或流程。绘制图形时，用户可以插入多个不同类型的自选图形，组合出需要的特殊形状或结构图形来表现数据。绘制图形的步骤如下：

（1）选择自选图形。启动 Excel 程序，切换至"插入"选项卡，单击"插图"组中的"形状"按钮，在展开的下拉列表中单击所选图形，如图 4-29 所示。

（2）绘制自选图形。此时，鼠标指针呈十字形，在工作表的适当位置单击，然后按住鼠标左键拖动，如图 4-30 所示，拖动到适当大小后释放鼠标即可。

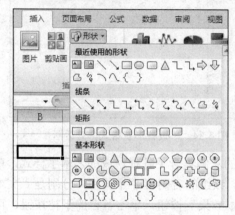

图 4-29　"形状"下拉列表

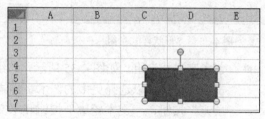

图 4-30　绘制矩形

（3）选择下一个自选图形。

（4）绘制下一个自选图形。

此时，在屏幕正上方出现了"绘图工具"栏，如图 4-31 所示。

图 4-31　"绘图工具"栏

"绘图工具"栏由 5 组命令组成，分别是"插入形状"组、"形状样式"组、"艺术字样式"组、"排列"组和"大小"组。使用 Excel 的绘图工具可以绘制直线、曲线等各种线条，正方形、椭圆形等各种图形，各种箭头以及各种文本框等。通过灵活运用 Excel 的"绘图工具"栏，可以绘制我们想要的图形，如流程图等。

● "插入形状"组。该组集合了 Excel 中的各种形状，并可以编辑形状、插入文本框，如图 4-32 所示。

● "形状样式"组。如图 4-33 所示，该组的左侧集合了各种现成的形状样式，单击下拉按钮可以选择更多的形状样式。该组的右侧设置图形的形状格式。单击"形状填充"下拉按钮，可以为图形填充各种颜色；单击"形状轮廓"下拉按钮，可以设置图形的轮廓；单击"形状效果"下拉按钮，可以设置图形形状效果。单击"形状样式"组右下角的按钮，弹出"设置形状格式"对话框，如图 4-34 所示，该对话框可以更加精细地设置图形的形状格式。

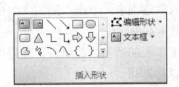

图 4-32　"插入形状"组

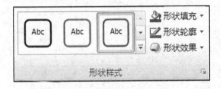

图 4-33　"形状样式"组

图 4-34　"设置形状格式"对话框

- 艺术字样式"组。如图 4-35 所示，该组的左侧集合了各种现成的艺术字样式，单击下拉按钮可以选择更多的艺术字样式。该组的右侧有 3 个按钮，分别是"文本填充"按钮、"文本轮廓"按钮和"文本效果"按钮，单击各自的下拉按钮，可以进行详细的设置。单击该组右下角的按钮，可以进行更加详细的设置。
- "排列"组和"大小"组。如图 4-36 所示，通过"排列"组可以对 Excel 表格中插入的多个图形进行排列，包括上移一层、下移一层、组合、对齐以及旋转等。通过"大小"组可以设置图片的大小。

图 4-35　"艺术字样式"组

图 4-36　"排列"组和"大小"组

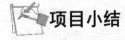 项目小结

通过本项目的学习，我们认识了 Excel 的图表和图片功能。首先通过完成任务一，对 Excel 图表的概念有了一定的认识，并了解了 Excel 图表的大体分类。接着我们重点学习了财务会计中经常用到的柱形图、折线图、饼图，最后利用散点图解决了项目情景问题。通过完成任务二，我们认识了 Excel 图片的概念，学习了在 Excel 中插入图片、剪贴画、艺术字的方法并简单了解了"绘图工具"栏各组的功能。

思考与操作题

1. 选择题

（1）下列关于 Excel 功能的说法不正确的是（   ）。

    A. 分析数据

    B. 提供了多种图表样式

    C. 可由表格直接生成各种图表

    D. 没有表格也能生成图表

（2）从 Excel 工作表产生 Excel 图表时，（   ）。

    A. 无法从工作表产生图表

    B. 图表只能嵌入当前工作表中，不能作为新工作表保存

    C. 图表不能嵌入当前工作表中，只能作为新工作表保存

    D. 图表既能嵌入当前工作表中，又能作为新工作表保存

（3）图表相关的数据发生变化后，图表（   ）。

    A. 必须进行编辑后才会发生变化   B. 会发生变化，但与数据无关

    C. 不会发生变化   D. 会发生相应变化

（4）图表是（   ）。

    A. 工作表数据的图表表示   B. 图片

    C. 可以用画图工具进行编辑   D. 根据工作表数据利用画图工具绘制

（5）Excel 可以创建各类图表，如条形图、柱形图等。为了显示数据系列中每一项占该系列数值总和的比例关系，应该选择的图表是（   ）。

    A. 条形图   B. 柱形图   C. 饼图   D. 折线图

2. 操作题

（1）某家电公司 20××年 1～6 月家电销售数量情况如表 4-3 所示。

表 4-3　1～6 月家电销售数量

家　　电	一　　月	二　　月	三　　月	四　　月	五　　月	六　　月	总　　计
电视	3,600	4,200	5,500	4,800	4,500	3,800	26,400
电冰箱	2,400	2,600	2,550	3,000	3,800	4,000	18,350
空调	2,500	2,000	3,650	4,200	6,400	8,000	26,750

请根据此表，编制该公司各月各种家电的销量柱形图。

（2）某家电公司 20××年 1～6 月各种家电的销量情况如表 4-4 所示。

表 4-4　1～6 月家电销量情况

家　　电	一　　月	二　　月	三　　月	四　　月	五　　月	六　　月	总　　计
电视	3,600	4,200	5,500	4,800	4,500	3,800	26,400
电冰箱	2,400	2,600	2,550	3,000	3,800	4,000	18,350
空调	2,500	2,000	3,650	4,200	6,400	8,000	26,750
微波炉	1,280	1,800	2,400	1,750	2,750	2,200	12,180

请根据此表绘制饼图，统计 1～6 月各种家电销量占总销量的比重。

（3）表 4-5 记载 1950—1990 年每 10 年的女人平均寿命，请就此表绘制散点图，推测 2000 年女人的平均寿命。

表 4-5　女人平均寿命

年份	1950	1960	1970	1980	1990	2000
平均寿命	70.9	73.2	74.8	77.5	78.6	?

项目五 Excel 在会计凭证中的应用

对于业务规模小的企业而言，完全可以运用 Excel 编制会计报表取代手工做账，这样既节约成本，又使编制会计报表的过程变得容易且数据不易出错。本项目介绍如何运用 Excel 编制会计科目表，进而介绍如何运用 Excel 编制会计凭证。

 **情景描述**

下面是粤顺小家电厂 2019 年 12 月的会计数据资料以及当月发生的会计业务，根据这些资料，用 Excel 编制会计凭证。

一、企业名称：粤顺小家电厂。

二、地址：广东省佛山市顺德区德胜东路 108 号。

三、企业纳税人登记号：08901269。

四、开户行及账号：

基本存款户：工商银行顺德支行，账号：123456789。

五、企业的主要产品：燃气灶、电饭煲。

六、增值税税率为 13%，所得税税率为 25%。

七、会计科目一览表（见表 5-1）。

表 5-1 会计科目一览表

科 目 编 码	科 目 名 称	科 目 编 码	科 目 名 称
1001	库存现金	1602	累计折旧
1002	银行存款	1604	在建工程
1012	其他货币资金	1606	固定资产清理
1101	交易性金融资产	1701	无形资产
1121	应收票据	1702	累计摊销
1122	应收账款	1801	长期待摊费用
1123	预付账款	1901	待处理财产损溢
1221	其他应收款	2001	短期借款
1231	坏账准备	2201	应付票据
1402	在途物资	2202	应付账款
1403	原材料	2203	预收账款
1405	库存商品	2211	应付职工薪酬
1411	周转材料	2221	应交税费
1471	存货跌价准备	222101	应交增值税
1511	长期股权投资	22210101	销项税额
1601	固定资产	22210102	进项税额

科 目 编 码	科 目 名 称	科 目 编 码	科 目 名 称
22210103	已交税金	4104	利润分配
22210104	未交增值税	410401	未分配利润
22210105	进项税转出	5001	生产成本
222104	应交企业所得税	5101	制造费用
222105	应交个人所得税	6001	主营业务收入
222108	应交城建税	6051	其他业务收入
222112	应交教育费附加	6111	投资收益
2231	应付利息	6301	营业外收入
2241	其他应付款	6401	主营业务成本
2501	长期借款	6402	其他业务成本
2502	应付债券	6403	营业税金及附加
2701	长期应付款	6601	销售费用
4001	实收资本	6602	管理费用
4002	资本公积	6603	财务费用
4101	盈余公积	6711	营业外支出
4103	本年利润	6801	所得税费用

八、12 月发生经济业务如下。

（1）12 月 1 日提取备用金 2,000 元。

（2）12 月 1 日以现金购买转账支票共计 50 元。

（3）12 月 2 日用支票偿还前欠顺龙公司货款 27,000 元。

（4）12 月 2 日采购员用现金购买办公用品共计 600 元。

（5）12 月 3 日车间领用甲材料 1,000 千克，每千克 15 元，用于电饭煲的生产。

（6）12 月 4 日从美芝工厂购入甲材料 1,000 千克，每千克 15 元，货款共计 15,000 元，增值税 1,950 元，用支票支付，材料已经入库。

（7）12 月 4 日缴纳上月增值税、城建税和教育费附加。

（8）12 月 4 日销售给威龙公司燃气灶一批，货款 100,000 元（500 台×200 元/台），增值税税率为 13%，收到的支票已存入银行。

（9）12 月 4 日用支票支付第三季度养路费 3,500 元。

（10）12 月 5 日员工张丽出差借差旅费 3,000 元。

（11）12 月 6 日车间领用乙材料 100 千克，每千克 20 元，用于一般耗费。

（12）12 月 6 日用现金预付明年上半年的报刊费 690 元。

（13）12 月 7 日由顺龙公司购入乙材料 300 千克，每千克 20 元，款项尚未支付，材料已入库。

（14）12 月 8 日由银行支付本月生产车间水费 500 元。

（15）12 月 9 日车间领用乙材料 1,500 千克，每千克 20 元，用于燃气灶的生产。

（16）12 月 10 日签发现金支票，提取本月工资 48,000 元。

（17）12 月 10 日发放本月工资 48,000 元。

（18）12 月 11 日销售给酥鑫公司电饭煲一批，货款 120,000 元（800 台×150 元/台），货款尚未收到。

（19）12 月 11 日用支票支付广告费 2,500 元。

（20）12 月 12 日公司行政部门用现金支付招待费 590 元。

（21）12 月 12 日职工王浩报销医药费 250 元。

（22）12 月 13 日采购员张丽出差回来报销差旅费 2,700 元，余款退回公司。

（23）12 月 13 日用银行存款支付本月电费 3,500 元。其中厂部用电 1,000 元，车间用电 2,500 元。

（24）12 月 14 日预提本月借款利息 800 元。

（25）12 月 15 日销售给国润公司丙材料 1,500 千克，每千克 19 元，共计 28,500 元，冲销预收账款 8,000 元，其余收转账支票。同时结转丙材料的销售成本 22,800 元。

（26）12 月 18 日以银行存款支付本月电话费 1,000 元。

（27）12 月 20 日用银行存款支付第四季度借款利息 2,800 元。

（28）12 月 22 日计提本月折旧，其中车间 12,000 元，厂部 6,000 元。

（29）12 月 25 日用现金购买印花税票 600 元。

（30）12 月 26 日厂部报销汽车加油费 350 元。

（31）12 月 31 日分配本月工资，其中，生产电饭煲产品的生产工人工资 20,000 元，生产燃气灶产品的生产工人工资 10,000 元，车间管理人员工资 6,000 元，厂部人员工资 10,900 元。

（32）12 月 31 日按工资总额的 14%计提福利费。

（33）12 月 31 日摊销本月车间大修理费用 800 元。

（34）12 月 31 日年终盘点，盘盈全新生产设备一台，同类固定资产市场价格为 7,000 元。

（35）12 月 31 日年终盘点，盘亏甲材料 100 千克，金额 1,500 元，应负担的增值税为 195 元。

（36）12 月 31 日盘点结果经领导审批后，盘盈的设备 7,000 元计入营业外收入，盘亏的甲材料列入营业外支出。

（37）12 月 31 日结转本月制造费用，按工人工资比例分配。

（38）12 月 31 日结转本月完工电饭煲、燃气灶的产品成本（假设期初以及本月没有在生产产品）。

（39）12 月 31 日计提本月城建税、教育费附加。

（40）12 月 31 日企业已有的丙材料现已不需用，现市场价为每千克 16 元，按已给资料计提存货跌价准备。

（41）12 月 31 日计提 877 元坏账准备。

（42）12 月 31 日结转本月销售成本，其中，电饭煲产品 500 台，每台 160 元，燃气灶 800 台，每台 120 元。

（43）12 月 31 日结转本月各项收入与收益。

（44）12 月 31 日结转本月各项成本、费用与支出。

（45）12 月 31 日计算并结转本月所得税费用（本年纳税调整项目有：实际发放工资

超过计税工资 2,000 元，盘亏的甲材料税务部门不允许税前扣除），所得税费用采用应付税款法计算。

（46）12 月 31 日按净利润的 10%计提法定盈余公积金。

（47）12 月 31 日按净利润的 10%计提公益金。

（48）12 月 31 日将本年净利润转入利润分配科目。

 问题分析

本例首先要运用之前学过的会计学基础、财务会计知识，分析粤顺小家电厂 12 月的业务，逐笔编制会计分录；再运用 Excel 编制会计科目表、会计凭证。

 学习目标

- 复习会计学基础、财务会计知识，会编制基本的会计分录；
- 会灵活运用 Excel 的常用函数，如 VLOOKUP()函数、IF()函数、CONCATENATE()函数等；
- 会应用 Excel 编制会计科目表；
- 会应用 Excel 编制会计凭证。

任务一　编制粤顺小家电厂的会计分录

一、任务目的及要求

目的：通过本次任务，读者能够根据以前学过的会计学基础、中级会计实务等会计知识编制会计分录。

要求：由 3～6 人组成一个学习小组，在规定的时间内共同探讨粤顺小家电厂 48 笔经济业务的会计分录编制方法。

二、操作步骤

根据情景问题中提出的粤顺小家电厂的资料以及各项会计业务，运用之前学过的会计学基础、财务会计等知识，编制的会计分录如下。

（1）借：其他应收款——备用金　　　　　　　　　　2,000

　　　　贷：银行存款　　　　　　　　　　　　　　　　　　2,000

（2）借：管理费用　　　　　　　　　　　　　　　　　50

　　　　贷：现金　　　　　　　　　　　　　　　　　　　　　50

（3）借：应付账款——顺龙公司　　　　　　　　　　27,000

　　　　贷：银行存款　　　　　　　　　　　　　　　　　　27,000

（4）借：管理费用　　　　　　　　　　　　　　　　　600

　　　　贷：现金　　　　　　　　　　　　　　　　　　　　　600

（5）借：生产成本——电饭煲　　　　　　　　　　　　　　15,000

　　　贷：原材料——甲材料　　　　　　　　　　　　　　　15,000

（6）借：原材料——甲材料　　　　　　　　　　　　　　　15,000

　　　应交税金——应交增值税（进项税）　　　　　　　　1,950

　　　贷：银行存款　　　　　　　　　　　　　　　　　　16,950

（7）借：应交税费——未交增值税　　　　　　　　　　　8,907.73

　　　应交税费——应交城建税　　　　　　　　　　　　　625

　　　应交税费——应交教育费附加　　　　　　　　　　267.27

　　　贷：银行存款　　　　　　　　　　　　　　　　　　9,800

（8）借：银行存款　　　　　　　　　　　　　　　　　113,000

　　　贷：主营业务收入　　　　　　　　　　　　　　　100,000

　　　　　应交税费——应交增值税（销项税）　　　　　13,000

（9）借：管理费用　　　　　　　　　　　　　　　　　　3,500

　　　贷：银行存款　　　　　　　　　　　　　　　　　　3,500

（10）借：其他应收款——张丽　　　　　　　　　　　　　3,000

　　　贷：银行存款　　　　　　　　　　　　　　　　　　3,000

（11）借：制造费用　　　　　　　　　　　　　　　　　　2,000

　　　贷：原材料——乙材料　　　　　　　　　　　　　　2,000

（12）借：预付账款　　　　　　　　　　　　　　　　　　690

　　　贷：现金　　　　　　　　　　　　　　　　　　　　690

（13）借：原材料——乙材料　　　　　　　　　　　　　　6,000

　　　应交税金——应交增值税（进项税）　　　　　　　　780

　　　贷：应付账款——顺龙公司　　　　　　　　　　　　6,780

（14）借：制造费用　　　　　　　　　　　　　　　　　　500

　　　贷：银行存款　　　　　　　　　　　　　　　　　　500

（15）借：生产成本——燃气灶　　　　　　　　　　　　　30,000

　　　贷：原材料——乙材料　　　　　　　　　　　　　　30,000

（16）借：现金　　　　　　　　　　　　　　　　　　　48,000

　　　贷：银行存款　　　　　　　　　　　　　　　　　　48,000

（17）借：应付职工薪酬　　　　　　　　　　　　　　　48,000

　　　贷：现金　　　　　　　　　　　　　　　　　　　　48,000

（18）借：应收账款——酥鑫公司　　　　　　　　　　　135,600

　　　贷：主营业务收入　　　　　　　　　　　　　　　120,000

　　　　　应交税费——应交增值税（销项税）　　　　　15,600

（19）借：销售费用　　　　　　　　　　　　　　　　　　2,500

　　　贷：银行存款　　　　　　　　　　　　　　　　　　2,500

（20）借：管理费用　　　　　　　　　　　　　　　　　　590

　　　贷：现金　　　　　　　　　　　　　　　　　　　　590

（21）借：应付职工薪酬　　　　　　　　　　　　　　　　250

　　　贷：现金　　　　　　　　　　　　　　　　　　　　250

（22）借：管理费用　　　　　　　　　　　　　　2,700
　　　　现金　　　　　　　　　　　　　　　　　300
　　　　贷：其他应收款——张丽　　　　　　　　　　　3,000
（23）借：管理费用　　　　　　　　　　　　　　1,000
　　　　制造费用　　　　　　　　　　　　　　2,500
　　　　贷：银行存款　　　　　　　　　　　　　　　3,500
（24）借：财务费用　　　　　　　　　　　　　　800
　　　　贷：应付利息　　　　　　　　　　　　　　　　800
（25）借：预收账款——国润公司　　　　　　　　8,000
　　　　银行存款　　　　　　　　　　　　　　24,205
　　　　贷：其他业务收入　　　　　　　　　　　　　28,500
　　　　　　应交税费——应交增值税（销项税）　　　3,705
　　　借：其他业务成本　　　　　　　　　　　　22,800
　　　　贷：原材料——丙材料　　　　　　　　　　　22,800
（26）借：管理费用　　　　　　　　　　　　　　1,000
　　　　贷：银行存款　　　　　　　　　　　　　　　1,000
（27）借：应付利息　　　　　　　　　　　　　　2,800
　　　　贷：银行存款　　　　　　　　　　　　　　　2,800
（28）借：制造费用　　　　　　　　　　　　　　12,000
　　　　管理费用　　　　　　　　　　　　　　6,000
　　　　贷：累计折旧　　　　　　　　　　　　　　　18,000
（29）借：管理费用　　　　　　　　　　　　　　600
　　　　贷：现金　　　　　　　　　　　　　　　　　600
（30）借：管理费用　　　　　　　　　　　　　　350
　　　　贷：现金　　　　　　　　　　　　　　　　　350
（31）借：生产成本——电饭煲　　　　　　　　　20,000
　　　　生产成本——燃气灶　　　　　　　　　10,000
　　　　制造费用　　　　　　　　　　　　　　6,000
　　　　管理费用　　　　　　　　　　　　　　10,900
　　　　贷：应付职薪酬　　　　　　　　　　　　　　46,900
（32）借：生产成本——电饭煲　　　　　　　　　2,800
　　　　生产成本——燃气灶　　　　　　　　　1,400
　　　　制造费用　　　　　　　　　　　　　　840
　　　　管理费用　　　　　　　　　　　　　　1,526
　　　　贷：应付职薪酬　　　　　　　　　　　　　　6,566
（33）借：制造费用　　　　　　　　　　　　　　800
　　　　贷：预付账款　　　　　　　　　　　　　　　800
（34）借：固定资产　　　　　　　　　　　　　　7,000
　　　　贷：待处理财产损益　　　　　　　　　　　　7,000

（35）借：待处理财产损益　　　　　　　　　　　　　　　1,695

　　　　贷：原材料——甲材料　　　　　　　　　　　　　　　1,500

　　　　　　应交税费——应交增值税（进项税转出）　　　　　195

（36）借：待处理财产损益　　　　　　　　　　　　　　　7,000

　　　　贷：营业外收入　　　　　　　　　　　　　　　　　　7,000

　　　借：营业外支出　　　　　　　　　　　　　　　　　1,695

　　　　贷：待处理财产损益　　　　　　　　　　　　　　　　1,695

（37）借：生产成本——电饭煲　　　　　　　　　　　　16,426.67

　　　　　生产成本——燃气灶　　　　　　　　　　　　8,213.33

　　　　贷：制造费用　　　　　　　　　　　　　　　　　　24,640

（38）借：库存商品——电饭煲　　　　　　　　　　　　54,226.67

　　　　贷：生产成本——电饭煲　　　　　　　　　　　　　54,226.67

　　　借：库存商品——燃气灶　　　　　　　　　　　　49,613.33

　　　　贷：生产成本——燃气灶　　　　　　　　　　　　　49,613.33

（39）借：营业税金及附加　　　　　　　　　　　　　　3,572.40

　　　　贷：应交税费——应交城市维护建设税　　　　　　　2,083.90

　　　　　　应交税费——应交教育费附加　　　　　　　　　1,488.50

（40）借：管理费用　　　　　　　　　　　　　　　　　5,200

　　　　贷：存货跌价准备——丙材料　　　　　　　　　　　　5,200

（41）借：管理费用　　　　　　　　　　　　　　　　　877

　　　　贷：坏账准备　　　　　　　　　　　　　　　　　　877

（42）借：主营业务成本——电饭煲　　　　　　　　　　80,000

　　　　　主营业务成本——燃气灶　　　　　　　　　　96,000

　　　　贷：库存商品——电饭煲　　　　　　　　　　　　　80,000

　　　　　　库存商品——燃气灶　　　　　　　　　　　　　96,000

（43）借：主营业务收入——电饭煲　　　　　　　　　120,000

　　　　　主营业务收入——燃气灶　　　　　　　　　100,000

　　　　　其他业务收入——丙材料　　　　　　　　　　28,500

　　　　　营业外收入　　　　　　　　　　　　　　　　7,000

　　　　贷：本年利润　　　　　　　　　　　　　　　　　255,500

（44）借：本年利润　　　　　　　　　　　　　　　242,260.40

　　　　贷：管理费用　　　　　　　　　　　　　　　　　34,893

　　　　　　财务费用　　　　　　　　　　　　　　　　　800

　　　　　　销售费用　　　　　　　　　　　　　　　　　2,500

　　　　　　主营业务成本　　　　　　　　　　　　　　176,000

　　　　　　其他业务成本——丙材料　　　　　　　　　22,800

　　　　　　营业外支出　　　　　　　　　　　　　　　1,695

　　　　　　营业税金及附加　　　　　　　　　　　　3,572.40

（45）借：所得税费用　　　　　　　　　　　　　　4,233.65

　　　　贷：应交税费——应交所得税　　　　　　　　　　　4,233.65

　　　　借：本年利润　　　　　　　　　　　　　　4,233.65

　　　　贷：所得税费用　　　　　　　　　　　　　　　　4,233.65

（46）借：利润分配——提取法定盈余公积金　　　　900.60

　　　　贷：盈余公积——法定盈余公积金　　　　　　　　　900.60

（47）借：利润分配——提取法定公益金　　　　　　900.60

　　　　贷：盈余公积——法定公益金　　　　　　　　　　　900.60

（48）借：本年利润　　　　　　　　　　　　　　9,005.95

　　　　贷：利润分配——未分配利润　　　　　　　　　　9,005.95

　　　　借：利润分配——未分配利润　　　　　　　1,801.20

　　　　贷：利润分配——提取法定盈余公积金　　　　　　　900.60

　　　　　　利润分配——提取法定公益金　　　　　　　　　900.60

任务二　应用 Excel 编制会计分录

一、任务目的及要求

目的：通过本次任务，读者能够学会如何应用 Excel 编制会计科目表与会计凭证。

要求：由 3～6 人组成一个学习小组，共同学习如何应用 Excel 编制会计科目表，如何应用 Excel 编制会计凭证表。

二、背景知识

会计凭证是指记录经济业务，明确经济责任的书面证明，也是登记账簿的依据。填制和审核会计凭证既是会计工作的开始，也是会计对经济活动进行监督的重要环节。会计凭证的常见格式如图 5-1 所示。

<table>
<tr><td colspan="8" align="center">转账凭证</td></tr>
<tr><td colspan="8" align="center">年　月　日　　　字第　　号</td></tr>
<tr><td colspan="3">会计科目</td><td rowspan="2">摘要</td><td rowspan="2">借方金额</td><td rowspan="2">贷方金额</td><td rowspan="11">附件共3张</td></tr>
<tr><td>科目编码</td><td>总账科目</td><td>明细科目</td></tr>
<tr><td>1131</td><td>应收账款</td><td></td><td>销售货物</td><td>1,170,000.00</td><td></td></tr>
<tr><td>5101</td><td>主营业务收入</td><td></td><td></td><td></td><td>1,000,000.00</td></tr>
<tr><td>2171</td><td>应交税金-应交增值税</td><td></td><td></td><td></td><td>170,000.00</td></tr>
<tr><td></td><td></td><td></td><td></td><td></td><td></td></tr>
<tr><td></td><td></td><td></td><td></td><td></td><td></td></tr>
<tr><td></td><td></td><td></td><td>合计</td><td>1,170,000.00</td><td>1,170,000.00</td></tr>
<tr><td colspan="2">会计主管</td><td>记账</td><td>出纳</td><td>审核</td><td colspan="2">制单</td></tr>
</table>

图 5-1　会计凭证样例

Excel 能够轻松实现图 5-1 所示的会计凭证的结构设置。通过设置数据验证，我们可以在下拉菜单中选择凭证的类型，运用 IF()函数，实现借贷金额的求和等操作。

操作步骤如下：

（1）在新建的工作表中输入文本，如图 5-2 所示。

	A	B	C	D	E	F	
1	会计凭证						
2	年 月 日			字第　　号			
3	会计科目			摘要	借方金额	贷方金额	
4	科目编码	总账科目	明细科目				
5							
6							
7							
8							
9							
10							
11	会计主管		记账	出纳	审核	制单	
12							

图 5-2　输入文本

（2）通过"合并居中"按钮，调整第一行文本的字体（14 号宋体并加粗显示），将图 5-2 中的文本调整为图 5-3 所示的字体格式。

	A	B	C	D	E	F	
1			**会计凭证**				
2		年 月 日			字第　　号		
3			会计科目				
4	科目编码	总账科目	明细科目	摘要	借方金额	贷方金额	
5							
6							
7							
8							
9							
10							
11	会计主管		记账	出纳	审核	制单	

图 5-3　调整字体格式

（3）连续选中 A3:F10 单元格，单击"边框"按钮，在其下拉菜单中选择"所有框线"，并适当拉宽各列、各行的宽度或者高度，形成如图 5-4 所示的图表。

	A	B	C	D	E	F
1				**会计凭证**		
2		年 月 日			字第　　号	
3			会计科目			
4	科目编码	总账科目	明细科目	摘要	借方金额	贷方金额
5						
6						
7						
8						
9						
10						
11	会计主管		记账	出纳	审核	制单

图 5-4　设置边框

（4）切换到"视图"选项卡，选择"显示"组，取消选中"网格线"复选框，如图 5-5 所示。工作表中的网格线将不再显示，此时，会计凭证表如图 5-6 所示。

图 5-5　取消选中"网格线"复选框

图 5-6　"会计凭证"格式设置效果

（5）会计凭证分为 3 种，即收款凭证、付款凭证、转账凭证。我们可以在 B1 单元格设置数据验证，通过下拉菜单选择此 3 种凭证，如果输入错误，将提示出错信息。将光标移至合并单元格 B1 处，切换至"数据"选项卡"数据工具"组，单击"数据验证"下拉按钮，在弹出的菜单中选择"数据验证"命令，弹出"数据验证"对话框，在"设置"选项卡"允许"下拉列表框中选择"序列"，在"来源"文本框中输入文本"收款凭证,付款凭证,转账凭证"（注意，文本中的逗号是关闭中文输入法后的逗号），如图 5-7 所示。

（6）切换至"出错警告"选项卡，在"样式"下拉列表框中选择"停止"，在"标题"文本框中输入文本"凭证类型选择错误"，在"错误信息"文本框中输入文本"请在下拉列表中选择！"，如图 5-8 所示，单击"确定"按钮。此时，合并单元格右侧出现了一个选择按钮，单击该按钮，在弹出的下拉菜单中可根据需要选择合适类型的凭证，如图 5-9 所示。

图 5-7　数据验证

图 5-8　设置出错警告

如果在合并单元格中输入错误的凭证类型，如"记账凭证"，则会弹出"凭证类型选择错误"对话框，提示输入错误，如图 5-10 所示。

图 5-9　选择凭证类型

图 5-10　出错信息

三、操作步骤

以上是运用 Excel 对会计凭证进行结构设置，该结构的会计凭证美观、易读，适合打印出来装订成册。在 Excel 中，我们要从会计凭证数据库中汇总、透视出总账各科目的本期发生额数据，用于编制科目余额表数据，最后形成资产负债表、利润表，因此光靠输入这种结构的会计凭证是不够的。我们需要建立一张"会计凭证表"，在该凭证表中，每一张会计凭证显示的经济业务的基本信息都要被包括在内，这些基本信息包括年、月、日、序号、科目代码、科目名称、明细科目、摘要、借方金额、贷方金额等，为此，我们可以设置会计凭证表的结构如图 5-11 所示。

年	月	日	序号	凭证编号	摘要	科目代码	科目名称	明细科目	借方金额	贷方金额

粤顺小家电厂会计凭证表

图 5-11　会计凭证表

1. 应用 Excel 制作会计科目表

在输入会计凭证表之前，我们首先要在一张新表中建立会计科目表，操作步骤如下：

（1）打开新工作簿，在 Sheet1 工作表的表格中输入文本，如图 5-12 所示。

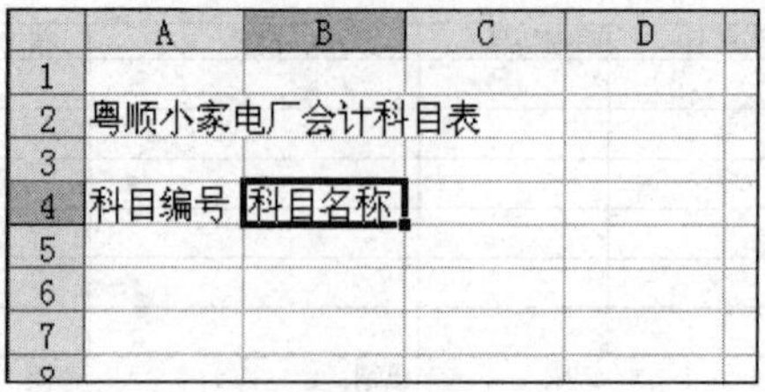

图 5-12　输入会计科目表字段名

（2）根据问题情景描述中表 5-1 所给的会计科目表，依次自 A5 单元格起，输入科目编码及相应的科目名称，如图 5-13 所示。

（3）合并 A2、B2 单元格，将合并单元格中的文本"粤顺小家电厂会计科目表"设置为 16 号、宋体并加粗，分别将 A4、B4 单元格中的文本设置为 14 号、宋体并加粗，调整A 列与 B 列的列宽，使文本显示完全。

（4）选中 A 列，单击"居中"按钮，A 列中所有的文本均居中显示。用同样的方法，将 B 列的文本全部居中显示。

（5）连续选中 A4:B68 单元格区域，单击"边框"按钮，在弹出的菜单中选择"所有框线"，所选择区域即被加上边框，如图 5-14 所示。

图 5-13　输入科目编码和名称 　　　　　图 5-14　会计科目表

（6）双击 Sheet1 工作表标签，修改该工作表的名称为"会计科目表"，选择"文件"→"另存为"命令，将该工作簿命名为"项目五　会计凭证"后保存在适当的位置。

至此，会计科目表就做好了。

2. 应用 Excel 制作简单会计凭证

下面制作简单的会计凭证，操作步骤如下：

（1）双击工作簿"会计凭证"中的 Sheet2 工作表标签，将它更名为"会计凭证表"，如图 5-15 所示。

⊩ ◂ ▸ ▸⊩ \ 会计科目表 \ 会计凭证表 / Sheet3 /

图 5-15　工作表标签

（2）在各单元格中分别输入文本，如图 5-16 所示。

	A	B	C	D	E	F	G	H	I	J	K
1											
2	粤顺小家电厂会计凭证表										
3											
4	年	月	日	序号	凭证编号	摘要	科目代码	科目名称	明细科目	借方金额	贷方金额
5											

图 5-16　输入字段名

（3）连续选中 A2:K12 单元格区域，单击"合并后居中"按钮 🔁，并单击"加粗"按钮 **B**，将文本"粤顺小家电厂会计凭证表"居中并加粗。

（4）连续选中 A、B、C、D 四列，右击，弹出如图 5-17 所示的快捷菜单，选择"设置单元格格式"命令。

（5）弹出如图 5-18 所示的"单元格格式"对话框，在"数字"选项卡中选择"文本"，单击"确定"按钮，那么在 A、B、C、D 四列输入的数据将以文本的形式显示。由于 A、B、C、D 四列分别输入了会计业务发生的年、月、日和序号，这些项目并不占用较大的空间，可以适当缩小这四列的列宽。

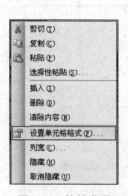

图 5-17　快捷菜单　　　　　图 5-18　"单元格格式"对话框

（6）输入第一笔会计业务的会计分录。将光标移至 A5 单元格，分别在 A5、B5、C5、D5 单元格中输入"19""12""01""01"，如图 5-19 所示。

	A	B	C	D	E	F	G	H
1								
2				**粤顺小家电厂会计凭证表**				
3								
4	年	月	日	序号	凭证编号	摘要	科目代码	科目名称
5	19	12	01	01				
6								

图 5-19　输入日期及序号

（7）将光标移至 E5 单元格，双击该单元格使之变为编辑状态，首先在单元格中输入

"="，然后切换到"公式"选项卡，单击"插入函数"按钮，弹出"插入函数"对话框，在"或选择类别"下拉列表框中选择"文本"，在"选择函数"列表框中选择 CONCATENATE()函数，单击"确定"按钮，如图 5-20 所示。CONCATENATE()函数是一个文本函数，该函数能够将多个文本字符串合并成一个字符串。

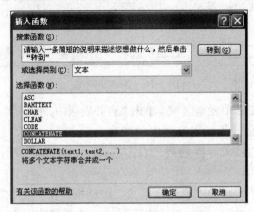

图 5-20　　"插入函数"对话框

（8）弹出"函数参数"对话框，在 Text1 文本框中输入单元格引用"A5"，在 Text2 文本框中输入单元格引用"B5"，在 Text3 文本框中输入单元格引用"C5"，在 Text4 文本框中输入单元格引用"D5"。单击"确定"按钮，如图 5-21 所示。

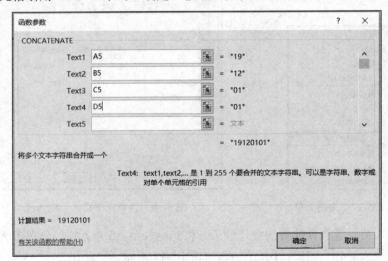

图 5-21　　"函数参数"设置

（9）在 E5 单元格显示 CONCATENATE()函数的结果，如图 5-22 所示，CONCATENATE()函数为文本连接函数，在本例中，该函数将年、月、日、序号字段的文本连接起来形成新的文本"凭证编号"，放在 E 列。

（10）将光标移至 E5 单元格的右下角，当光标变为实心的十字时，按住鼠标左键向下拖动，这时 E6、E7、E8 等 E 列的单元格即填充了与 E5 单元格类似的公式，如图 5-23 所示。

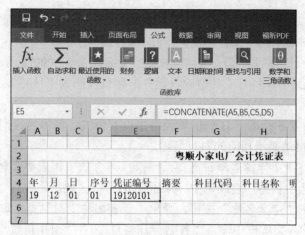

图 5-22　公式显示结果

	A	B	C	D	E	摘要
1						
2						
3						
4	年	月	日	序号	凭证编号	摘要
5	19	12	01	01	=CONCATENATE (A5, B5, C5, D5)	
6					=CONCATENATE (A6, B6, C6, D6)	
7					=CONCATENATE (A7, B7, C7, D7)	
8					=CONCATENATE (A8, B8, C8, D8)	
9					=CONCATENATE (A9, B9, C9, D9)	
10					=CONCATENATE (A10, B10, C10, D10)	
11					=CONCATENATE (A11, B11, C11, D11)	
12					=CONCATENATE (A12, B12, C12, D12)	
13					=CONCATENATE (A13, B13, C13, D13)	

图 5-23　复制公式

（11）在 F5 单元格写入第一笔经济业务的摘要"提取备用金"，单击工作表标签"会计科目表"，切换至"会计科目表"。在"视图"选项卡"窗口"组中单击"新建窗口"按钮，Excel 又打开一个与"项目五　会计凭证"一样的工作簿。为了区分二者，一个工作簿命名为"项目五　会计凭证：1"，一个工作簿命名为"项目五　会计凭证：2"，如图 5-24 所示。

图 5-24　工作簿名称

（12）在账簿"项目五　会计凭证：1"中，单击"视图"选项卡"窗口"组中的"全部重排"按钮，如图 5-25 所示，弹出"重排窗口"对话框，选中"垂直并排"单选按钮，单击"确定"按钮，如图 5-26 所示。

图 5-25　单击"全部重排"按钮

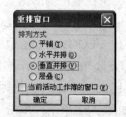

图 5-26　"重排窗口"对话框

（13）将光标移至工作簿"项目五 会计凭证：2"，单击工作表标签"会计凭证表"，即可在显示屏上同时显示同一工作簿不同工作表的内容。

（14）第一笔会计分录是"借：其他应收款——备用金，2,000 元"，我们在"项目五 会计凭证表：1"中找到会计科目"其他应收款"的科目代码为"1133"，将其输入 G5 单元格中。

（15）在 H5 及其 5 行以下 H 列的单元格中设置公式，使得当我们在 G 列输入科目代码时，在 H 列能够自动显示相应的科目名称。

（16）将光标移至工作簿"项目五 会计凭证：1"的工作表"会计科目表"的任何位置，该工作表处于选中状态，连续选中 A4:B68 单元格区域，切换到"公式"选项卡"定义的名称"组，单击"定义名称"按钮，弹出"新建名称"对话框，如图 5-27 所示。

（17）在"名称"文本框中输入"粤顺会计科目"，在"引用位置"文本框中输入相应的文本位置，或单击"引用位置"文本框右侧的"添加"按钮，那么会计科目表 A4:B68 单元格区域即被赋予了名称"粤顺会计科目"。单击"确定"按钮，完成名称的定义。

（18）将光标移至工作簿"项目五 会计凭证：2"的工作表"会计凭证表"的 H5 单元格，双击该单元格并输入"="，切换到"公式"选项卡"函数库"组，单击"插入函数"按钮。

（19）弹出"插入函数"对话框，在"或选择类别"下拉列表框中选择"逻辑"，在"选择函数"文本框中选择 IF()函数，如图 5-28 所示。

图 5-27　"新建名称"对话框

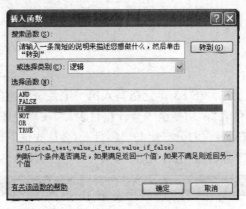

图 5-28　选择 IF()函数

（20）弹出"函数参数"对话框，在 Logical_test 文本框中输入"G5="""，在 Value_if_true 文本框中输入"""，如图 5-29 所示，将光标移至 Value_if_false 文本框中。

（21）在编辑栏最左侧的函数下拉列表框中选择 VLOOKUP()函数，这样就在 IF()函数的 Value_if_false 中嵌套了一个 VLOOKUP()函数，如图 5-30 所示。

（22）弹出 VLOOKUP()函数的"函数参数"对话框，在 Lookup_value 文本框中输入单元格引用"G5"，在 Table_array 文本框中输入"粤顺会计科目"（即我们刚才定义的区域名称），在 Col_index_num 文本框中输入数字"2"，在 Range_lookup 文本框中输入大致匹配"false"，如图 5-31 所示，单击"确定"按钮。

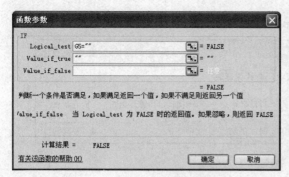

图 5-29　输入 IF()函数参数　　　　　　　　　　　图 5-30　设置公式

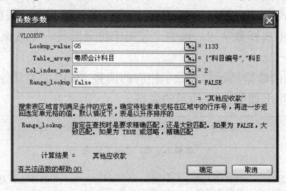

图 5-31　设置函数参数

（23）在图 5-32 所示的 H5 单元格中即显示了与科目代码"1133"相对应的科目名称"其他应收款"，在编辑栏处显示刚才设置的 H5 单元格的公式。

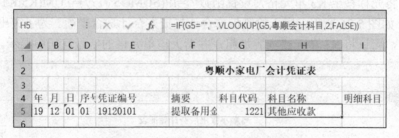

图 5-32　H5 单元格公式设置及结果

（24）将光标移至 H5 单元格的右下角，当光标变成实心的十字时，按住鼠标左键向下拖动，单元格 H5 的公式即复制到了 H 列其他单元格中。

（25）分别在 I5 单元格输入文本"备用金"，在 J5 单元格输入数字"2000"，如图 5-33所示。

图 5-33　输入借方金额

（26）用同样的方法，在第 6 行输入第一笔会计分录的贷方数据，如图 5-34 所示。

	A	B	C	D	E	F	G	H	I	J	K
1											
2						粤顺小家电厂会计凭证表					
3											
4	年	月	日	序号	凭证编号	摘要	科目代码	科目名称	明细科目	借方金额	贷方金额
5	19	12	01	01	19120101	提取备用金	1221	其他应收款	备用金	2000	
6	19	12	01	01	19120101	提取备用金	1002	银行存款			2000
7											

图 5-34　输入贷方分录

（27）连续选中 J 列、K 列，右击，在弹出的快捷菜单中选择"设置单元格格式"命令，弹出"单元格格式"对话框，在"数字"选项卡的"分类"列表框中选择"数值"，在"小数位数"数值框中选择数字 2，选中"使用千位分隔符"复选框，其他项目默认，单击"确定"按钮。

（28）J 列、K 列的数据显示形式做了相应的调整，同时调整其他列，使所在列的文本被包括在该列之内，得出如图 5-35 所示的表格。

	A	B	C	D	E	F	G	H	I	J	K
1											
2						粤顺小家电厂会计凭证表					
3											
4	年	月	日	序号	凭证编号	摘要	科目代码	科目名称	明细科目	借方金额	贷方金额
5	19	12	01	01	19120101	提取备用金	1221	其他应收款	备用金	2,000.00	
6	19	12	01	01	19120101	提取备用金	1002	银行存款			2,000.00

图 5-35　调整列宽

（29）将光标移至 K3 单元格，设置函数"=IF(SUM(J5:J177)=SUM(K5:K177),"平衡","不平衡")"，如图 5-36 所示，用于检测借方合计与贷方合计是否平衡。为了突出显示 K3 单元格的内容，可以将 K3 单元格内容加粗，并调大该单元格的字号且居中显示。

K3	▼	:	×	✓	fx	=IF(SUM(J5:J177)=SUM(K5:K177),"平衡","不平衡")				

	A	B	C	D	E	F	G	H	I	J	K
1											
2						粤顺小家电厂会计凭证表					
3											平衡
4	年	月	日	序号	凭证编号	摘要	科目代码	科目名称	明细科目	借方金额	贷方金额
5	19	12	01	01	19120101	提取备用金	1221	其他应收款	备用金	2000	
6	19	12	01	01	19120101	提取备用金	1002	银行存款			2000

图 5-36　设置检测函数

（30）用同样的方法，依次从第 7 行开始输入剩余的会计分录，部分显示结果如图 5-37 所示。

（31）由于表格较长，不能一屏显示表格中所有的内容，拖动下拉按钮向下浏览时，将无法看到第 4 行的字段名，此时，我们可以冻结前 4 行以及前 6 列的内容。

（32）将光标移至 G5 单元格，在"视图"选项卡"窗口"组中单击"冻结窗口"按钮，那么前 4 行以及 6 列即被冻结。任意拉动上下按钮或者左右按钮，前 4 行以及前 6 列均在显示屏上显示，如图 5-38 所示。

年	月	日	序号	凭证编号	摘要	科目代码	科目名称	明细科目	借方金额	平衡 贷方金额
19	12	01	01	19120101	提取备用金	1221	其他应收款	备用金	2,000.00	
19	12	01	01	19120101	提取备用金	1002	银行存款			2,000.00
19	12	01	02	19120102	用现金购买转账支票	6602	管理费用		50.00	
19	12	01	02	19120102	用现金购买转账支票	1001	库存现金			50.00
19	12	02	03	19120203	用支票偿还前欠顺龙公司货款	2202	应付账款	顺龙公司	27,000.00	
19	12	02	03	19120203	用支票偿还前欠顺龙公司货款	1002	银行存款			27,000.00
19	12	02	04	19120204	用现金购买办公用品	6602	管理费用		600.00	
19	12	02	04	19120204	用现金购买办公用品	1001	库存现金			600.00
19	12	03	05	19120305	车间领用甲材料用于电饭煲的生产	5001	生产成本	电饭煲	15,000.00	
19	12	03	05	19120305	车间领用甲材料用于电饭煲的生产	1403	原材料	甲材料		15,000.00

图 5-37　会计凭证表部分显示结果

年	月	日	序号	凭证编号	摘要	科目代码	科目名称	明细科目	借方金额	平衡 贷方金额
19	12	09	15	19120915	车间领用乙材料	5001	生产成本	燃气灶	30,000.00	
19	12	09	15	19120915	车间领用乙材料	1403	原材料	乙材料		30,000.00
19	12	10	16	19121016	签发现金支票，提取本月工资	1001	库存现金		48,000.00	
19	12	10	16	19121016	签发现金支票，提取本月工资	1002	银行存款			48,000.00
19	12	10	17	19121017	发放本月工资	2211	应付职工薪酬		48,000.00	
19	12	10	17	19121017	发放本月工资	1001	库存现金			48,000.00
19	12	11	18	19121118	销售给酥鑫公司电饭煲产品一批	1122	应收账款	酥鑫公司	135,600.00	
19	12	11	18	19121118	销售给酥鑫公司电饭煲产品一批	6001	主营业务收入	电饭煲		120,000.00
19	12	11	18	19121118	销售给酥鑫公司电饭煲产品一批	22210101	销项税额	应交增值税（销项税）		15,600.00
19	12	11	19	19121119	用支票支付广告费	6601	销售费用		2,500.00	
19	12	11	19	19121119	用支票支付广告费	1002	银行存款			2,500.00
19	12	12	20	19121220	厂部招待客户餐费	6602	管理费用		590.00	
19	12	12	20	19121220	厂部招待客户餐费	1001	库存现金			590.00

图 5-38　冻结窗口后的会计凭证表

至此，会计凭证表就完成了。

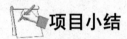

项目小结

通过本项目任务一的学习，我们复习了之前学过的会计学基础、中级会计实务知识并根据这些知识编制了 48 笔会计分录。通过本项目任务二的学习，我们了解了 Excel 编制会计科目表的方法以及 Excel 编制会计凭证的两种方法。只有学习了本项目，才能在此基础上学习下一个项目，即应用 Excel 编制会计账簿。

思考与操作题

1. 填空题

（1）CONCATENATE()函数属于_____类型的函数，最多可以链接_____个字符串。

（2）IF()函数属于_____类型的函数，IF()函数可以进行嵌套，最多可以嵌套_____层。

（3）VLOOKUP()函数属于_____类型的函数，与该函数用法大致相同的函数是_____。

（4）在默认情况下，文本的对齐方式为_____对齐，数字的对齐方式为_____对齐。

（5）数据清单的筛选方式分为两种，即_____和_____。

2. 思考题

（1）如何设置数据的有效性？

（2）应用 Excel 可以制作几种会计凭证？它们的优缺点分别是什么？

（3）如何应用 Excel 制作普通会计凭证？

（4）如何应用 Excel 制作简单会计凭证？

（5）如何应用 Excel 制作会计科目表？

项目六　Excel 在会计账簿中的应用

根据记账凭证就可以填制会计账簿，本项目在应用 Excel 编制会计分录的基础上，利用 Excel 的数据透视表、函数等功能，建立一整套会计账簿，包括日记账、科目汇总表、科目余额表、总账等。

 情景描述

已知项目五中粤顺小家电厂 2019 年 12 月的经济业务并编制了相应的会计凭证表，本项目给出该厂 2019 年 12 月的期初余额（见表 6-1）以及部分科目的明细，就这些内容编制该厂的科目汇总表、总账、日记账以及科目余额表。

表 6-1　期初余额表

单位：元

会计科目	期初余额		会计科目	期初余额	
	借　方	贷　方		借　方	贷　方
库存现金	50,000.00		累计折旧		2,520,000.00
银行存款	1,280,600.00		长期待摊费用		
其他货币资金			待处理财产损溢		
交易性金融资产			短期借款		400,000.00
应收票据	20,000.00		应付票据		55,000.00
应收股利			应付账款		27,000.00
应收账款	35,000.00		预收账款		8,000.00
坏账准备			应付职工薪酬		12,800.00
其他应收款			应交税费		9,532.73
预付账款	13,000.00		其他应付款		267.27
物资采购			应付利息		2,000.00
原材料	976,000.00		长期借款		
库存商品	260,000.00		应付债券		
存货跌价准备			实收资本		5,000,000.00
			资本公积		200,000.00
长期股权投资	600,000.00		盈余公积		1,460,000.00
固定资产	6,000,000.00		本年利润		
无形资产	500,000.00		利润分配		40,000.00
合计	9,734,600.00		合计		9,734,600.00

其中明细期初余额如下：

项目	借/贷	金额
应收账款——应收红日厂	借：	20,000
——应收酥鑫公司	借：	15,000
应收票据——家乐厂	借：	20,000
预付账款——威胜厂	借：	8,000
预付账款——大修理费	借：	5,000
原材料——甲 40,000 千克　每千克 15 元	借：	600,000
——乙 15,400 千克　每千克 20 元	借：	308,000
——丙 4,000 千克　每千克 17 元	借：	68,000
库存商品——燃气灶 1,067 件　每件 120 元	借：	128,040
——热水器 825 件　每件 159.95 元	借：	131,960
固定资产——车间用	借：	3,000,000
——厂部用	借：	3,000,000
应付账款——顺龙公司	贷：	27,000
应付票据——三一公司	贷：	55,000
预收账款——国润公司	贷：	8,000
应交税费——应交增值税	贷：	8,907.73
——应交城建税	贷：	625
盈余公积——法定盈余公积	贷：	1,000,000
——法定公益金	贷：	460,000

 问题分析

在手工会计中，我们编制会计分录之后就要将每一笔会计分录登记入总账、现金日记账、银行存款日记账、各个明细账，并逐笔汇总每一个总账科目的本期借方发生额合计、贷方发生额合计，编制科目汇总表。这种做法重复劳动多，复杂而烦琐，容易出错。学完 Excel 的数据处理功能后，我们可以借助 Excel 的数据透视表功能迅速完成各总账科目的汇总工作，还可以迅速编制总账、明细账、科目余额表。

 学习目标

- 复习会计账簿中的总账、明细账、日记账以及科目汇总表、科目余额表的相关知识；
- 能够灵活运用 Excel 的数据透视表编制日记账；
- 能够灵活运用 Excel 的数据透视表编制科目汇总表；
- 能用 Excel 编制科目余额表；
- 能用 Excel 编制总账。

任务一 应用 Excel 编制日记账

一、任务目的及要求

目的：通过本次任务，读者能够学会运用 Excel 编制普通日记账、现金日记账、银行存款日记账。

要求：读者能够边看书边动手操作，从而掌握使用 Excel 编制普通日记账、现金日记账、银行存款日记账的方法。

二、编制普通日记账

日记账簿又称为序时账簿，是按照经济业务发生的时间先后顺序，逐日逐笔登记经济业务的账簿。日记账按照登录经济业务的内容不同分为普通日记账和特种日记账。

普通日记账用于登记全部经济业务。每天所发生的全部业务，按照经济业务发生的先后顺序，先编制成记账凭证，再根据记账凭证逐笔登记到普通日记账中。特种日记账是用于记录某一类经济业务发生情况的日记账。将某一类经济业务按照经济业务发生的先后顺序逐日逐笔记入账簿中形成特种日记账。例如，现金日记账、银行存款日记账为两个典型的特种日记账。

1. 普通日记账的格式

图 6-1 为普通日记账的格式。

编制单位：				时间：			单位：
年	月	日	凭证编号	摘要	账户名称	借方金额	贷方金额

图 6-1 普通日记账的格式

2. 普通日记账的编制

分析普通日记账的定义以及普通日记账的格式，我们只要将项目五中生成的会计凭证表相关数据粘贴在普通日记账格式中即可形成粤顺小家电厂的日记账。

下面介绍使用 Excel 编制粤顺小家电厂日记账的操作步骤。

（1）将图 6-1 所示的普通日记账格式输入工作簿"项目六 会计账簿"的工作表中。

（2）打开项目五的工作簿"项目五 会计凭证"，选择"会计凭证表"，通过复制、粘贴的形式，将相关数据粘贴到指定的格式内，形成粤顺小家电厂的普通日记账，如图 6-2 所示。

	A	B	C	D	E	F	G	H	I
1									
2		编制单位：粤顺小家电厂				时间：2019年12月			单位：元
3		年	月	日	凭证编号	摘要	账户名称	借方金额	贷方金额
4		19	12	01	191201	提取备用金	其他应收款	2,000.00	
5		19	12	01	191201	提取备用金	银行存款		2,000.00
6		19	12	01	191201	用现金购买转	管理费用	50.00	
7		19	12	01	191201	用现金购买转	库存现金		50.00
8		19	12	02	191202	用支票偿还前	应付账款	27,000.00	
9		19	12	02	191202	用支票偿还前	银行存款		27,000.00
10		19	12	02	191202	用现金购买办	管理费用	600.00	
11		19	12	02	191202	用现金购买办	库存现金		600.00
12		19	12	03	191203	车间领用甲材	生产成本	15,000.00	
13		19	12	03	191203	车间领用甲材	原材料		15,000.00

图 6-2   粤顺小家电厂普通日记账

三、编制银行存款日记账

在手工会计中，银行存款日记账一般根据记账凭证直接登记。用 Excel 制作的银行存款日记账可以通过筛选功能筛选会计凭证表中与银行存款有关的业务。

1. 银行存款日记账的格式

银行存款日记账的格式如图 6-3 所示。

明细科目或户名：							
20xx年		凭证序号	摘要	借方金额	贷方金额	借或贷	余额
月	日						

图 6-3   银行存款日记账的格式

2. 银行存款日记账的编制

手工登记银行存款日记账的方法是：首先在银行存款日记账的第 1 行输入期初余额，然后根据会计凭证，按照经济业务发生的先后顺序逐笔登记与银行存款有关的会计业务并逐笔结出科目余额，直到将所有的相关业务登记完毕为止。

运用 Excel 登记银行存款日记账与手工登记日记账有相似之处，它运用了 Excel 的数据筛选功能以及公式的设置来完成银行存款日记账的编制。

下面介绍使用 Excel 编制粤顺小家电厂银行存款日记账的操作步骤。

（1）将图 6-3 所示的银行存款日记账格式输入工作簿"项目六 会计账簿"的工作表中，在第 1 行输入粤顺小家电厂的期初余额，如图 6-4 所示。

（2）打开项目五生成的"会计凭证表"，选中该会计凭证表的第 4 行，切换到"数据"选项卡的"排序和筛选"组，单击"筛选"按钮，会计凭证表第 4 行的每个字段名右侧出现下拉按钮，如图 6-5 所示。

图 6-4　输入期初余额

图 6-5　可筛选的会计凭证表

（3）将光标移至字段"科目名称"所在的 H4 单元格，单击下拉按钮，选中"银行存款"会计科目，所有发生银行存款的会计业务将被搜索出来，如图 6-6 所示。

图 6-6　筛选出的银行存款凭证

（4）根据图 6-6 筛选出来的银行存款会计凭证，将有关的数据复制、粘贴在步骤（1）中编制的银行存款日记账格式中，美化表格，形成如图 6-7 所示的图表。

（5）将光标移至 I8 单元格，输入公式"=I7+F8-G8"后按 Enter 键，I8 单元格即计算出了 12 月 1 日提取了 2,000 元备用金后银行存款的余额，将光标移至该单元格的右下角，当光标变成黑色的实心时，按住鼠标左键向下拖动，即将 I8 单元格中的公式复制到 I 列其他单元格中。

（6）将光标移至银行日记账中的 H7 单元格，切换到"公式"选项卡的"函数库"组，单击"插入函数"按钮，选择逻辑函数 IF()，弹出"函数参数"对话框，在各个参数文本框中分别输入相应的参数，如图 6-8 所示，单击"确定"按钮。

	2019年		凭证序号	摘要	借方金额	贷方金额	借或贷	余额
	月	日						
7	12	01		期初余额	1,280,600.00			1,280,600.00
8	12	01	19120101	提取备用金		2,000.00		
9	12	02	19120203	用支票偿还前欠顺龙公司货款		27,000.00		
10	12	04	19120406	由美芝工厂购入甲材料		17,550.00		
11	12	04	19120407	缴纳上月增值税、城建税和教育费附加		9,800.00		
12	12	04	19120408	销售给威龙公司燃气灶一批	117,000.00			

图 6-7　银行存款日记账格式

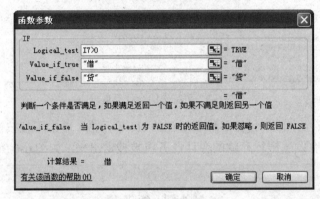

图 6-8　IF 函数参数设置

（7）此时 H7 单元格显示期初余额的借贷方向，将光标移至该单元格的右下侧，当光标变成实心十字时，按住鼠标左键向下拖动，这样即将 H7 单元格的公式复制到 H 列其他单元格中，如图 6-9 所示，这样粤顺小家电厂的银行存款日记账就完成了。

	2019年		凭证序号	摘要	借方金额	贷方金额	借或贷	余额
	月	日						
7	12	01		期初余额	1,280,600.00		借	1,280,600.00
8	12	01	19120101	提取备用金		2,000.00	借	1,278,600.00
9	12	02	19120203	用支票偿还前欠顺龙公司货款		27,000.00	借	1,251,600.00
10	12	04	19120406	由美芝工厂购入甲材料		17,550.00	借	1,234,050.00
11	12	04	19120407	缴纳上月增值税、城建税和教育费附加		9,800.00	借	1,224,250.00
12	12	04	19120408	销售给威龙公司燃气灶一批	117,000.00		借	1,341,250.00
13	12	04	19120409	用支票支付第三季度养路费		3,500.00	借	1,337,750.00

图 6-9　银行存款日记账

四、编制现金日记账

现金日记账的制作方法与银行存款日记账的制作方法类似，下面我们简单叙述现金日记账的制作过程。

1. 现金日记账的格式

现金日记账的格式如图 6-10 所示。

20xx年		摘要	借方金额	贷方金额	借或贷	余额
月	日					

图 6-10 现金日记账的格式

2. 现金日记账的编制

手工登记现金日记账要将每一笔与现金有关的会计业务按照时间发生的先后顺序逐笔登记入现金日记账中，比较烦琐且容易出错，运用 Excel 编制现金日记账，只需在会计凭证表数据清单中自动筛选，再将与“现金”科目相关的数据复制、粘贴在现金日记账中即可，这样做既快又不易出错，比手工编制日记账有很大进步。

下面简单介绍使用 Excel 编制现金日记账的步骤。

（1）将图 6-10 所示的现金日记账格式输入 Excel 中，并在第 1 行输入粤顺小家电厂的期初余额，如图 6-11 所示。

	A	B	C	D	E	F	G	H
2				现金日记账				
4		账户名称：库存现金						
5		2019年		摘要	借方金额	贷方金额	借或贷	余额
6		月	日					
7		12	01	期初余额			借	50,000.00
8								

图 6-11 输入期初余额

（2）打开项目五生成的“会计凭证表”，选中字段名所在的第 4 行，切换到“数据”选项卡的“排序和筛选”组，单击“筛选”按钮，在第 4 行的每一个字段名的右侧出现下拉按钮。

（3）单击字段名“科目名称”右侧的下拉按钮，选中“库存现金”会计科目，筛选出与“库存现金”有关的会计业务，如图 6-12 所示。

	A	B	C	D	E	F	G	H	I	J	K
1											
2						粤顺小家电厂会计凭证表					
3											平衡
4	年	月	日	序号	凭证编号	摘要	科目代码	科目名称	明细	借方金额	贷方金额
8	19	12	01	02	19120102	用现金购买转账支票	1001	库存现金			50.00
12	19	12	02	04	19120204	用现金购买办公用品	1001	库存现金			600.00
32	19	12	06	12	19120612	用现金预付明年上半年的折	1001	库存现金			690.00
40	19	12	10	16	19121016	签发现金支票，提取本月工	1001	库存现金		48,000.00	
43	19	12	10	17	19121017	发放本月工资	1001	库存现金			48,000.00
50	19	12	12	20	19121220	厂部招待客户餐费	1001	库存现金			590.00
52	19	12	12	21	19121221	职工王浩报销医药费	1001	库存现金			250.00

图 6-12 与“库存现金”有关的会计凭证

（4）将图 6-12 中的数据复制、粘贴到图 6-11 所示的日记账格式中，形成如图 6-13 所示的图表。

	A	B	C	D	E	F	G	H
2				现金日记账				
4		账户名称：库存现金						
5		2019年		摘要	借方金额	贷方金额	借或贷	余额
6		月	日					
7		12	01	期初余额			借	50,000.00
8		12	01	用现金购买转账支票		50.00		
9		12	02	用现金购买办公用品		600.00		
10		12	06	用现金预付明年上半年的报刊费		690.00		
11		12	10	发放本月工资		48,000.00		
12		12	10	签发现金支票，提取本月工资	48,000.00			

图 6-13   现金日记账格式

（5）将光标移至 H8 单元格，在 H8 单元格中输入公式"=H7+E8-F8"，按 Enter 键，此时单元格即显示 12 月 1 日用现金购买转账支票后的科目余额，将光标移至 I8 单元格的右下角，当光标变成实心十字时，按住鼠标左键向下拖动，这样就将 I8 单元格中的公式复制到 I 列其他相关单元格中。

（6）将光标移至 G7 单元格，输入公式"=IF(H7>0,"借","贷")"后按 Enter 键，此时 H7 单元格即显示余额的方向。将光标移至 H7 单元格的右下角，当鼠标变成实心十字时，按住鼠标左键向下拖动，即将 H7 单元格的公式复制到 H 列其他的单元格中。

完成以上操作后，粤顺小家电厂的现金日记账即制作完成，如图 6-14 所示。

	A	B	C	D	E	F	G	H
2				现金日记账				
4		账户名称：库存现金						
5		2019年		摘要	借方金额	贷方金额	借或贷	余额
6		月	日					
7		12	01	期初余额			借	50,000.00
8		12	01	用现金购买转账支票		50.00	借	49,950.00
9		12	02	用现金购买办公用品		600.00	借	49,350.00
10		12	06	用现金预付明年上半年的报刊费		690.00	借	48,660.00
11		12	10	发放本月工资		48,000.00	借	660.00
12		12	10	签发现金支票，提取本月工资	48,000.00		借	48,660.00
13		12	12	厂部招待客户餐费		590.00	借	48,070.00
14		12	12	职工王浩报销医药费		250.00	借	47,820.00
15		12	13	采购员张丽出差回来报销差旅费	300.00		借	48,120.00
16		12	25	现金购印花税票		600.00	借	47,520.00
17		12	26	厂部报销汽车加油费		350.00	借	47,170.00
18		合计			48,300.00	51,130.00		47,170.00

图 6-14   粤顺小家电厂现金日记账

任务二   应用 Excel 编制科目汇总表

一、任务目的及要求

目的：通过本次任务，读者能够学会运用 Excel 编制科目汇总表。

要求：读者能够边看书边动手操作，从而掌握使用 Excel 编制科目汇总表的方法。

二、科目汇总表概述

科目汇总表是指根据一定的会计期间内发生的经济业务而编制的记账凭证，汇总出所有一级会计科目的本期借方发生额合计和本期贷方发生额合计而形成的表格。

1. 科目汇总表的格式

图 6-15 是科目汇总表的格式。

编制单位：		时间：	单位：
科目代码	科目名称	借方发生额	贷方发生额

图 6-15　科目汇总表的格式

2. 科目汇总表的编制

手工编制科目汇总表要先编制总账再登记科目汇总表，使用 Excel 编制科目汇总表就变得非常简单，不用先登记总账，只要准备好会计凭证表（或者说普通日记账），再以该表为数据源，透视出每个会计科目的借方发生额合计以及贷方发生额合计即可。

使用 Excel 编制科目汇总表的步骤如下：

（1）打开项目五生成的"会计凭证表"。将光标移至该区域中的任何一个单元格，切换到"插入"选项卡的"表格"组，单击"数据透视表"按钮，在弹出的下拉菜单中选择"数据透视表"，如图 6-16 所示。

（2）弹出如图 6-17 所示的"创建数据透视表"对话框，在"请选择要分析的数据"中选中"选择一个表或区域"单选按钮，在"表/区域"中选择要进行透视的表区域，即"会计凭证表!\$A\$4:\$K\$142"；在"选择放置数据透视表的位置"中选中"新工作表"单选按钮，单击"确定"按钮。

图 6-16　"数据透视表"按钮

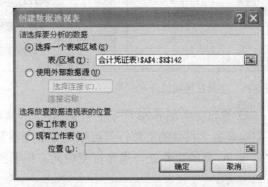

图 6-17　"创建数据透视表"对话框

（3）弹出如图 6-18 所示的数据透视表空白布局。

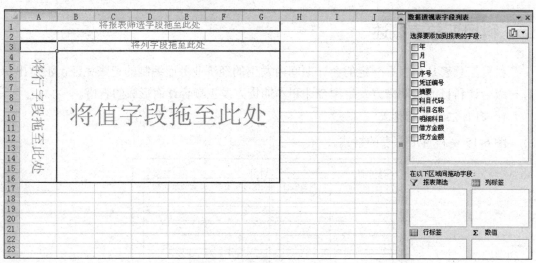

图 6-18　数据透视表空白布局

（4）将图 6-18 界面右上角的"科目代码""科目名称"字段拖到右下角的"行标签"区域；将"借方金额""贷方金额"字段拖到"数值"区域，并将计数方式改为求和，如图 6-19 所示。

（5）此时，空白的数据透视表变成如图 6-20 所示的数据结构。

图 6-19　字段在区域的分布

	A	B	C	D
1				
2				
3	科目代码 ▼	科目名称 ▼	求和项:借方金额	求和项:贷方金额
4	⊟1001	库存现金	48300	51130
5	1001 汇总		**48300**	**51130**
6	⊟1002	银行存款	137205	120550
7	1002 汇总		**137205**	**120550**
8	⊟1122	应收账款	135600	
9	1122 汇总		**135600**	
10	⊟1123	预付账款	690	800
11	1123 汇总		**690**	**800**
12	⊟1221	其他应收款	5000	3000
13	1221 汇总		**5000**	**3000**
14	⊟1231	坏账准备		877
15	1231 汇总			**877**
16	⊟1403	原材料	21000	71300
17	1403 汇总		**21000**	**71300**
18	⊟1405	库存商品	103840	176000
19	1405 汇总		**103840**	**176000**

图 6-20　数据透视结果

（6）通过分析图 6-20 所示的数据透视表可以看出，相同会计科目的数据要显示两次，如果能隐藏各个科目的汇总行就可以避免数据重复。解决方法是：将光标移至第 6 行中行序号列与 A 列的交界处，当光标变成向右的箭头时，单击，所有的汇总行即被选中，如图 6-21 所示。

（7）右击，在弹出的快捷菜单中取消选中"分类汇总'科目代码'"，如图 6-22 所示。

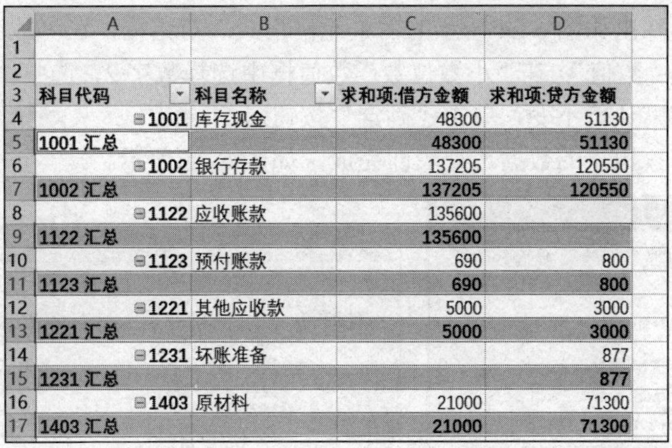

图 6-21　选中汇总项

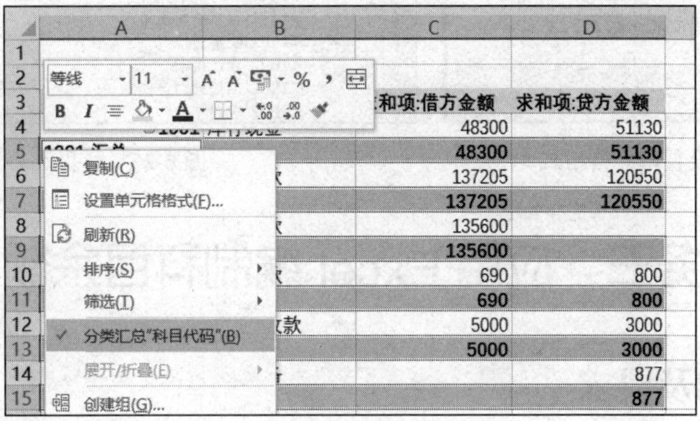

图 6-22　隐藏汇总行

（8）隐藏科目汇总行后的数据透视表如图 6-23 所示。

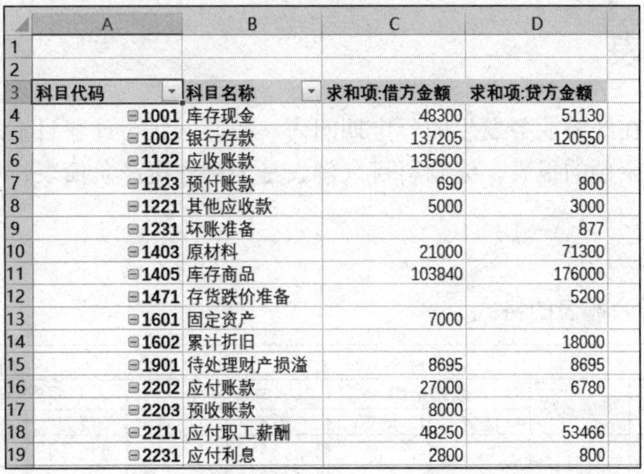

图 6-23　隐藏汇总行结果

（9）分析发现，图 6-23 所示数据透视表中的数据列 C、D 列的数据格式没有显示小数而且没有千位分隔符，连续选中 C、D 两列，右击，在弹出的快捷菜单中选择"设置单元格格式"命令，弹出如图 6-24 所示的"单元格格式"对话框，在"数字"选项卡的"分类"列表框中选择"数值"，在"小数位数"数值框中选择数字 2，选中"使用千位分隔符"复选框，其他保持默认值不变，单击"确定"按钮。

至此，粤顺小家电厂的数据透视表即完成，如图 6-25 所示。

图 6-24　设置单元格格式	图 6-25　科目汇总表

任务三　应用 Excel 编制科目余额表

一、任务目的及要求

目的：通过本次任务，读者能够运用 Excel 编制科目余额表。

要求：读者能够边看书边动手操作，从而掌握用 Excel 编制科目余额表的方法。

二、科目余额表

科目余额表是在经济业务发生的一定期间内，按照一级会计科目汇总期初科目余额、本期发生额、期末余额的报表。编制科目余额表是为制作资产负债表、利润表等会计报表做准备。

1. 科目余额表的格式

图 6-26 为科目余额表的格式。

编制单位：		时间：				单位：	
科目代码	科目名称	期初余额		本期发生		期末余额	
		借方	贷方	借方	贷方	借方	贷方
合计							

图 6-26　科目余额表的格式

2. 科目余额表的编制

通过分析科目余额表的结构，我们来编制粤顺小家电厂的科目余额表，该家电厂的"期初余额"已经在项目情景问题描述中给出，只需将它用 VLOOKUP()函数导入科目余额表的期初余额中即可。图 6-26 中的"本期发生"实际是在任务二中完成的科目汇总表，我们也只需通过 VLOOKUP()函数将这些数据导入科目余额表中即可。科目余额表中还剩"期末余额"没有数据，我们已知公式：资产类会计科目期末余额=期初余额+本期借方发生额-本期贷方发生额（同类型的会计科目有成本、费用类会计科目），负债和所有者权益类会计科目期末余额=期初余额+本期贷方发生额-本期借方发生额（同类型的会计科目有收入类会计科目）。根据以上公式，我们可以在期末余额两列设置公式求出相应数值。

编制科目余额表的具体方法如下：

（1）将科目余额表输入新工作表中，并将该表的工作表标签改为"科目余额表"。

（2）打开项目五中的"项目五　会计凭证"工作簿，选中"会计科目表"工作表，将该工作表中的所有科目代码及其相应的科目名称复制到新建的科目余额表的相应位置，如图 6-27 所示。

		科目余额表						
编制单位：广东粤顺小家电厂			时间：2009年12月					单位：元
科目代码	科目名称	期初余额		本期发生		期末余额		
		借方	贷方	借方	贷方	借方	贷方	
1000	资产类							
1001	库存现金							
1002	银行存款							
1101	交易性金融资产							
1111	应收票据							
1131	应收账款							
1132	坏账准备							
1133	其他应收款							
1151	预付账款							
1201	在途物资							
1211	原材料							

		科目余额表						
编制单位：广东粤顺小家电厂			时间：2019年12月					单位：元
科目代码	科目名称	期初余额		本期发生		期末余额		
		借方	贷方	借方	贷方	借方	贷方	
1001	库存现金							
1002	银行存款							
1012	其他货币资金							
1101	交易性金融资产							
1121	应收票据							
1122	应收账款							
1123	预付账款							
1221	其他应收款							
1231	坏账准备							
1403	原材料							

图 6-27　科目余额表格式

（3）将表 6-1 中的期初余额表输入 Excel 同一工作簿的新工作表中，注意分 4 列显示，如图 6-28 所示，并将该新工作表更名为"期初余额表"。

（4）选中"期初余额表"工作表中的单元格区域 A2:D37，切换到"公式"选项卡的

"定义的名称"组，单击"定义名称"按钮，在弹出的下拉菜单中选择"定义名称"命令，弹出"新建名称"对话框，如图 6-29 所示。在"名称"文本框中输入"期初余额表"，其他保持默认值不变，单击"确定"按钮。

名称框	B	C	D
1			
2		期初余额	
3 科目代码	科目名称	借方	贷方
4 1001	库存现金	50,000.00	
5 1002	银行存款	1,280,600.00	
6 1012	其他货币资金		
7 1101	交易性金融资产		
8 1121	应收票据	20,000.00	
9 1122	应收账款	35,000.00	
10 1231	坏账准备		
11 1221	其他应收款		
12 1123	预付账款	13,000.00	
13 1403	原材料	976,000.00	
14 1405	库存商品	260,000.00	
15 1471	存货跌价准备		
16 1511	长期股权投资	600,000.00	

图 6-28　创建"期初余额表"　　　　图 6-29　期初余额表命名

（5）将光标移至图 6-27 所示的"科目余额表"工作表中的 D7 单元格，输入函数 VLOOKUP()并设置相应参数，如图 6-30 所示，单击"确定"按钮，D7 单元格中即输入了函数"=VLOOKUP(B7,期初余额表,3,FALSE)"。用同样的方法，在 E7 单元格中输入函数"=VLOOKUP(B7,期初余额表,4,FALSE)"。

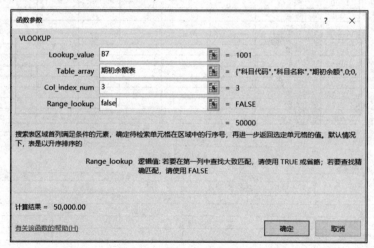

图 6-30　设置函数参数

（6）连续选中 D7、E7 单元格，将光标移至 E7 单元格的右下角，当光标变成实心的十字时，按住鼠标左键向下拖动，将 D7、E7 单元格的公式复制到 D、E 列的其他单元格中，显示结果如图 6-31 所示，该表中出现的错误值"#N/A"表示在期初余额表中找不到科目余额表 B 列列示的科目名称。例如，D38 单元格通过 VLOOKUP()函数返回错误值"#N/A"，表示在"期初余额表"的第 1 列找不到图 6-31 中 B38 单元格所示的科目名称为"生产成本"的科目。

A	B	C	D	E	F
2				科目余额表	
4	编制单位：广东粤顺小家电厂		时间：2019年12月		
5	科目代码	科目名称	期初余额		本期2
6			借方	贷方	借方
34	4002	资本公积		200,000.00	
35	4101	盈余公积		1,460,000.00	
36	4103	本年利润			
37	4104	利润分配		40,000.00	
38	5001	生产成本	#N/A	#N/A	
39	5101	制造费用	#N/A	#N/A	
40	6001	主营业务收入	#N/A	#N/A	

图 6-31　复制公式

（7）此时我们只需将"#N/A"替换为数值"0"即可。连续选中 A、B 列，右击，在弹出的快捷菜单中选择"复制"命令，右击，弹出相同的菜单，选择"选择性粘贴"命令，选择粘贴"值"命令，D、E 两列的公式即变成了数值。

（8）连续选中科目余额表的 D、E 两列，切换到"开始"选项卡的"编辑"组，单击"查找和选择"按钮，在弹出的下拉菜单中选择"替换"命令，弹出"查找和替换"对话框，在"查找内容"文本框中输入"#N/A"，在"替换为"文本框中输入数字 0，单击"全部替换"按钮。此时，科目余额表中的所有"#N/A"全部被替换为 0，如图 6-32 所示。

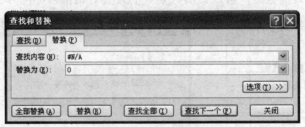

图 6-32　查找和替换

（9）为了检查期初余额表中所有科目的期初余额是否都被导入科目余额表，可在科目余额表的最后增加一行合计。在 D52 单元格中输入公式"=SUM(D7:D51)"，统计 D 列的合计数为 9,734,600.00，如图 6-33 所示，该数据正好与表 6-1 所示的合计数相符，说明科目余额表中导入的期初余额没有差漏。

A	B	C	D	E	F
2				科目余额表	
4	编制单位：广东粤顺小家电厂		时间：2019年12月		
5	科目代码	科目名称	期初余额		本期发生
6			借方	贷方	借方
49	6711	营业外支出			
50	6801	所得税费用			
51					
52		合计	9,734,600.00	9,734,600.00	

图 6-33　设置"合计"公式

（10）从"科目汇总表"中导出数据并导入"科目余额表"。将工作表切换到"科目汇总表"，连续选中科目汇总表中的单元格区域 A3:D42，将所选区域定义为"科目汇总表"。

（11）将光标移至科目余额表的 F7 单元格中，切换到"公式"选项卡的"函数库"组，单击"插入函数"按钮，在弹出的"选择函数"对话框中选择逻辑函数 IF()，弹出 IF()函数的"函数参数"对话框，如图 6-34 所示，将光标移至 Logical_test 文本框中。

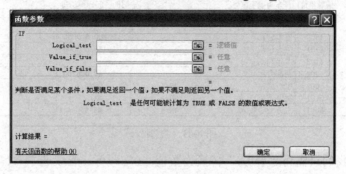

图 6-34　插入 IF()函数

（12）单击编辑栏最左侧的函数选择下拉按钮，在弹出的下拉菜单中选择检测函数 ISNA()，即在 IF()函数的第一个参数中嵌套了检测函数 ISNA()，如图 6-35 所示。如果下拉菜单中没有此函数，可以选择该下拉菜单最后一行的"其他函数"来寻找该函数。

（13）ISNA()函数用于检测一个值是否为"#N/A"，如果是则返回 TRUE，如果不是则返回 FALSE。选中该函数后，进入该函数参数的设置对话框，如图 6-36 所示。

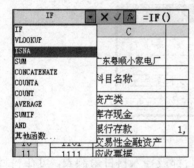

图 6-35　嵌套 ISNA()函数

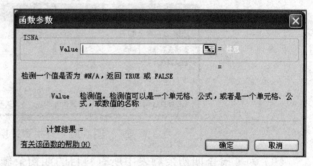

图 6-36　设置 ISNA()函数参数

（14）光将标移至 Value 文本框中，要在该参数中再嵌套一个 VLOOKUP()函数的方法如下：单击编辑栏最左侧的函数选择下拉按钮，在弹出的下拉菜单中选择 VLOOKUP()函数，弹出 VLOOKUP()函数参数对话框，在该对话框中输入相应参数，如图 6-37 所示。

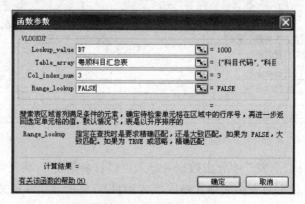

图 6-37　设置函数参数

（15）单击"确定"按钮，弹出如图 6-38 所示的函数警告提示，说明函数参数尚未设置完毕，单击"确定"按钮，接着补全其他参数，使得 F7 单元格的函数为"=IF(ISNA(VLOOKUP(B7,科目汇总表,3,FALSE)),0,VLOOKUP(B7,科目汇总表,3,FALSE))"。

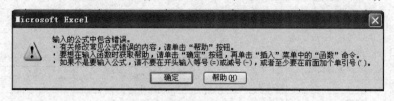

图 6-38　警告提示

（16）同样的方法，在 G7 单元格中输入函数"=IF(ISNA(VLOOKUP(B7,科目汇总表,4,FALSE)),0,VLOOKUP(B7,科目汇总表,4,FALSE))"。

（17）连续选中 F7、G7 单元格，将光标移至 G7 单元格右下角，当光标变成实心的十字时，按住鼠标左键向下拖动，这样即将 F7、G7 单元格的公式复制到 F、G 列其他单元格中。

（18）为了验证科目汇总表中的所有科目本期发生额是否均被导入科目余额表中，可以在第 52 行对 F7:F51 以及 G7:G51 单元格区域求和，得出的结果如图 6-39 所示，F52 单元格的数值为 1,455,486.43。通过查询"科目汇总表"，我们发现该数字与科目汇总表的合计数一致，说明科目余额表导入的数据没有差漏。

	A	B	C	D	E	F	G
2						**科目余额表**	
4		编制单位：广东粤顺小家电厂			时间：2019年12月		
5		科目代码	科目名称	期初余额		本期发生	
6				借方	贷方	借方	贷方
46		6601	销售费用			2,500.00	2,500.00
47		6602	管理费用			34,893.00	34,893.00
48		6603	财务费用			800.00	800.00
49		6711	营业外支出			1,695.00	1,695.00
50		6801	所得税费用			4,233.65	4,233.65
51							
52			合计	9,734,600.00	9,734,600.00	1,455,486.43	1,455,486.43

图 6-39　设置"本期发生"公式

（19）编辑"科目余额表"中"期末余额"的数据。我们已知资产类会计科目的余额一般在借方，负债及所有者权益类会计科目的余额一般在贷方，而成本、费用、收入等损益类账户的期末一般无余额。资产类会计科目期末余额=期初余额+本期借方发生额-本期贷方发生额；负债及所有者权益类会计科目的期末余额=期初余额+本期贷方发生额-本期借方发生额；成本费用类会计科目余额=本期借方发生额-本期贷方发生额；收入类会计科目余额=本期贷方发生额-本期借方发生额。注意，还有一些特殊的会计科目，例如累计折旧、存货跌价准备、坏账准备、生产成本等，虽然累计折旧科目是资产类科目，但是属于固定资产的抵减科目，其期末余额一般在贷方，期末余额=期初余额+本期贷方发生额-本期借方发生额；坏账准备是应收账款的抵减科目，其余额一般在贷方，期末余额=期初余额+本期贷方发生额-本期借方发生额；存货跌价准备是资产类会计科目，同时是库存商品的抵减科目，该科目的期末余额=期初余额+本期贷方发生额-本期借方发生额；“生产成本”类会计科目属于成本类会计科目，该科目如果有余额，表示为在生产线上的“在产品”的金额。根据以上叙述，编制科目余额表的期末余额的公式如图 6-40 所示。

	A	B	C	H	I
4		编制单位：广东粤顺小			单位：元
5		科目代码	科目名称	期末余额	
6				借方	贷方
7		1001	库存现金	=D7+F7-G7	
8		1002	银行存款	=D8+F8-G8	
9		1012	其他货币资金	=D9+F9-G9	
10		1101	交易性金融资产	=D10+F10-G10	
11		1121	应收票据	=D11+F11-G11	
12		1122	应收账款	=D12+F12-G12	
13		1123	预付账款	=D13+F13-G13	
14		1221	其他应收款	=D14+F14-G14	
15		1231	坏账准备		=G15-F15+E15
16		1403	原材料	=D16+F16-G16	
17		1405	库存商品	=D17+F17-G17	
18		1471	存货跌价准备		=G18-F18+E18
19		1511	长期股权投资	=D19+F19-G19	
20		1601	固定资产	=D20+F20-G20	
21		1602	累计折旧		=G21-F21+E21
22		1604	在建工程	=D22+F22-G22	
23		1701	无形资产	=D23+F23-G23	
24		1901	待处理财产损溢	=D24+F24-G24	

图 6-40　编制“期末余额”列的公式

至此，科目余额表制作完成，如图 6-41 所示。

	A	B	C	D	E	F	G	H	I
2				科目余额表					
4		编制单位：广东粤顺小家电厂			时间：2019年12月				单位：元
5		科目代码	科目名称	期初余额		本期发生		期末余额	
6				借方	贷方	借方	贷方	借方	贷方
31		2241	其他应付款		267.27				267.27
32		2231	应付利息		2,000.00	2,800.00	800.00		
33		4001	实收资本		5,000,000.00				5,000,000.00
34		4002	资本公积		200,000.00				200,000.00
35		4101	盈余公积		1,460,000.00		1,801.19		1,461,801.19
36		4103	本年利润			255,500.00	255,500.00		
37		4104	利润分配		40,000.00	3,602.38	10,807.14		47,204.76
38		5001	生产成本			103,840.00	103,840.00		
39		5101	制造费用			24,640.00	24,640.00		
40		6001	主营业务收入			220,000.00	220,000.00		
41		6051	其他业务收入			28,500.00	28,500.00		
42		6301	营业外收入			7,000.00	7,000.00		
43		6401	主营业务成本			176,000.00	176,000.00		
44		6402	其他业务成本			22,800.00	22,800.00		
45		6403	营业税金及附加			3,572.40	3,572.40		
46		6601	销售费用			2,500.00	2,500.00		
47		6602	管理费用			34,893.00	34,893.00		
48		6603	财务费用			800.00	800.00		
49		6711	营业外支出			1,695.00	1,695.00		
50		6801	所得税费用			4,233.65	4,233.65		
51									
52			合计	9,734,600.00	9,734,600.00	1,455,486.43	1,455,486.43	9,770,455.00	9,770,455.00

图 6-41　科目余额表

任务四 应用 Excel 编制分类账

一、任务目的及要求

目的：通过本次任务，读者能够学会运用 Excel 编制分类账。

要求：读者能够边看书边动手操作，从而掌握用 Excel 编制分类账的方法。

二、编制总分类账

分类账簿是按照会计科目登记经济业务的账簿。按照反映会计科目的详细程度不同，可以将账簿分为总分类账簿和明细分类账簿。

总分类账簿是按一级科目分类，连续地记录和反映资金增减、负债及权益变化以及成本、损益变化的总括账簿，它能总括并全面反映企事业单位的经济活动情况，一切企业都要设置总分类账。

1. 总分类账的格式

总分类账的格式如图 6-42 所示，这是手工编制总账时的格式，在大多数财务软件中总账的格式也大致如此。

账户名称：							
20XX年		凭证号数	摘要	借方金额	贷方金额	借或贷	余额
月	日						

图 6-42 总分类账的格式

2. 总分类账的编制

Excel 编制总账不能一步生成图 6-42 所示的样式，要分两步完成。首先将"会计凭证表"作为数据源，以"会计科目""科目名称""月""日""摘要"为行字段，以"借方金额""贷方金额"字段名为数据项生成数据透视表，再结合任务三编制出的"科目余额表"找出一级会计科目的科目余额后才能生成如图 6-42 所示的总账。

使用 Excel 编制总账的步骤如下：

（1）打开"项目六 会计账簿"中的"会计凭证表"，选中该凭证表中数据清单中的任何单元格，切换至"插入"选项卡的"表格"组，单击"数据透视表"按钮，在弹出的下拉菜单中选择"数据透视表"，弹出如图 6-43 所示的"创建数据透视表"对话框，在该对话框中，通过区域选择按钮选择要进行数据透视的源区域，在"选择放置数据透视表的位置"中选中"新工作表"单选按钮，单击"确定"按钮。

图 6-43　创建数据透视表

（2）弹出如图 6-44 所示的数据透视表布局。

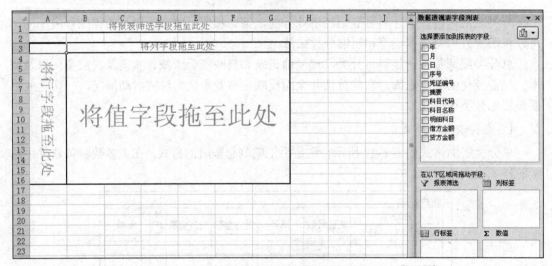

图 6-44　数据透视表布局

（3）将图 6-44 右上角的字段"科目代码""科目名称""月""日""摘要"分别拖到右下角的"行标签"区域；将字段"借方金额""贷方金额"拖到"数值"区域，并更改汇总方式为求和，如图 6-45 所示。

图 6-45　将字段拖动到相应区域

此时，空白数据透视表结构如图 6-46 所示。

	A	B	C	D	E	F	G
4	科目代码	科目名称	月	日	摘要	求和项:借方金额	求和项:贷方金额
5	⊟1001	⊟库存现金	⊟12	⊟01	用现金购买转账支票		50
6					01 汇总		50
7				⊟02	用现金购买办公用品		600
8					02 汇总		600
9				⊟06	用现金预付明年上半年的报刊费		690
10					06 汇总		690
11				⊟10	发放本月工资		48000
12					签发现金支票，提取本	48000	
13					10 汇总	48000	48000
14				⊟12	厂部招待客户餐费		590
15					职工王浩报销医药费		250
16					12 汇总		840
17				⊟13	采购员张丽出差回来报	300	
18					13 汇总	300	
19				⊟25	现金购印花税票		600
20					25 汇总		600

图 6-46　生成数据透视表

（4）可以看出，图 6-46 中的数据透视表有很多的汇总行重复了数据，可以将它们隐藏，将光标移至第一个汇总行即第 6 行中 C、D 两列的交界处，当光标变成向右的箭头时，单击，这样所有的汇总行均被选中，如图 6-47 所示。

	A	B	C	D	E	F	G
4	科目代码	科目名称	月	日	摘要	求和项:借方金额	求和项:贷方金额
5	⊟1001	⊟库存现金	⊟12	⊟01	用现金购买转账支票		50
6					01 汇总		50
7				⊟02	用现金购买办公用品		600
8					02 汇总		600
9				⊟06	用现金预付明年上半年的报刊费		690
10					06 汇总		690
11				⊟10	发放本月工资		48000
12					签发现金支票，提取本	48000	
13					10 汇总	48000	48000
14				⊟12	厂部招待客户餐费		590
15					职工王浩报销医药费		250
16					12 汇总		840
17				⊟13	采购员张丽出差回来报	300	

图 6-47　选中汇总项

（5）右击，弹出如图 6-48 所示的快捷菜单，取消选中"分类汇总'日'"，即取消了对"日"字段的分类汇总。同理，可以取消对"月"和"科目代码"字段的分类汇总。

图 6-48　快捷菜单

（6）调整 F、G 列数据的显示格式，将数据变为显示千位分隔符同时有两位小数的形式，调整"摘要"列的对齐方式，调整后的数据透视表如图 6-49 所示。

图 6-49 "总账"样式的数据透视表

下面运用任务三编制的"科目余额表"以及图 6-49 所示的数据透视表编制"库存现金"的总账。

操作步骤如下：

（1）在 Excel 中编制"库存现金"的总账格式，在第 1 行输入该科目的期初余额，如图 6-50 所示。

图 6-50 "库存现金"的总账格式

（2）将图 6-49 所示的"总账"样式的数据透视表中的"库存现金"科目明细复制、粘贴在图 6-50 所示的总账格式中，形成的报表如图 6-51 所示。

图 6-51 总分类账

（3）在 H8 单元格中输入公式"=H7+E8-F8"，算出第一笔业务发生后的科目余额，同时在 G8 单元格中输入公式 "=IF(H8>0,"借","贷")", 显示余额在借方还是贷方, 并将 H8、G8 单元格中的公式复制、粘贴到这两列其他单元格中, 再在图 6-51 表中的最后一行增加汇总行, 形成的表格如图 6-52 所示, 即为完整的库存现金总账报表。

	2019年		摘要	借方金额	贷方金额	借或贷	余额
	月	日					
	12	01	期初余额			借	50,000.00
	12	01	用现金购买转账支票		50.00	借	49,950.00
	12	02	用现金购买办公用品		600.00	借	49,350.00
	12	06	用现金预付明年上半年的报刊费		690.00	借	48,660.00
	12	10	发放本月工资		48,000.00	借	660.00
	12	10	签发现金支票, 提取本月工资	48,000.00		借	48,660.00
	12	12	厂部招待客户餐费		590.00	借	48,070.00
	12	12	职工王浩报销医药费		250.00	借	47,820.00
	12	13	采购员张丽出差回来报销差旅费	300.00		借	48,120.00
	12	25	现金购印花税票		600.00	借	47,520.00
	12	26	厂部报销汽车加油费		350.00	借	47,170.00
	合计			48,300.00	51,130.00	借	47,170.00

账户名称：库存现金（总分类账簿）

图 6-52　库存现金总账

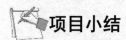

项目小结

通过本项目的学习, 我们了解了应用 Excel 编制各种账簿的方法, 包括应用 Excel 编制日记账、应用 Excel 编制科目汇总表、应用 Excel 编制科目余额表、应用 Excel 编制总账等。我们更加熟悉了 Excel 的数据透视表功能、数据筛选功能, 并灵活应用一些常用财务函数, 如 VLOOKUP()函数、IF()函数、CONCATENATE()函数等。

 思考与操作题

1. 填空题

（1）设置将较长的文本在固定长度、宽度的单元格内完全显示的操作为＿＿＿＿＿＿。
（2）去掉工作表中网格线的操作为＿＿＿＿＿＿＿＿＿＿。
（3）显示数据清单中公式的操作为＿＿＿＿＿＿＿＿＿＿。
（4）本项目中的科目汇总表是根据＿＿＿＿＿经过数据透视而来。

2. 思考题

（1）如何对某一范围的数据清单命名？
（2）如何应用 Excel 编制普通日记账、银行存款日记账、现金日记账？
（3）如何应用 Excel 编制科目汇总表？
（4）如何应用 Excel 编制科目余额表？
（5）如何应用 Excel 编制总分类账？

项目七 Excel 在会计报表中的应用

会计报表是会计账务处理的最终环节，是企业会计工作的定期总结。从账务处理程序来说，只有企业完成了会计凭证和会计账簿的编制，才能编制会计报表。按现行会计制度规定，企业应对外报告的报表包括主表和附表。主表有资产负债表、利润表和现金流量表，本项目借助项目五、项目六的案例来演示如何运用 Excel 编制资产负债表和利润表。

 情景描述

已知项目六中粤顺小家电厂 2019 年 12 月的经济业务并编制了相应的科目余额表，本项目给出资产负债表（见图 7-1）与利润表（见图 7-2）的格式，请就这些内容编制该公司的资产负债表和利润表。

资 产 负 债 表

编制单位：　　　　　　　　　年　月　日　　　　　　　　　　　　单位：元

资产	行次	期末余额	年初余额	负债及所有者权益	行次	期末余额	年初余额
流动资产				流动负债			
货币资金				短期借款			
交易性金融资产				应付票据			
应收票据				应付账款			
应收账款				预收款项			
预付款项				应付职工薪酬			
应收股利				应交税费			
其他应收款				应付利息			
存货				应付股利			
一年内到期的非流动资产				其他应付款			
其他流动资产				一年到期的非流动负债			
流动资产合计				其他流动负债			
非流动资产				流动负债合计			
可供出售金融资产				非流动负债			
持有至到期投资				长期借款			
长期应收款				应付债券			
长期股权投资				长期应付款			
固定资产				预计负债			
在建工程				递延所得税负债			
工程物资				其他非流动负债			
固定资产清理				非流动负债合计			
无形资产				负债合计			
商誉				所有者权益			
长期待摊费用				实收资本（股本）			
递延所得税资产				资本公积			
其他非流动资产				盈余公积			
非流动资产合计				未分配利润			
				所有者权益合计			
资产总计		0.00		负债和所有者权益总计		0.00	

图 7-1　资产负债表格式

项　　目	行次	本月数	上月数
编制单位：　　　　　　年　　　月　　单位：元			
一、营业收入			
减：营业成本			
营业税金及附加			
销售费用			
管理费用			
财务费用			
资产减值损失			
加：公允价值变动损益			
投资收益			
二、营业利润			
加：营业外收入			
减：营业外支出			
三、利润总额			
减：所得税费用			
四、净利润			

图 7-2　利润表格式

问题分析

在手工会计中，我们登录会计账簿（尤其是科目余额表）后，就可以依据这些账簿并按照科目的属性逐个计算报表中各个项目的金额。每个月都要重复这种操作，比较烦琐且容易出错。如果运用 Excel 编制报表，只需事先设置好报表的公式，在编制报表时，刷新一下公式链接即可，简单且不易出错。

学习目标

- 复习会计报表中各会计科目算法的相关知识；
- 能够灵活运用 Excel 编制资产负债表；
- 能够灵活运用 Excel 编制利润表。

任务一　应用 Excel 编制资产负债表

一、任务目的及要求

目的：通过本次任务，读者能够学会运用 Excel 编制资产负债表。

要求：读者能够边看书边动手操作，从而掌握应用 Excel 编制资产负债表的方法。

二、背景知识

资产负债表是反映企业报告期末财务状况的报表。其编表的资料来源应为资产、负债、所有者权益、成本类账户的总账和相关明细账的期末余额。编制时，可直接查找所记账簿期末结账后的余额。具体编制方法为：先填写各项目的金额，再计算合计，最后计算总计。

各报表项目的具体填列方法如下。

（1）"货币资金"项目根据"现金""银行存款""其他货币资金"3个总账科目的余额相加的合计数填列。

（2）"存货"项目根据"物资采购""原材料""燃料""低值易耗品""生产成本""库存商品""材料成本差异""存货跌价准备"等科目的余额相加的合计数填列。

（3）可直接在表中填列"短期投资""应收账款""其他应收款""长期股权投资""长期债权投资""在建工程""无形资产"项目的净额（余额–相应的减值准备）。

（4）长期债权投资中，如有一年内到期的余额，应从中分离出来，填列在"一年内到期的长期债权投资"项目中。"长期债权投资"项目反映的是不会在一年内到期的金额。

（5）"长期借款""应付债券""长期应付款"项目反映的是不会在一年内到期的长期债务。如果这些科目的余额中有一年内到期的金额，应从中分离出来，填列在"一年内到期的长期负债"项目中。

（6）"应收账款"项目根据"应收账款""预收账款"两个总账科目所属明细账的借方余额合计数填列。

（7）"预收账款"项目根据"应收账款""预收账款"两个总账科目所属明细账的贷方余额合计数填列。

（8）"预付账款"项目根据"预付账款""应付账款"两个总账科目所属明细账的借方余额合计数填列。

（9）"应付账款"项目根据"预付账款""应付账款"两个总账科目所属明细账的贷方余额合计数填列。

（10）其他项目可根据有关总账科目的余额直接抄填。

三、操作步骤

编制粤顺小家电厂的资产负债表的步骤如下：

（1）将图 7-1 所示的资产负债表输入新建的工作簿中，并将该新建工作簿命名为"项目七 会计报表"。

（2）打开项目六生成的"科目余额表"，切换至"视图"选项卡的"窗口"组，单击"全部重排"按钮，弹出"重排窗口"对话框，选中"垂直并排"单选按钮，此时"科目余额表"和步骤（1）中新建的"资产负债表"在同一显示屏上显示，如图 7-3 所示。

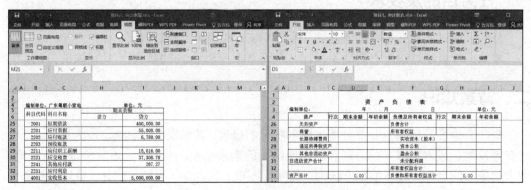

图 7-3　同时显示两张报表

（3）将光标移至"资产负债表"中的 D6 单元格，设置公式"='[项目六　会计账簿.xlsx]科目余额表'!\$H\$7+'[项目六　会计账簿.xlsx]科目余额表'!\$H\$8+'[项目六　会计账簿.xlsx]科目余额表'!\$H\$9"，该公式可以直接单击图 7-3 左侧"科目余额表"中 H7+H8+H9 单元格完成。此时，在资产负债表的 D6 单元格中显示公式计算结果 1,344,425.00，在公式编辑栏显示该单元格的公式，如图 7-4 所示。

D6		✕ ✓ fx	='[项目六 会计账簿.xlsx]科目余额表'!\$H\$7+'[项目六 会计账簿.xlsx]科目余额表'!\$H\$8+'[项目六 会计账簿.xlsx]科目余额表'!\$H\$9

图 7-4　资产负债表的公式显示

（4）用同样的方法编制资产负债表中其他单元格的公式，最后得出资产负债表期末数据，如图 7-5 所示。

资　产　负　债　表

编制单位：粤顺小家电厂　　2019年　12月　31日　　单位：元

资产	行次	期末余额	年初余额	负债及所有者权益	行次	期末余额	年初余额
流动资产				流动负债			
货币资金		1,344,425.00		短期借款		400,000.00	
交易性金融资产		0.00		应付票据		55,000.00	
应收票据		20,000.00		应付账款		6,780.00	
应收账款		169,723.00		预收款项		0.00	
预付款项		12,890.00		应付职工薪酬		18,016.00	
应收股利				应交税费		37,308.78	
其他应收款		2,000.00		应付利息		0.00	
存货		1,108,340.00		应付股利			
一年内到期的非流动资产				其他应付款		267.27	
其他流动资产				一年到期的非流动负债			
流动资产合计		2,657,378.00		其他流动负债			
非流动资产				流动负债合计		517,372.05	
可供出售金融资产				非流动负债			
持有至到期投资				长期借款			
长期应收款				应付债券			
长期股权投资		600,000.00		长期应付款			
固定资产		3,469,000.00		预计负债			
在建工程				递延所得税负债			
工程物资				其他非流动负债			
固定资产清理				非流动负债合计		0.00	
无形资产		500,000.00		负债合计		517,372.05	
商誉				所有者权益			
长期待摊费用				实收资本（股本）		5,000,000.00	
递延所得税资产				资本公积		200,000.00	
其他非流动资产				盈余公积		1,461,801.19	
非流动资产合计		4,569,000.00		未分配利润		47,204.76	
				所有者权益合计		6,709,005.95	
资产总计		7,226,378.00		负债和所有者权益总计		7,226,378.00	

图 7-5　粤顺小家电厂资产负债表

任务二　应用 Excel 编制利润表

一、任务目的及要求

目的：通过本次任务，读者能够学会运用 Excel 编制利润表。

要求：读者能够边看书边动手操作，从而掌握应用 Excel 编制利润表的方法。

二、背景知识

利润表是反映企业一定会计期间经营成果的报表。该表是按照各项收入、费用及构成利润的各项目分类分项编制而成。填列表中各项目"本月数"的资料来源为有关损益类账户的本月发生额。

（1）"营业收入"项目反映企业经营主要业务和其他业务所确认的收入总额。该项目应根据"主营业务收入"和"其他业务收入"科目的发生额合计分析填列。

（2）"营业成本"项目反映企业经营主要业务和其他业务发生的实际成本总额。该项目应根据"主营业务成本"和"其他业务成本"科目的发生额合计分析填列。

（3）"营业税金及附加"项目反映企业经营业务应负担的营业税、消费税、城市维护建设税、资源税、土地增值税和教育费附加等。该项目应根据"营业税金及附加"科目的发生额分析填列。

（4）"销售费用"项目反映企业在销售商品过程中发生的包装费、广告费等费用和为销售本企业商品而专设的销售机构的职工薪酬、业务费等经营费用。该项目应根据"销售费用"科目的发生额分析填列。销售费用是指企业销售商品和材料、提供劳务的过程中发生的各种费用，包括保险费、包装费、展览费和广告费、商品维修费、预计产品质量保证损失、运输费、装卸费等以及为销售本企业商品而专设的销售机构（含销售网点、售后服务网点等）的职工薪酬、业务费、折旧费等经营费用。

（5）"管理费用"项目反映企业为组织和管理生产经营发生的管理费用。该项目应根据"管理费用"科目的发生额分析填列。管理费用是指企业为组织和管理企业生产经营所发生的各项费用，包括企业在筹建期间发生的开办费、董事会和行政管理部门在企业的经营管理中发生的或者应由企业统一负担的公司经费（包括行政管理部门职工薪酬、物料消耗、低值易耗品摊销、办公费和差旅费等）、工会经费、董事会费（包括董事会成员津贴、会议费和差旅费等）、聘请中介机构费、咨询费（含顾问费）、诉讼费、业务招待费、房产税、车船使用税、土地使用税、印花税、技术转让费、矿产资源补偿费、研究费用、排污费等。

（6）"财务费用"项目反映企业筹集生产经营所需资金等而发生的筹资费用。该项目应根据"财务费用"科目的发生额分析填列。财务费用是指企业为筹集生产经营所需资金等而发生的筹资费用，包括利息支出（减利息收入）、汇兑损益以及相关的手续费、企业发生的现金折扣或收到的现金折扣等。为购建或生产满足资本化条件的资产发生的应予资本化的借款费用，应计入有关资产的购建或生产成本，不包括在财务费用的核算范围内。

三、操作步骤

编制粤顺小家电厂的利润表的具体步骤如下：

（1）将表 7-2 所示的利润表输入工作簿"项目七　会计报表"中，并将该表更名为"利润表"。

（2）打开"项目六　会计账簿"中的"科目余额表"，执行"重排窗口"命令，弹出"重排窗口"对话框，在"排列方式"中选中"垂直并排"单选按钮，单击"确定"按钮，如图 7-6 所示。

图 7-6　"重排窗口"对话框

（3）此时，未完成的"利润表"和项目六生成的"科目余额表"即在同一显示屏中显示，如图 7-7 所示。

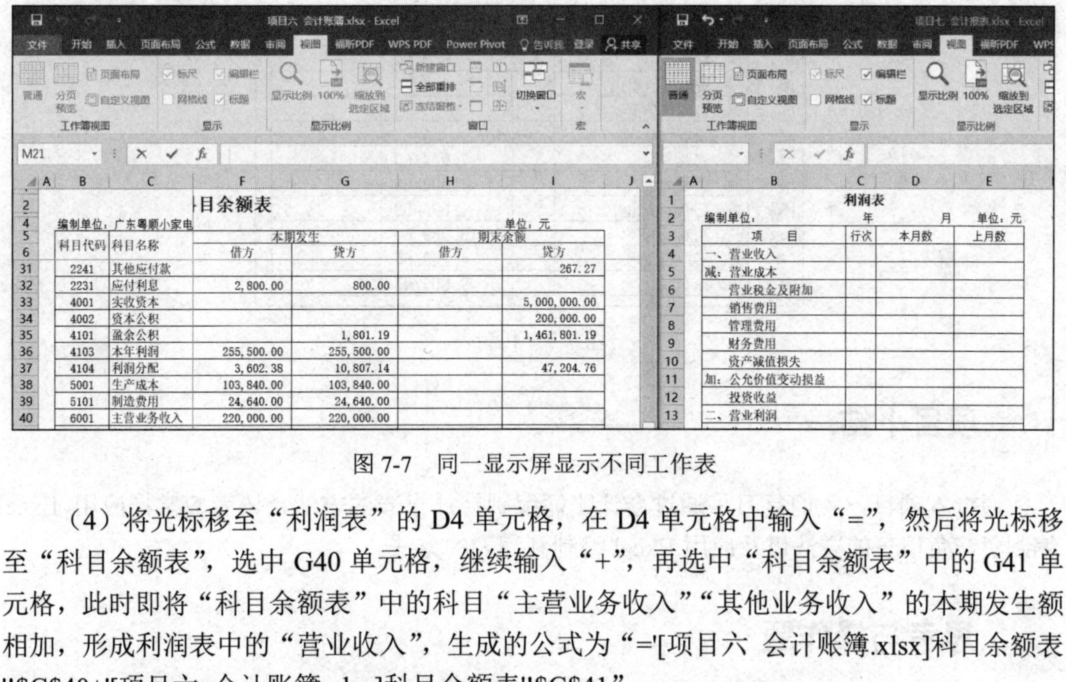

图 7-7　同一显示屏显示不同工作表

（4）将光标移至"利润表"的 D4 单元格，在 D4 单元格中输入"="，然后将光标移至"科目余额表"，选中 G40 单元格，继续输入"+"，再选中"科目余额表"中的 G41 单元格，此时即将"科目余额表"中的科目"主营业务收入""其他业务收入"的本期发生额相加，形成利润表中的"营业收入"，生成的公式为"=[项目六　会计账簿.xlsx]科目余额表'!$G$40+'[项目六　会计账簿.xlsx]科目余额表'!$G$41"。

（5）用同样的方法设置"利润表"中 D 列本月其他单元格的公式。移至"公式"选项卡的"公式审核"组，单击"显示公式"按钮，此时，"利润表"中的公式即被完全显示出来，如图 7-8 所示。

	A	B	C	D	E
1				利润表	
2	编制单位：粤顺小家电厂　19年				12月 单位：元
3	项　目		行次	本月数	上月数
4	一、营业收入			='［项目六　会计账簿.xlsx］科目余额表'!$G$40+'［项目六　会计账簿.xlsx］科目余额表'!$G$41	
5	减：营业成本			='［项目六　会计账簿.xlsx］科目余额表'!$G$43+'［项目六　会计账簿.xlsx］科目余额表'!$G$44	
6	营业税金及附加			='［项目六　会计账簿.xlsx］科目余额表'!$G$45	
7	销售费用			='［项目六　会计账簿.xlsx］科目余额表'!$G$46	
8	管理费用			='［项目六　会计账簿.xlsx］科目余额表'!$G$47	
9	财务费用			='［项目六　会计账簿.xlsx］科目余额表'!$G$48	
10	资产减值损失				
11	加：公允价值变动损益				
12	投资收益				
13	二、营业利润			=D4-D5-D6-D7-D8-D9	
14	加：营业外收入			='［项目六　会计账簿.xlsx］科目余额表'!$G$42	
15	减：营业外支出			='［项目六　会计账簿.xlsx］科目余额表'!$G$49	
16	三、利润总额			=D13+D14-D15	
17	减：所得税费用			='［项目六　会计账簿.xlsx］科目余额表'!$G$50	
18	四、净利润			=D16-D17	

图 7-8　"利润表"中的公式

（6）光标移至"公式"选项卡的"公式审核"组，再次单击"显示公式"按钮，"利润表"即显示数值，如图 7-9 所示。

	A	B	C	D	E
1		利润表			
2	编制单位：粤顺小家电厂　19年			12月	单位：元
3	项　目		行次	本月数	上月数
4	一、营业收入			248,500.00	
5	减：营业成本			198,800.00	
6	营业税金及附加			3,572.40	
7	销售费用			2,500.00	
8	管理费用			34,893.00	
9	财务费用			800.00	
10	资产减值损失				
11	加：公允价值变动损益				
12	投资收益				
13	二、营业利润			7,934.60	
14	加：营业外收入			7,000.00	
15	减：营业外支出			1,695.00	
16	三、利润总额			13,239.60	
17	减：所得税费用			4,233.65	
18	四、净利润			9,005.95	

图 7-9　利润表

 项目小结

通过本项目，我们复习了通过会计账簿编制会计报表的方法，读者应掌握应用 Excel 编制资产负债表的方法以及应用 Excel 编制利润表的方法。

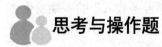 思考与操作题

1．填空题

（1）资产负债表中的"货币资金"项目根据_____、_____、_____ 3 个总账科目的余额相加后填列。

（2）资产负债表中的"存货"项目根据_____、_____、_____、_____、_____、_____、_____、_____ 8 个总账科目余额相加后填列。

（3）资产负债表中的"应收账款"项目根据_____、_____两个总账科目所属明细账户借方余额合计数填列。

（4）资产负债表中的"应付账款"项目根据_____、_____两个总账科目所属明细账户贷方余额合计数填列。

（5）如果想在一个显示屏中同时显示两张或更多张工作表，可执行的操作是_____。

2．思考题

（1）如何应用 Excel 编制资产负债表？

（2）如何应用 Excel 编制利润表？

项目八　Excel 在财务分析中的应用

财务报表分析是指以财务报表和其他资料（报表附注、财务情况说明、审计）为依据和起点，采用专门的方法，系统分析和评价企业过去和现在的财务状况、经营成果及其变动，以了解过去、评价现在、预测未来，帮助各利益关系人改善决策。本项目主要借助 Excel 工具进行财务比率分析。

 情景描述

已知粤顺小家电厂 2019 年 12 月的资产负债表（见表 8-1）、利润及利润分配表（见表 8-2）、现金流量表（见表 8-3）。以此 3 张表格为依据，运用 Excel 对粤顺小家电厂的报表进行简单分析，判断该公司的偿债能力、营运能力、获利能力和发展能力，并运用杜邦综合分析法对该公司进行综合分析。

表 8-1　粤顺小家电厂 2019 年 12 月资产负债表

单位：千元

资产	行次	年初数	期末数	负债及所有者权益	行次	年初数	期末数
流动资产：				流动负债：			
货币资金	1	800.00	900.00	短期借款	68	2,000.00	2,300.00
短期投资	2	1,000.00	500.00	应付票据	69	—	—
应收票据	3	—	—	应付账款	70	1,000.00	200.00
应收股利	4	—	—	预收账款	71	300.00	400.00
应收利息	5	—	—	应付工资	72	—	—
应收账款	6	1,200.00	1,300.00	应付福利费	73	—	—
其他应收款	7	—	—	应付股利	74	—	—
预付账款	8	40.00	70.00	应交税金	75	—	—
应收补贴款	9	—	—	其他应交款	80	—	—
存货	10	4,000.00	5,200.00	其他应付款	81	100.00	100.00
待摊费用	11			预提费用	82	—	—
一年内到期的长期债券投资	21	—	—	预计负债	83	—	—
其他流动资产	24	60.00	80.00	一年内到期的长期负债	86	—	—
				其他流动负债	90	—	—
流动资产合计	31	7,100.00	8,050.00	流动负债合计	100	3,400.00	4,000.00
长期投资：				长期负债：			
长期股权投资	32	—	—	长期借款	101	2,000.00	2,500.00
长期债权投资	34	400.00	400.00	应付债券	102	—	—
长期投资合计	38	400.00	400.00	长期应付款	103	—	—

续表

资产	行次	年初数	期末数	负债及所有者权益	行次	年初数	期末数
固定资产：				专项应付款	106	—	—
固定资产原价	39	12,000.00	14,000.00	其他长期负债	108	—	—
减：累计折旧	40	—	—	长期负债合计	110	2,000.00	2,500.00
固定资产净值	41	12,000.00	14,000.00	递延税项：			
减：固定资产减值准备	42	—	—	递延税项贷项	111		
固定资产净额	43	12,000.00	14,000.00	负债总计	114	5,400.00	6,500.00
工程物资	44	—	—	少数股东权益		—	—
在建工程	45	—	—				
固定资产清理	46	—	—	所有者权益：			
固定资产合计	50	12,000.00	14,000.00	实收资本	115	12,000.00	12,000.00
无形资产及其他资产：				减：已归还投资	116		
无形资产	51	500.00	550.00	实收资本净额	117	12,000.00	12,000.00
长期待摊费用	52	—	—	资本公积	118		
其他长期资产	53	—	—	盈余公积	119	1,600.00	1,600.00
无形资产及其他资产合计	60	500.00	550.00	其中：法定公益金	120	—	—
递延税项：				未分配利润	121	1,000.00	2,900.00
递延税款借项	61	—	—	所有者权益合计	122	14,600.00	16,500.00
资产总计	67	20,000.00	23,000.00	负债和所有者权益总计	135	20,000.00	23,000.00

表8-2　粤顺小家电厂2019年利润及利润分配表

单位：千元

项　　目	行　　次	2019年	2018年
一、主营业务收入	1	21,200.00	18,800.00
减：主营业务成本	2	12,400.00	10,900.00
主营业务税金及附加	3	1,200.00	1,080.00
二、主营业务利润（亏损以"－"号填列）	4	7,600.00	6,820.00
加：其他业务利润（亏损以"－"号填列）	5	—	
减：销售费用	6	1,900.00	1,620.00
管理费用	7	1,000.00	800.00
财务费用	8	300.00	200.00
三、营业利润（亏损以"－"号填列）	9	4,400.00	4,200.00
加：投资收益（损失以"－"号填列）	10	300.00	300.00
补贴收入	11	—	—
营业外收入	12	150.00	100.00
减：营业外支出	13	650.00	600.00
四、利润总额（亏损以"－"号填列）	14	4,200.00	4,000.00
减：所得税	15	1,680.00	1,600.00
少数股东权益	16	—	—
五、净利润（亏损以"－"号填列）	17	2,520.00	2,400.00

续表

项　目	行　次	2019 年	2018 年
加：年初未分配利润	18	1,600.00	—
其他转入	19	—	—
六、可供分配的利润	20	4,120.00	2,400.00
减：提取法定盈余公积	21	—	—
提取法定公益金	22	—	—
提取职工奖励及福利基金	23	—	—
提取储备基金	24	—	—
提取企业发展基金	25	—	—
利润归还投资	26	—	—
七、可供投资者分配的利润	27	4,120.00	2,400.00
减：应付优先股股利	28	—	—
提取任意盈余公积	29	—	—
应付普通股股利	30	—	—
转作资本（或股本）的普通股股利	31	—	—
八、未分配利润	32	4,120.00	2,400.00

表 8-3　粤顺小家电厂 2019 年现金流量表

单位：千元

项　目	行　次	金　额
一、经营活动产生的现金流量：		
销售商品、提供劳务收到的现金	1	24,804.00
收到的税费返还	3	0.00
收到的其他与经营活动有关的现金	8	−5,090.00
现金流入小计	9	19,714.00
购买商品、接受劳务支付的现金	10	15,742.00
支付给职工以及为职工支付的现金	12	0.00
支付的各项税费	13	3,122.00
支付的其他与经营活动有关的现金	18	
现金流出小计	20	18,864.00
经营活动产生的现金流量净额	21	850.00
二、投资活动产生的现金流量：		
收回投资所收到的现金	22	500.00
取得投资收益所收到的现金	23	0.00
处置固定资产、无形资产和其他长期资产所收回的现金净额	25	0.00
收到的其他与投资活动有关的现金	28	0.00
现金流入小计	29	500.00
购建固定资产、无形资产和其他长期资产所支付的现金	30	2,050.00
投资所支付的现金	31	0.00
支付的其他与投资活动有关的现金	35	0.00
现金流出小计	36	2,050.00
投资活动产生的现金流量净额	37	−1,550.00

续表

项　　目	行　次	金　　额
三、筹资活动产生的现金流量：		
吸收投资所收到的现金	38	0.00
借款所收到的现金	40	800.00
收到的其他与筹资活动有关的现金	43	0.00
现金流入小计	44	800.00
偿还债务所支付的现金	45	
分配股利、利润或偿付利息所支付的现金	46	0.00
支付的其他与筹资活动有关的现金	52	0.00
现金流出小计	53	0.00
筹资活动产生的现金流量净额	54	800.00
四、汇率变动对现金的影响	55	0.00
五、现金及现金等价物净增加额	56	100.00
补　充　资　料	行　次	金　　额
1．将净利润调节为经营活动现金流量：		
净利润	57	2,520.00
加：计提的资产减值准备	58	0.50
固定资产折旧	59	0.00
无形资产摊销	60	0.00
长期待摊费用摊销	61	0.00
待摊费用减少（减：增加）	64	0.00
预提费用增加（减：减少）	65	0.00
处置固定资产、无形资产和其他长期资产的损失（减：收益）	66	0.00
固定资产报废损失	67	0.00
财务费用	68	0.00
投资损失（减：收益）	69	−300.00
递延税款贷项（减：借项）	70	0.00
存货的减少（减：增加）	71	−1,200.00
经营性应收项目的减少（减：增加）	72	−130.00
经营性应付项目的增加（减：减少）	73	300.00
其他	74	−340.50
经营活动产生的现金流量净额	75	850.00
2．不涉及现金收支的投资和筹资活动：		
债务转为资本	76	0.00
一年内到期的可转换公司债券	77	0.00
融资租入固定资产	78	0.00
3．现金及现金等价物净增加情况：		
现金的期末余额	79	900.00
减：现金的期初余额	80	800.00
加：现金等价物的期末余额	81	0.00
减：现金等价物的期初余额	82	0.00
现金及现金等价物增加额	83	100.00

问题分析

如何应用 Excel 实现报表分析是本项目主要探讨的内容。财务报表的使用者包括投资人、债权人、经理、政府、雇员和工会、中介机构等利益关系人，不同的人员所关心的问题和侧重点不同，因此财务分析的目的也有所不同。报表财务分析主要分为偿债能力分析、营运能力分析、盈利能力分析、发展能力分析和综合指标分析。本项目试图应用 Excel 构建财务分析报表体系，通过比率分析揭示粤顺小家电厂的财务状况，从而为各利益相关者提供决策参考。

学习目标

- 能够运用 Excel 构建具有结构的财务分析报表体系；
- 能够运用 Excel 进行偿债能力分析；
- 能够运用 Excel 进行营运能力分析；
- 能够运用 Excel 进行盈利能力分析；
- 能够运用 Excel 进行发展能力分析；
- 能够运用 Excel 进行综合指标分析。

任务一　应用 Excel 进行偿债能力分析

一、任务目的及要求

目的：通过本次任务，读者能够学会运用 Excel 进行偿债能力分析。

要求：由 3～6 人组成一个学习小组，共同学习偿债能力分析的背景知识，并讨论如何利用 Excel 解决该任务中提出的实际问题，从而掌握应用 Excel 进行偿债能力分析的方法。

二、背景知识

偿债能力是反映企业偿还到期债务的能力，是判定企业投资安全性的重要依据，包括短期债务清偿能力和长期债务清偿能力。在财务分析中，我们主要是通过财务比率分析来进行偿债能力分析。财务比率是相互联系的指标之间的比值，用以反映各项财务数据之间的相互关系，从而揭示企业的财务状况和经营成果，是财务分析中最重要的部分。财务比率包括同一张报表中不同项目之间的比较和不同财务报表的相关项目之间的比较，其比值有的是用系数表示的，有的是用百分数表示的。

1. 短期偿债能力指标

反映短期偿债能力的指标主要有两个，分别是流动比率和速动比率。

1）流动比率

流动比率是企业流动资产与流动负债之比，其计算公式为

$$流动比率=流动资产÷流动负债×100\%$$

流动资产一般包括库存现金、有价证券、应收账款和库存商品。流动负债一般包括应付账款、应付票据、一年内到期的债务、应付未付的各项税费及其他应付未付的开支。

流动比率是衡量企业短期偿债能力的一个重要财务指标。这个比率越高，说明企业偿还流动负债的能力越强，流动负债得到偿还的保障越大。如果流动负债上升的速度过快，会使流动比率下降，从而引起财务方面的麻烦。

2）速动比率

速动比率也称酸性测试比率，是衡量企业流动资产中可以立即变现用于偿还流动负债的能力，其计算公式为

$$速动比率=速动资产÷流动负债×100\%$$

$$速动资产=流动资产-存货-预付账款-一年内到期的非流动资产-其他流动资产$$

速动比率的高低能直接反映企业的短期偿债能力的强弱，它是对流动比率的补充。如果流动比率较高，但流动资产的流动性却很低，则企业的短期偿债能力仍然不高。一般来说，速动比率越高，企业偿还负债能力越高。相反，企业偿还短期负债能力越弱。

2. 长期偿债能力指标

反映长期偿债能力的指标主要有 3 个，分别是资产负债率、产权比率和利息保障倍数。

1）资产负债率

资产负债率是企业负债总额与资产总额之比，又称举债经营比率，它反映企业的资产总额中有多少是通过举债而得到的。资产负债率反映企业偿还债务的综合能力，该比率越高，企业偿还债务的能力越差。反之，偿还债务的能力越强。其计算公式为

$$资产负债率=负债总额÷资产总额×100\%$$

2）产权比率

产权比率又称负债权益比率，是负债总额与所有者权益总额之比，也是衡量企业长期偿债能力的指标之一。该比率反映了债权人所提供的资金与投资人所提供的资金的对比关系，从而揭示企业的财务风险以及所有者权益对债务的保障程度。其计算公式为

$$产权比率=负债总额÷所有者权益总额×100\%$$

3）利息保障倍数

利息保障倍数是税前利润与利息支出之和与利息支出的比值，反映企业用经营所得支付债务利息的能力。其计算公式为

$$利息保障倍数=息税前利润总额÷利息支出$$

$$息税前利润总额=利润总额+利息支出$$

$$=净利润+所得税+利息支出$$

公式中的"息税前利润总额"是指利润表中未扣除利息费用和所得税之前的利润，它可以通过"利润总额+利息支出"计算得到，其中，"利息支出"是指本期发生的全部应付利息，不仅包括财务费用中的利息费用，还包括计入固定资产成本中的资本化利息。由于我国现行利润表中的"利息支出"没有单列，而是列在"财务费用"之中，外部报表使用人员只能用"利润总额加财务费用"来估算"息税前利润"。该比率越高，说明企业经营所得按时按量支付债务利息的能力越强，它会加强贷款人对企业支付能力的信任程度。

三、应用 Excel 进行偿债能力分析

下面探讨如何构建 Excel 财务分析报表体系，对粤顺小家电厂 2019 年 12 月的偿债能力进行分析。

（1）新建一个工作簿，命名为"财务报表的数据分析模板.xls"。在该工作簿中创建 5 张工作表，分别命名为"财务指标分析""综合指标分析""资产负债表""利润及利润分配表""现金流量表"，如图 8-1 所示。

| 财务指标分析 | 综合指标分析 | 资产负债表 | 利润及利润分配表 | 现金流量表 |

图 8-1　新建报表标签

（2）双击工作表标签"资产负债表"，将表 8-1 所示的数据输入该工作表中并美化，形成如图 8-2 所示的样式。

资　产　负　债　表									
									会企01表
编制单位：粤顺小家电厂				2019年度					单位：千元
资　产	行次	年初数	期末数	负债及所有者权益	行次	年初数	期末数
流动资产：				流动负债：			
货币资金	1	800.00	900.00	短期借款	68	2,000.00	2,300.00
短期投资	2	1,000.00	500.00	应付票据	69		
应收票据	3	-	-	应付账款	70	1,000.00	1,200.00
应收股利	4			预收账款	71	300.00	400.00
应收利息	5			应付工资	72		
应收账款	6	1,200.00	1,300.00	应付福利费	73		
其他应收款	7			应付股利	74		
预付账款	8	40.00	70.00	应交税金	75		
应收补贴款	9	-	-	其他应交款	80		
存货	10	4,000.00	5,200.00	其他应付款	81	100.00	100.00

图 8-2　输入"资产负债表"数据

（3）双击工作表标签"利润及利润分配表"，将表 8-2 中的数据输入该工作表中并美化，形成如图 8-3 所示的样式。

利润及利润分配表			
			会企02表
编制单位：粤顺小家电厂			单位：千元
项　　目	行次	2019年	2018年
一、主营业务收入	1	21,200.00	18,800.00
减：主营业务成本	2	12,400.00	10,900.00
主营业务税金及附加	3	1,200.00	1,080.00
二、主营业务利润（亏损以"－"号填列）	4	7,600.00	6,820.00
加：其他业务利润（亏损以"－"号填列）	5	-	-
减：销售费用	6	1,900.00	1,620.00
管理费用	7	1,000.00	800.00
财务费用	8	300.00	200.00
三、营业利润（亏损以"－"号填列）	9	4,400.00	4,200.00
加：投资收益（损失以"－"号填列）	10	300.00	300.00
补贴收入	11		
营业外收入	12	150.00	100.00
减：营业外支出	13	650.00	600.00
四、利润总额（亏损以"－"号填列）	14	4,200.00	4,000.00
减：所得税	15	1,680.00	1,600.00
少数股东权益	16		

图 8-3　输入"利润及利润分配表"数据

（4）双击工作表标签“现金流量表”，将表 8-3 中的数据输入该工作表中并美化，形成如图 8-4 所示的样式。

现 金 流 量 表

会企03表

编制单位：粤顺小家电厂　　2019年度　　单位：千元

项　目	行次	金　额	补 充 资 料	行次	金　额
一、经营活动产生的现金流量：			1、将净利润调节为经营活动现金流量：		
销售商品、提供劳务收到的现金	1	24,804.00	净利润	57	2,520.00
收到的税费返还	3	-	加：计提的资产减值准备	58	0.50
收到的其他与经营活动有关的现金	8	-5,090.00	固定资产折旧	59	-
现金流入小计	9	19,714.00	无形资产摊销	60	-
购买商品、接受劳务支付的现金	10	15,742.00	长期待摊费用摊销	61	-
支付给职工以及为职工支付的现金	12	-	待摊费用减少（减：增加）	64	-
支付的各项税费	13	3,122.00	预提费用增加（减：减少）	65	-
支付的其他与经营活动有关的现金	18		处置固定资产、无形资产和其他长期资产的损失（减：收益）	66	-
现金流出小计	20	18,864.00	固定资产报废损失	67	-
经营活动产生的现金流量净额	21	850.00	财务费用	68	-
二、投资活动产生的现金流量：			投资损失（减：收益）	69	-300.00
收回投资所收到的现金	22	500.00	递延税款贷项（减：借项）	70	-
取得投资收益所收到的现金	23	-	存货的减少（减：增加）	71	-1,200.00
处置固定资产、无形资产和其他长期资产所收回的现金净额	25	-	经营性应收项目的减少（减：增加）	72	-130.00
收到的其他与投资活动有关的现金	28	-	经营性应付项目的增加（减：减少）	73	300.00

图 8-4　输入“现金流量表”数据

（5）计算流动比率。双击工作表标签“财务指标分析”，构建如图 8-5 所示的表格样式。为计算粤顺小家电厂 2019 年 12 月的流动比率，在 F7 单元格设置公式“=资产负债表!F20”，引入工作表“资产负债表”中 F20 单元格流动资产合计数据。同理，在 F8 单元格设置公式“=资产负债表!J20”，引入工作表“资产负债表”中 J20 单元格流动负债合计数。在 F9 单元格设置公式“=IF(F8=0,0,F7/F8)”，计算 2019 年 12 月底流动比率。同理，可以在 E7:E9 单元格区域设置公式，计算粤顺小家电厂 2019 年年初的流动比率，如图 8-5 所示。公式计算结果以及相应的分析如图 8-6 所示。

财 务 指 标 分 析

一、偿债能力指标

(一)短期偿债能力指标

1.流动比率

表1-1　　**流动比率计算表**　　=基本信息!C10&基本信息!

项　目	期初数	期末数
流动资产	=资产负债表!E20	=资产负债表!F20
流动负债	=资产负债表!I20	=资产负债表!J20
流动比率	=IF(E8=0,0,E7/E8)	=IF(F8=0,0,F7/F8)

图 8-5　设置流动比率公式

财 务 指 标 分 析

一、偿债能力指标

(一)短期偿债能力指标

1.流动比率

表1-1　　**流动比率计算表**　　金额单位:千元

项　目	期初数	期末数
流动资产	7,100.00	8,050.00
流动负债	3,400.00	4,000.00
流动比率	208.82%	201.25%

公式：流动比率=流动资产÷流动负债×100%

本公司期初和期末的流动比率均超过一般公认标准，反映本公司具有较强的短期偿债能力。

图 8-6　流动比率计算结果

（6）计算速动比率。将光标移至工作表“财务指标分析”中的 B13 单元格，构建如图 8-7 所示的表格样式。为计算粤顺小家电厂 2019 年 12 月的速动比率，在 F16:F23 单元格区域设置公式如图 8-7 所示，通过设置这些公式，将 2019 年 12 月底粤顺小家电厂资产负债表中的流动资产合计、存货、预付账款、一年内到期的非流动资产、其他流动资产分别引入此表中，在 F21 单元格通过设置公式“=F16-F17-F18-F19-F20”计算速动资产，再在 F23 单元格设置公式“=IF(F22=0,0,F21/F22)”，即求得 2019 年 12 月底的速动比率。同理，可以在 E16:E23 单元格区域设置公式，计算粤顺小家电厂 2019 年年初速动比率数据，如图 8-7 所示。公式计算结果以及相应的分析如图 8-8 所示。

财 务 指 标 分 析

2. 速动比率

表1-2	速动比率计算表	=F5
项　目	期初数	期末数
流动资产	=资产负债表!E20	=资产负债表!F20
存　货	=资产负债表!E15	=资产负债表!F15
预付账款	=资产负债表!E13	=资产负债表!F13
一年内到期的非流动资产	=资产负债表!E17	=资产负债表!F17
其他流动资产	=资产负债表!E18	=资产负债表!F18
速动资产	=E16-E17-E18-E19-E20	=F16-F17-F18-F19-F20
流动负债	=资产负债表!I20	=资产负债表!J20
速动比率	=IF(E22=0,0,E21/E22)	=IF(F22=0,0,F21/F22)

图 8-7　设置速动比率公式

财 务 指 标 分 析

表1-2	速动比率计算表	金额单位:千元
项　目	期初数	期末数
流动资产	7,100.00	8,050.00
存　货	4,000.00	5,200.00
预付账款	40.00	70.00
一年内到期的非流动资产	-	-
其他流动资产	60.00	80.00
速动资产	3,000.00	2,700.00
流动负债	3,400.00	4,000.00
速动比率	88.24%	67.50%

公式：速动比率=速动资产÷流动负债×100%

其中，速动资产=流动资产-存货-预付账款-一年内到期的非流动资产-其他流动资产

分析表明本公司期末的速动比率比期初有所降低，虽然本公司流动比率超过一般公认标准，但由于流动资产中存货所占比重过大，导致公司速动比率未达到一般公认标准，公司的实际短期偿债能力并不理想，需采取措施加以扭转。

图 8-8　速动比率计算结果

（7）计算资产负债率。将光标移至工作表“财务指标分析”中的 C39 单元格，构建如图 8-9 所示的表格样式。为计算粤顺小家电厂 2019 年 12 月的资产负债率，在 F43:F45 单元格区域设置公式如图 8-9 所示，即求得资产负债率。同理，可以在 E43:E45 单元格区域设置公式，计算粤顺小家电厂 2019 年年初资产负债率数据，如图 8-9 所示。公式计算结果以及相应的分析如图 8-10 所示。

	A	B	C	D	E	F	G
1				**财 务 指 标 分 析**			
39		(一)长期偿债能力指标					
40		1.资产负债率					
41		表1-4		资产负债率计算表		=F30	
42			项　目		期初数	期末数	
43			负债总额		=资产负债表!I30	=资产负债表!J30	
44			资产总额		=资产负债表!E42	=资产负债表!F42	
45			资产负债率		=IF(E44=0,0,E43/E44)	=IF(F44=0,0,F43/F44)	

图 8-9　设置资产负债率公式

	A	B	C	D	E	F	G
1				**财 务 指 标 分 析**			
38							
39		(一)长期偿债能力指标					
40		1.资产负债率					
41		表1-4		资产负债率计算表		金额单位:千元	
42			项　目		期初数	期末数	
43			负债总额		5,400.00	6,500.00	
44			资产总额		20,000.00	23,000.00	
45			资产负债率		27.00%	28.26%	
46		公式:资产负债率(又称负债比率)=负债总额÷资产总额×100%					
47		本公司期初和期末的资产负债率均不高,说明本公司长期偿债能力在增强,这样有助于增强债权人对本公司出借资金的信心。					
48							

图 8-10　资产负债率计算结果

（8）计算产权比率。将光标移至工作表"财务指标分析"中的 C50 单元格,构建如图 8-11 所示的表格样式。为计算粤顺小家电厂 2019 年 12 月的产权比率,在 F53:F55 单元格区域设置公式如图 8-11 所示,即求得产权比率。同理,可以在 E53:E55 单元格区域设置公式,计算粤顺小家电厂 2019 年年初产权比率数据,如图 8-11 所示。公式计算结果以及相应的分析如图 8-12 所示。

	A	B	C	D	E	F	G
1				**财 务 指 标 分 析**			
50		2.产权比率					
51		表1-5		产权比率计算表		=F41	
52			项　目		期初数	期末数	
53			负债总额		=E43	=F43	
54			所有者权益总额		=资产负债表!I41	=资产负债表!J41	
55			产权比率		=IF(E54=0,0,E53/E54)	=IF(F54=0,0,F53/F54)	

图 8-11　设置产权比率公式

（9）计算利息保障倍数。将光标移至工作表"财务指标分析"中的 C75 单元格,构建如图 8-13 所示的表格样式。为计算粤顺小家电厂 2019 年 12 月的利息保障倍数,在 F78:F81 单元格区域设置公式如图 8-13 所示,即求得利息保障倍数。同理,可以在 E78:E81 单元格区域设置公式,计算粤顺小家电厂 2019 年年初利息保障倍数数据,如图 8-13 所示。公式计算结果以及相应的分析如图 8-14 所示。

财 务 指 标 分 析

2. 产权比率

表1-5 产权比率计算表 金额单位：千元

项　目	期初数	期末数
负债总额	5,400.00	6,500.00
所有者权益总额	14,600.00	16,500.00
产权比率	36.99%	39.39%

公式：产权比率=负债总额÷所有者权益总额×100%

本公司期初和期末的产权比率都不高，同资产负债率的计算结果可相互印证，表明公司的长期偿债能力较强，债权人的保障程度较高。

图 8-12　产权比率计算结果

财 务 指 标 分 析

4利息保障倍数

表1-7 利息保障倍数计算表 =F61

项　目	期初数	期末数
利润总额	=利润及利润分配表!F18	=利润及利润分配表!E18
利息支出	=利润及利润分配表!F12	=利润及利润分配表!E12
息税前利润总额	=SUM(E78:E79)	=SUM(F78:F79)
已获利息倍数	=IF(E79=0,0,E80/E79)	=IF(F79=0,0,F80/F79)

图 8-13　设置利息保障倍数公式

财 务 指 标 分 析

4利息保障倍数

表1-7 利息保障倍数计算表 金额单位：千元

项　目	期初数	期末数
利润总额	4,000.00	4,200.00
利息支出	200.00	300.00
息税前利润总额	4,200.00	4,500.00
已获利息倍数	21.00	15.00

公式：利息保障倍数=息税前利润总额÷利息支出

其中，息税前利润总额=利润总额+利息支出=净利润+所得税+利息支出

从以上的计算结果来看，应当说本公司上年度和本年度的利息保障倍数都较高，有较强的偿付负债利息的能力，还需结合公司往年的情况和行业特点进行进一步判断。

图 8-14　利息保障倍数计算结果

在短期偿债能力分析指标中，除流动比率、速动比率外，还有现金流动负债比率指标。现金流动负债比率=年经营现金净流量÷年末流动负债×100%。长期偿债能力指标中，除资产负债率、产权比率和利息保障倍数外，还有或有负债比率、带息负债比率。或有负债比率=或有负债余额÷所有者权益总额×100%，其中，或有负债余额=已贴现商业承兑汇票金额+对外担保金额+未决诉讼、未决仲裁金额+其他或有负债金额。带息负债比率=(短期借款+一年内到期的长期负债+长期借款+应付债券+应付利息)÷负债总额×100%。由于篇幅有限，在此不再赘述。

任务二　应用 Excel 进行营运能力分析

一、任务目的及要求

目的：通过本次任务，读者能够学会运用 Excel 进行营运能力分析。

要求：由 6 人组成一个学习小组，共同学习营运能力分析的背景知识，并共同探讨应用 Excel 进行营运能力分析的方法，从而学会应用 Excel 进行营运能力分析。

二、背景知识

营运能力是指企业在资产管理方面的能力。营运能力的高低可以通过资产的营运能力比率来反映。营运能力比率包括存货周转率、应收账款周转率、流动资产周转率、固定资产周转率和总资产周转率等。通过对这些指标的高低及其成因的考查，利益关系人能够对企业资产是否有效运转、资产结构是否合理、所有的资产是否能够有效利用以及资产总量是否合理等问题做出较客观的认识。

1. 应收账款周转率

应收账款周转率是反映年度内应收账款转换为现金的平均次数的指标，用时间表示的应收账款周转速度是应收账款周转天数，也称为平均应收账款回收期，它表示企业从取得应收账款的权利到收回款项所需要的时间。其计算公式为

应收账款周转率=营业收入÷平均应收账款余额

应收账款周转天数=平均应收账款余额×360÷营业收入

其中，平均应收账款余额=(应收账款期初余额+应收账款期末余额)÷2。

应收账款周转率与同行业比较越高，说明企业对应应收账款的管理水平越高，应收账款周转天数越短，说明企业能够越早收回应收账款。

2. 存货周转率

在流动资产中，存货所占比重较大。存货的变现能力将直接影响企业资产的利用效率。因此，必须特别重视对存货的分析。存货周转率是衡量和评价企业购入存货、投入生产、销售收回等各环节管理状况的综合性指标。它是营业成本与平均存货余额的比值，也称为存货的周转次数。用时间表示的存货周转率就是存货周转天数。其计算公式为

存货周转率=营业成本÷平均存货余额

存货周转天数=平均存货余额×360÷营业成本

其中，平均存货余额=(存货期初余额+存货期末余额)÷2。

存货周转率在同行业中越高，说明企业对存货的管理水平越高，存货的周转天数越短，存货积压、损毁、变质、被盗的风险就越低，存货占用的资金也就越少。

3. 流动资产周转率

流动资产周转率是营业收入与平均流动资产总额之比，它反映的是全部流动资产的利

用效率。其计算公式为

$$流动资产周转率=营业收入÷平均流动资产总额$$

其中，平均流动资产总额=(流动资产期初总额+流动资产期末总额)÷2。

流动资产周转率在同行业中越高，说明企业对流动资产的管理水平越高，流动资产的利用效率越高。

4. 固定资产周转率

固定资产周转率是指企业营业收入与平均固定资产净值之比。该比率越高，说明固定资产的利用率越高，管理水平越好。其计算公式为

$$固定资产周转率=营业收入÷平均固定资产净值$$

其中，平均固定资产净值=(固定资产期初净值+固定资产期末净值)÷2。

5. 总资产周转率

总资产周转率是指企业营业收入与平均资产总额之比，可以用来分析企业全部资产的使用效率。如果该比率较低，企业应采取措施提高营业收入或处置资产，以提高资产利用率。其计算公式为

$$总资产周转率=营业收入÷平均资产总额$$

其中，平均资产总额=(资产期初总额+资产期末总额)÷2。

三、应用 Excel 进行营运能力分析

下面以粤顺小家电厂的报表数据为基础，对该企业的运营能力进行分析。

（1）计算应收账款周转率指标。将光标移至工作表"财务指标分析"中的 C114 单元格，构建如图 8-15 所示的表格样式。为计算粤顺小家电厂 2019 年的应收账款周转率，在 F118:F122 单元格区域设置公式，如图 8-15 所示，即求得应收账款周转率。同理，可以在 E118:E122 单元格区域设置公式，计算粤顺小家电厂 2018 年应收账款周转率，如图 8-15 所示。其中，2017 年应收账款期末余额为 1,100 千元，为已知数。公式计算结果以及相应的分析如图 8-16 所示。

A B	C	D	E	F	G
1	财 务 指 标 分 析				
114	1.流动资产周转情况				
115	(1)应收账款周转率				
116	表2-2		应收账款周转率计算表	=F104	
117	项 目	2017年	2018年	2019年	
118	营业收入		=利润及利润分配表!F5	=利润及利润分配表!E5	
119	应收账款期末余额	1100	=资产负债表!E8+资产负债表!E11	=资产负债表!F8+资产负债表!F11	
120	平均应收账款余额		=(D119+E119)/2	=(E119+F119)/2	
121	应收账款周转率/次		=IF(E119=0,0,E118/E120)	=IF(F119=0,0,F118/F120)	
122	应收账款周转期/天		=IF(E121=0,0,360/E121)	=IF(F121=0,0,360/F121)	

图 8-15 设置应收账款周转率公式

（2）计算存货周转率指标。将光标移至工作表"财务指标分析"中的 C129 单元格，构建如图 8-17 所示的表格样式。为计算粤顺小家电厂 2019 年的存货周转率，在 F132:F136

单元格区域设置公式，如图 8-17 所示，即求得存货周转率。同理，可以在 E132:E136 单元格区域设置公式，计算粤顺小家电厂 2018 年存货周转率，如图 8-17 所示。其中，2017 年存货期末余额为 3,800 千元，为已知数。公式计算结果以及相应的分析如图 8-18 所示。

A B	C	D	E	F	G
	财 务 指 标 分 析				
115	(1)应收账款周转率				
116	表2-2	应收账款周转率计算表		金额单位:千元	
117	项　　目	2017年	2018年	2019年	
118	营业收入		18,800.00	21,200.00	
119	应收账款期末余额	1,100.00	1,200.00	1,300.00	
120	平均应收账款余额		1,150.00	1,250.00	
121	应收账款周转率/次		16.35	16.96	
122	应收账款周转期/天		22.02	21.23	
123	公式：应收账款周转率（周转次数）=营业收入÷平均应收账款余额				
124	应收账款周转期（周转天数）=平均应收账款余额×360÷营业收入				
125	其中，平均应收账款余额=（应收账款期初余额+应收账款期末余额）÷2。				
126 127	以上计算结果表明，本公司本期的应收账款周转率比上期略有改善，周转次数由16.35次提高为16.96次，周转天数由22.02天缩短为21.33天。这不仅说明公司的运营能力有所增强，而且对流动资产的变现能力和周转速度也会起到促进作用。				

图 8-16 应收账款周转率计算结果

A B	C	D	E	F	G
	财 务 指 标 分 析				
129	②存货周转率				
130	表2-2	存货周转率计算表		=F116	
131	项　　目	2017年	2018年	2019年	
132	营业成本		=利润及利润分配表!F6	=利润及利润分配表!E6	
133	存货期末余额	3800	=资产负债表!E15	=资产负债表!F15	
134	平均存货余额		=(D133+E133)/2	=(E133+F133)/2	
135	存货周转率/次		=IF(E134=0, 0, E132/E134)	=IF(F134=0, 0, F132/F134)	
136	存货周转期/天		=IF(E135=0, 0, 360/E135)	=IF(F135=0, 0, 360/F135)	

图 8-17 设置存货周转率公式

A B	C	D	E	F	G
	财 务 指 标 分 析				
129	②存货周转率				
130	表2-2	存货周转率计算表		金额单位:千元	
131	项　　目	2017年	2018年	2019年	
132	营业成本		10,900.00	12,400.00	
133	存货期末余额	3,800.00	4,000.00	5,200.00	
134	平均存货余额		3,900.00	4,600.00	
135	存货周转率/次		2.79	2.70	
136	存货周转期/天		129.03	133.33	
137	公式：存货周转率（周转次数）=营业成本÷平均存货余额				
138	存货周转期（周转天数）=平均存货余额×360÷营业成本				
139	其中，平均存货余额=（存货期初余额+存货期末余额）÷2。				
140 141	以上计算结果表明，本公司本期的存货周转率比上期有所延缓，周转次数由2.79次降为2.70次，周转天数由129.03天增为133.33天。这反映出本公司本期的存货管理效率不如上期，其原因可能与本期存货较大幅度增长有关。				

图 8-18 存货周转率计算结果

（3）计算流动资产周转率指标。将光标移至工作表"财务指标分析"中的 C144 单元格，构建如图 8-19 所示的表格样式。为计算粤顺小家电厂 2019 年的流动资产周转率，在 F147:F151 单元格区域设置公式，如图 8-19 所示，即求得流动资产周转率。同理，可以在 E147:E151 单元格区域设置公式，计算粤顺小家电厂 2018 年流动资产周转率，如图 8-19 所示。其中，2017 年流动资产期末总额为 6,000 千元，为已知数。公式计算结果以及相应的分析如图 8-20 所示。

			财 务 指 标 分 析		
144	(3)流动资产周转率				
145	表2-3		流动资产周转率计算表		=F130
146	项　目	2017年	2018年		2019年
147	营业收入		=利润及利润分配表!F5		=利润及利润分配表!E5
148	流动资产期末总额	6000	=资产负债表!E20		=资产负债表!F20
149	平均流动资产总额		=(D148+E148)/2		=(E148+F148)/2
150	流动资产周转率/次		=IF(E149=0, 0, E147/E149)		=IF(F149=0, 0, F147/F149)
151	流动资产周转期/天		=IF(E150=0, 0, 360/E150)		=IF(F150=0, 0, 360/F150)

图 8-19　设置流动资产周转率公式

			财 务 指 标 分 析		
144	(3)流动资产周转率				
145	表2-3		流动资产周转率计算表		金额单位:千元
146	项　目	2017年	2018年		2019年
147	营业收入		18,800.00		21,200.00
148	流动资产期末总额	6,000.00	7,100.00		8,050.00
149	平均流动资产总额		6,550.00		7,575.00
150	流动资产周转率/次		2.87		2.80
151	流动资产周转期/天		125.44		128.57
152	公式：流动资产周转率（周转次数）=营业收入÷平均流动资产总额				
153	流动资产周转期（周转天数）=平均流动资产总额×360÷营业收入				
154	其中，平均流动资产总额=（期初流动资产总额+期末流动资产总额）÷2。				
155	由此可见，本公司本期的流动资产周转率比上期延缓了3.13天，流动资金占用增加，增加占用的数				
156	额可计算如下：				
157	（128.57-125.44）×21200÷360=184.32（千元）				

图 8-20　流动资产周转率计算结果

（4）计算固定资产周转率指标。将光标移至工作表"财务指标分析"中的 C159 单元格，构建如图 8-21 所示的表格样式。为计算粤顺小家电厂 2019 年的固定资产周转率，在 F163:F167 单元格区域设置公式，如图 8-21 所示，即求得固定资产周转率。同理，可以在 E163:E167 单元格区域设置公式，计算粤顺小家电厂 2018 年固定资产周转率，如图 8-21 所示。其中，2017 年固定资产期末净值为 11,800 千元，为已知数。公式计算结果以及相应的分析如图 8-22 所示。

	2017年	2018年	2019年
			=F145
表2-4	固定资产周转率计算表		
项 目	2017年	2018年	2019年
营业收入		=E147	=F147
固定资产期末净值	11800	=资产负债表!E28	=资产负债表!F28
平均固定资产净值		=(D164+E164)/2	=(E164+F164)/2
固定资产周转率/次		=IF(E165=0, 0, E163/E165)	=IF(F165=0, 0, F163/F165)
固定资产周转期/天		=IF(E166=0, 0, 360/E166)	=IF(F166=0, 0, 360/F166)

2. 固定资产周转情况
(1)固定资产周转率
财 务 指 标 分 析

图 8-21　设置固定资产周转率公式

财 务 指 标 分 析

2. 固定资产周转情况
(1)固定资产周转率

表2-4	固定资产周转率计算表		金额单位:千元
项 目	2017年	2018年	2019年
营业收入		18,800.00	21,200.00
固定资产期末净值	11,800.00	12,000.00	14,000.00
平均固定资产净值		11,900.00	13,000.00
固定资产周转率/次		1.58	1.63
固定资产周转期/天		227.85	220.86

公式:固定资产周转率(周转次数)=营业收入÷平均固定资产净值
　　　固定资产周转期(周转天数)=平均固定资产净值×360÷营业收入
其中,平均固定资产净值=(期初固定资产净值+期末固定资产净值)÷2。
　以上计算结果表明,本公司本期的固定资产周转率比上期有所加快,其主要原因是固定资产净值的增加幅度低于营业收入增长幅度所引起的。这表明本公司的运营能力有所提高。

图 8-22　固定资产周转率计算结果

（5）计算总资产周转率指标。将光标移至工作表"财务指标分析"中的 C174 单元格，构建如图 8-23 所示的表格样式。为计算粤顺小家电厂 2019 年的总资产周转率，在 F178:F182 单元格区域设置公式，如图 8-23 所示，即求得总资产周转率。同理，可以在 E178:E182 单元格区域设置公式，计算粤顺小家电厂 2018 年的总资产周转率，如图 8-23 所示。其中，2017 年资产期末总额为 19,000 千元，为已知数。公式计算结果以及相应的分析如图 8-24 所示。

财 务 指 标 分 析

3. 总资产周转情况
(1)总资产周转率

表2-5	总资产周转率计算表		=F161
项 目	2017年	2018年	2019年
营业收入		=E163	=F163
资产期末总额	19000	=资产负债表!E42	=资产负债表!F42
平均资产总额		=(D179+E179)/2	=(E179+F179)/2
总资产周转率/次		=IF(E180=0, 0, E178/E180)	=IF(F180=0, 0, F178/F180)
总资产周转期/天		=IF(E181=0, 0, 360/E181)	=IF(F181=0, 0, 360/F181)

图 8-23　设置总资产周转率公式

	A B	C	D	E	F	G
1			**财 务 指 标 分 析**			

表 2-5 总资产周转率计算表　　　　　金额单位:千元

项　目	2017年	2018年	2019年
营业收入		18,800.00	21,200.00
资产期末总额	19,000.00	20,000.00	23,000.00
平均资产总额		19,500.00	21,500.00
总资产周转率/次		0.96	0.99
总资产周转期/天		375.00	363.64

3. 总资产周转情况
(1)总资产周转率

公式：总资产周转率（周转次数）=营业收入÷平均资产总额

　　　总资产周转期（周转天数）=平均资产总额×360÷营业收入

　其中，平均资产总额=（期初资产总额+期末资产总额）÷2。

　以上计算结果表明，本公司本期的总资产周转率比上期略有加快。这是因为本公司固定资产平均净值的增长程度（9.24%）虽低于营业收入的增长程度（12.77%），但平均流动资产总额的增长程度（15.65%）却以更大幅度高于营业收入的增长程度，所以总资产的利用效果难以大幅提高。

图 8-24　总资产周转率计算结果

在营运能力分析指标中，除应收账款周转率、存货周转率、流动资产周转率、固定资产周转率、总资产周转率外，还有一些其他指标可以反映资产的营运能力，如不良资产比率、资产现金回收率等。不良资产比率=（资产减值准备余额+应提未提和应摊未摊的潜亏挂账+未处理资产损失）÷（资产总额+资产减值准备余额），资产现金回收率=经营现金净流量÷平均资产总额×100%。由于篇幅有限，在此不再赘述。

任务三　应用 Excel 进行盈利能力分析

一、任务目的及要求

目的：通过本次任务，读者能够学会运用 Excel 进行盈利能力分析。

要求：由 6 人组成一个学习小组，共同学习盈利能力分析的相关理论知识，共同探讨应用 Excel 进行盈利能力分析的方法并动手操作，从而学会应用 Excel 进行盈利能力分析。

二、背景知识

盈利能力指企业赚取利润的能力。不论是投资人、债权人还是企业经营管理人员都重视和关心企业的盈利能力。按照会计各科目之间的内在联系，我们可以设置营业利润率、销售毛利率、盈余现金保障倍数、总资产报酬率、净资产收益率等指标，借以评价企业各要素的获利能力及资本保值增值情况。此外，上市公司经常使用的获利能力指标还有每股收益、市盈率、每股股利、每股账面价值等。

1. 营业利润率

营业利润率是指企业一定时期营业利润与营业收入的比率，其计算公式为

$$营业利润率=营业利润÷营业收入×100\%$$

营业利润率指每发生1元营业收入可以获得的营业利润数，该指标越高，说明企业的盈利能力越强。

2. 销售毛利率

销售毛利率是销售毛利与销售收入的比率，其计算公式为

$$销售毛利率=销售毛利÷销售收入×100\%$$

其中，销售毛利=销售收入-销售成本。

销售毛利率指每1元销售收入扣除销售成本后，有多少剩余可以用于各项期间费用的补偿和形成盈利。销售毛利率越高，说明企业的盈利能力越强。

3. 盈余现金保障倍数

盈余现金保障倍数又称利润现金保障倍数，是指企业一定时期经营现金净流量同净利润的比值，其计算公式为

$$盈余现金保障倍数=经营现金净流量÷净利润$$

盈余现金保障倍数，反映了企业当期净利润中现金收益的保障程度，真实地反映了企业的盈余质量。盈余现金保障倍数从现金流入和流出的动态角度，对企业收益的质量进行评价，对企业的实际收益能力再一次修正。

4. 总资产报酬率

总资产报酬率也称资产利润率或总资产收益率，是企业在一定时期内所获得的报酬总额与平均资产总额之比。总资产报酬率用来衡量企业利用全部资产获取利润的能力，反映了企业总资产的利用效率，其计算公式为

$$总资产报酬率=息税前利润总额÷平均资产总额×100\%$$

其中，息税前利润总额=利润总额+利息支出=净利润+所得税+利息支出。

5. 净资产收益率

净资产收益率是在一定时期内企业的净利润与平均净资产之比。净资产收益率是评价企业获利能力的一个重要财务指标，反映了企业自有资本获取投资报酬的高低，其计算公式为

$$净资产收益率=净利润÷平均净资产×100\%$$

其中，平均净资产=(所有者权益期初数+所有者权益期末数)/2。

6. 每股收益

每股收益是本年收益与流通在外股数的比值，是衡量股份制企业盈利能力的指标之一，其计算公式为

基本每股收益=归属于普通股股东的当期净利润÷当期发行在外普通股的加权平均数

每股收益反映普通股的获利水平，指标越高，每股可获得的利润越多，股东的投资效益越好，反之则越差。由于每股收益是一个绝对指标，因此在分析时，还应结合流通在外的普通股的变化及每股股价高低的影响。

7. 市盈率

市盈率是每股股价与每股收益相比计算得到的比率，是衡量股份制企业盈利能力的重

要指标，其计算公式为

$$市盈率=普通股每股市价÷普通股每股收益$$

公式中的市价是指每股普通股在证券市场上的买卖价格。市价与每股盈余比率是衡量股份制企业盈利能力的重要指标，市盈率反映投资者对每 1 元利润愿意支付的价格。

8．每股股利

每股股利是股利总额与流通股股数的比值，是衡量股份制企业获利能力的指标之一，其计算公式为

$$每股股利=普通股股利总额÷期末普通股股数$$

9．每股账面价值

每股账面价值是股东权益总额减去优先股权益后的余额与发行在外的普通股股数的比值，反映的是发行在外的每股普通股所代表的企业记在账面上的股东权益额，其计算公式为

$$每股账面价值=期末股东权益÷期末普通股股数$$

三、应用 Excel 进行盈利能力分析

下面以粤顺小家电厂三大报表为数据源，通过指标分析，探讨该企业盈利能力状况。

（1）计算营业利润率指标。将光标移至工作表"财务指标分析"中的 C211 单元格，构建如图 8-25 所示的表格样式。为计算粤顺小家电厂 2019 年的营业利润率，在 F216:F218 单元格区域设置公式，如图 8-25 所示，即可求得营业利润率。同理，可以在 E216:E218 单元格区域设置公式，计算粤顺小家电厂 2018 年的营业利润率，如图 8-25 所示。公式计算结果以及相应的分析如图 8-26 所示。

	A	B	C	D	E	F	G

	A B	C	D	E	F	G
1		**财 务 指 标 分 析**				
211	三、获利能力指标					
212	(一)营业利润率					
213	1．营业利润率					
214	表3-1		营业利润率计算表	=F202		
215		项　　目		2018年	2019年	
216		营业利润		=利润及利润分配表!F13	=利润及利润分配表!E13	
217		营业收入		=利润及利润分配表!F5	=利润及利润分配表!E5	
218		营业利润率		=IF(E217=0, 0, E216/E217)	=IF(F217=0, 0, F216/F217)	

图 8-25　设置营业利润率公式

（2）计算销售毛利率指标。将光标移至工作表"财务指标分析"中的 C232 单元格，构建如图 8-27 所示的表格样式。为计算粤顺小家电厂 2019 年的销售毛利率，在 F235:F237 单元格区域设置公式，如图 8-27 所示，即求得销售毛利率。同理，可以在 E235:E237 单元格区域设置公式，计算粤顺小家电厂 2018 年的销售毛利率，如图 8-27 所示。公式计算结果以及相应的分析如图 8-28 所示。

财务指标分析

三、获利能力指标

(一)营业利润率

1.营业利润率

表3-1　**营业利润率计算表**　金额单位:千元

项　目	2018年	2019年
营业利润	4,200.00	4,400.00
营业收入	18,800.00	21,200.00
营业利润率	22.34%	20.75%

公式：营业利润率=营业利润÷营业收入×100%

从以上分析可以看出，本公司的营业利润率略有下降。通过分析可以看到，这种下降趋势主要是由于公司本期的成本费用增加所致，由于下降幅度不大，公司的经营方向和产品结构仍符合现有市场需要。

图 8-26　营业利润率计算结果

财务指标分析

3.销售毛利率

表3-3　**销售毛利率计算表**　=F224

项　目	2018年	2019年
销售成本	=利润及利润分配表!F6	=利润及利润分配表!E6
销售收入	=利润及利润分配表!F5	=利润及利润分配表!E5
销售毛利率	=IF(E236=0,0,(E236-E235)/E236)	=IF(F236=0,0,(F236-F235)/F236)

图 8-27　设置销售毛利率公式

财务指标分析

3.销售毛利率

表3-3　**销售毛利率计算表**　金额单位:千元

项　目	2018年	2019年
销售成本	10,900.00	12,400.00
销售收入	18,800.00	21,200.00
销售毛利率	42.02%	41.51%

公式：销售毛利率=（销售收入-销售成本）÷销售收入×100%

从以上分析可以看出，本公司的销售毛利率略有下降，分析同营业利润率。

图 8-28　销售毛利率计算结果

（3）计算盈余现金保障倍数指标。将光标移至工作表“财务指标分析”中的 C260 单元格，构建如图 8-29 所示的表格样式。为计算粤顺小家电厂 2019 年的盈余现金保障倍数，在 F263:F265 单元格区域设置公式，如图 8-29 所示，即求得盈余现金保障倍数。同理，可以在 E263:E265 单元格区域设置公式，计算粤顺小家电厂 2018 年的盈余现金保障倍数，如图 8-29 所示，其中 2018 年的经营现金净流量为 300 千元。公式计算结果以及相应的分析如图 8-30 所示。

图 8-29　设置盈余现金保障倍数公式

图 8-30　盈余现金保障倍数计算结果

（4）计算总资产报酬率指标。将光标移至工作表"财务指标分析"中的 C270 单元格，构建如图 8-31 所示的表格样式。为计算粤顺小家电厂 2019 年的总资产报酬率，在 F273:F278 单元格区域设置公式，如图 8-31 所示，即求得总资产报酬率。同理，可以在 E273:E278 单元格区域设置公式，计算粤顺小家电厂 2018 年的总资产报酬率，如图 8-31 所示，其中 2017 年资产期末总额为 19,000 千元，是已知数。公式计算结果以及相应的分析如图 8-32 所示。

图 8-31　设置总资产报酬率公式

（5）计算净资产收益率指标。将光标移至工作表"财务指标分析"中的 C284 单元格，构建如图 8-33 所示的表格样式。为计算粤顺小家电厂 2019 年的净资产收益率，在 F287:F290 单元格区域设置公式，如图 8-33 所示，即求得净资产收益率。同理，可以在 E287:E290 单元格区域设置公式，计算粤顺小家电厂 2018 年的净资产收益率，如图 8-33 所示。其中 2017

年期末净资产额为 13,000 千元，为已知数。公式计算结果以及相应的分析如图 8-34 所示。

项 目	2017年	2018年	2019年
(四)总资产报酬率			
表3-6　　总资产报酬率计算表			金额单位:千元
利润总额		4,000.00	4,200.00
利息支出		200.00	300.00
息税前利润总额		4,200.00	4,500.00
资产期末总额	19,000.00	20,000.00	23,000.00
平均资产总额		19,500.00	21,500.00
总资产报酬率		21.54%	20.93%

公式:总资产报酬率=息税前利润总额÷平均资产总额×100%

其中,息税前利润总额=利润总额+利息支出=净利润+所得税+利息支出。

计算结果表明,企业本期的资产综合利用效率略微不如上期,需要对公司资产的使用情况、增产节约工作等情况作进一步的分析考察,以便改进管理,提高效益。

图 8-32　总资产报酬率计算结果

项 目	2017年	2018年	2019年
(五)净资产收益率			
表3-7　　净资产收益率计算表		=F271	
净利润		=利润及利润分配表!F21	=利润及利润分配表!E21
期末净资产额	13000	=资产负债表!I41	=资产负债表!J41
平均净资产		=(D288+E288)/2	=(E288+F288)/2
净资产收益率		=IF(E289=0, 0, E287/E289)	=IF(F289=0, 0, F287/F289)

图 8-33　设置净资产收益率公式

项 目	2017年	2018年	2019年
表3-7　　净资产收益率计算表			金额单位:千元
净利润		2,400.00	2,520.00
期末净资产额	13,000.00	14,600.00	16,500.00
平均净资产		13,800.00	15,550.00
净资产收益率		17.39%	16.21%

公式:净资产收益率=净利润÷平均净资产×100%

其中,平均净资产=(期初所有者权益+期末所有者权益)÷2。

本公司本期的净资产收益率比上期降低1个多百分点,这是由于本公司所有者权益的增长幅度快于净利润的增长幅度所引起的,根据上述资料可以求得,
所有者权益增长率为(15 550-13 800)÷13 800×100%=12.68%,而
净利润的增长率为(2 520- 2 400)÷ 2 400×100%= 5.00%。

图 8-34　净资产收益率计算结果

(6) 计算每股收益指标。将光标移至工作表"财务指标分析"中的 C310 单元格,构建如图 8-35 所示的表格样式。为计算粤顺小家电厂 2019 年的每股收益,在 F313:F325 单元格区域设置公式,如图 8-35 所示,即求得每股收益。同理,可以在 E313:E315 单元格区

域设置公式，计算粤顺小家电厂 2018 年的每股收益，如图 8-35 所示。其中 2017 年期末资产总额为 19,000 千元，期末股东权益总额为 13,000 千元，2017—2019 年，期末普通股股数均为 12,000 千股。公式计算结果以及相应的分析如图 8-36 所示。

	A B	C	D	E	F	G
1		财　务　指　标　分　析				
310		(t)每股收益				
311		表3-9		每股收益计算表	=F297	
312		项　　目	2017年	2018年	2019年	
313		净利润		=利润及利润分配表!F21	=利润及利润分配表!E21	
314		营业收入		=利润及利润分配表!F5	=利润及利润分配表!E5	
315		期末资产总额	19000	=资产负债表!E42	=资产负债表!F42	
316		平均资产总额		=(D315+E315)/2	=(E315+F315)/2	
317		期末股东权益总额	13000	=资产负债表!I41	=资产负债表!J41	
318		平均股东权益		=(D317+E317)/2	=(E317+F317)/2	
319		期末普通股股数	12000	12000	12000	
320		平均普通股股数		=(D319+E319)/2	=(E319+F319)/2	
321		营业净利率		=E228	=F228	
322		总资产周转率		=E181	=F181	
323		股东权益比率		=IF(E318=0, 0, E316/E318)	=IF(F318=0, 0, F316/F318)	
324		平均每股净资产		=IF(E320=0, E318/E320)	=IF(F320=0, F318/F320)	
325		每股收益		=E321*E322*E323*E324	=F321*F322*F323*F324	

图 8-35　设置每股收益公式

	A B	C	D	E	F	G
1		财　务　指　标　分　析				
310		(t)每股收益				
311		表3-9		每股收益计算表	金额单位:千元	
312		项　　目	2017年	2018年	2019年	
313		净利润		2,400.00	2,520.00	
314		营业收入		18,800.00	21,200.00	
315		期末资产总额	19,000.00	20,000.00	23,000.00	
316		平均资产总额		19,500.00	21,500.00	
317		期末股东权益总额	13,000.00	14,600.00	16,500.00	
318		平均股东权益		13,800.00	15,550.00	
319		期末普通股股数	12,000.00	12,000.00	12,000.00	
320		平均普通股股数		12,000.00	12,000.00	
321		营业净利率		12.77%	11.89%	
322		总资产周转率		0.96	0.99	
323		股东权益比率		141.30%	138.26%	
324		平均每股净资产		1.15	1.30	
325		每股收益		0.20	0.21	
326		公式：基本每股收益=归属于普通股股东的当期净利润÷当期发行在外普通股的加权平均数				

图 8-36　每股收益计算结果

（7）计算每股股利指标。将光标移至工作表"财务指标分析"中的 C343 单元格，构建如图 8-37 所示的表格样式。为计算粤顺小家电厂 2019 年的每股股利，在 F346:F348 单元格区域设置公式，如图 8-37 所示，即求得每股股利。其中 2019 年普通股股利总额为 144,000 千元，期末普通股股数为 12,000 千股。同理，可以在 E346:E348 单元格区域设置公式，计算粤顺小家电厂 2018 年的每股股利，如图 8-37 所示。其中 2018 年普通股股利总额为 120,000 千元，期末普通股股数为 12,000 千股。公式计算结果以及相应的分析如图 8-38 所示。

财 务 指 标 分 析			
⑷每股股利			
表3-10	**每股股利计算表**		=F311
项　目	2018年		2019年
普通股股利总额	120000		144000
期末普通股股数	12000		12000
每股股利	=IF(E347=0, 0, E346/E347)		=IF(F347=0, 0, F346/F347)

图 8-37　设置每股股利公式

财 务 指 标 分 析			
⑷每股股利			
表3-10	**每股股利计算表**		金额单位:千元
项　目	2018年		2019年
普通股股利总额	120,000.00		144,000.00
期末普通股股数	12,000.00		12,000.00
每股股利	10.00		12.00
公式：每股股利=普通股股利总额÷期末普通股股数			
其中，普通股股利总额指上市公司本年发放的普通股现金股利总额。			
本公司本年度的每股股利比上年度上涨了2元，这是由于本公司普通股总数没有发生变化，而发放的普通股股利增加所引起的。			

图 8-38　每股股利计算结果

（8）计算市盈率指标。光标移至工作表"财务指标分析"中的 C353 单元格，构建如图 8-39 所示的表格样式。为计算粤顺小家电厂 2019 年的市盈率，在 F356:F361 单元格区域设置公式，如图 8-39 所示，即求得市盈率。其中，2017—2019 三年期末普通股股数均为 12,000 千股，2019 年期末每股市价为 5 元。同理，可以在 E356:E361 单元格区域设置公式，计算粤顺小家电厂 2018 年的市盈率，如图 8-39 所示。其中 2018 年期末每股市价为 4 元。公式计算结果以及相应的分析如图 8-40 所示。

财 务 指 标 分 析			
⑼市盈率			
表3-11	**市盈率计算表**	=F344	
项　目	2017年	2018年	2019年
净利润		=利润及利润分配表!F21	=利润及利润分配表!E21
期末普通股股数	12000	12000	12000
平均普通股股数		=(D357+E357)/2	=(E357+F357)/2
每股收益		=E325	=F325
期末每股市价		4	5
期末市盈率		=IF(E359=0, 0, E360/E359)	=IF(F359=0, 0, F360/F359)

图 8-39　设置市盈率公式

项 目	2017年	2018年	2019年
净利润		2,400.00	2,520.00
期末普通股股数	12,000.00	12,000.00	12,000.00
平均普通股股数		12,000.00	12,000.00
每股收益		0.20	0.21
期末每股市价		4.00	5.00
期末市盈率		20.00	23.81

（八）市盈率
表3-11　　市盈率计算表　　金额单位：千元

公式：市盈率=普通股每股市价÷普通股每股收益
本公司本年度期末的市盈率比上年度大幅上涨，反映了投资者对本公司的发展前景进一步看好。

图 8-40　市盈率计算结果

（9）计算每股账面价值指标。光标移至工作表"财务指标分析"中的 C365 单元格，构建如图 8-41 所示的表格样式。为计算粤顺小家电厂 2019 年的每股账面价值，在 F368:F370 单元格区域设置公式，如图 8-41 所示，即求得每股账面价值。同理，可以在 E368:E370 单元格区域设置公式，计算粤顺小家电厂 2018 年的每股账面价值，如图 8-41 所示。公式计算结果以及相应的分析如图 8-42 所示。

项 目	2018年	2019年
期末股东权益	=资产负债表!I41	=资产负债表!J41
期末普通股股数	12000	12000
期末每股账面价值	=IF(E369=0, 0, E368/E369)	=IF(F369=0, 0, F368/F369)

（十）每股账面价值
表3-12　　每股账面价值计算表　　=F354

图 8-41　设置每股账面价值公式

项 目	2018年	2019年
期末股东权益	14,600.00	16,500.00
期末普通股股数	12,000.00	12,000.00
期末每股账面价值	1.22	1.38

（十）每股账面价值
表3-12　　每股账面价值计算表　　金额单位：千元

公式：每股账面价值=期末股东权益÷期末普通股股数

图 8-42　每股账面价值计算结果

在盈利能力分析指标中，除营业利润率、销售毛利率、盈余现金保障倍数、总资产报酬率、净资产报酬率、每股收益、每股股利、市盈率以及每股账面价值外，还有一些其他指标可以反映企业的盈利能力，如营业净利率、成本费用利润率、资本收益率等。其中，营业净利率=净利润÷营业收入×100%；成本费用利润率=利润总额÷成本费用总额×100%；资本收益率=净利润÷平均资本×100%。由于篇幅有限，在此不再赘述。

任务四　应用 Excel 进行发展能力分析

一、任务目的及要求

目的：通过本次任务，读者能够学会运用 Excel 进行发展能力分析。

要求：由 6 人组成一个学习小组，共同学习发展能力分析的有关知识，共同探讨应用 Excel 进行发展能力分析的方法并实际操作，从而学会应用 Excel 进行发展能力分析。

二、背景知识

发展能力是企业在生存的基础上，扩大规模、壮大实力的潜在能力。分析发展能力主要考查以下 8 项指标：营业收入增长率、资本保值增值率、资本累积率、总资产增长率、营业利润增长率、技术投入比率、营业收入三年平均增长率和资本总额三年平均增长率。

1. 营业收入增长率

营业收入增长率，是企业本期营业收入增长额与上期营业收入总额的比率，反映企业营业收入的增减变动情况，其计算公式为

营业收入增长率=本期营业增长额÷上期营业收入总额×100%

其中，本期营业增长额=本期营业收入总额−上期营业收入总额。

营业收入增长率大于零，表明企业本年营业收入有所增长。该指标值越高，表明企业营业收入的增长速度越快，企业市场前景越好。

2. 资本保值增值率

资本保值增值率，是企业扣除客观因素后的期末所有者权益总额与期初所有者权益总额的比率，反映企业当期资本在企业自身努力下实际变动情况，其计算公式为

资本保值增值率=扣除客观因素后的期末所有者权益总额÷期初所有者权益总额×100%

一般认为，资本保值增值率越高，表明企业的资本保全状况越好，所有者权益增长越快，债权人的债务越有保障。该指标通常应大于 100%。

3. 资本累积率

资本累积率，是企业本期所有者权益增长额与上期所有者权益的比率，反映企业当期资本的积累能力，其计算公式为

资本累积率=本期所有者权益增长额÷上期所有者权益总额×100%

资本积累率越高，表明企业的资本积累越多，应对风险、持续发展的能力越强。

4. 总资产增长率

总资产增长率，是企业本期总资产增长额与上期资产总额的比率，反映企业本期资产规模的增长情况，其计算公式为

$$总资产增长率=本期总资产增长额÷上期资产总额×100\%$$

其中，本期总资产增长额=期末资产总额−期初资产总额。

总资产增长率越高，表明企业一定时期内资产经营规模扩张的速度越快。但在分析时，需要关注资产规模扩张的质和量的关系，以及企业的后续发展能力，避免盲目扩张。

5. 营业利润增长率

营业利润增长率，是企业本期营业利润增长额与上期营业利润总额的比率，反映企业营业利润的增减变动情况，其计算公式为

$$营业利润增长率=本期营业利润增长额÷上期营业利润总额×100\%$$

其中，本期营业利润增长额=期末营业利润总额−上期营业利润总额。

6. 技术投入比率

技术投入比率，是企业本年科技支出（包括用于研究开发、技术改造、科技创新等方面的支出）与本年营业收入净额的比率，反映企业在科技进步方面的投入，在一定程度上可以体现企业的发展潜力，其计算公式为

$$技术投入比率=本年科技支出合计÷本年营业收入净额×100\%$$

其中，本年科技支出合计=本年研究开发支出+本年技术改造支出+本年科技创新支出。

7. 营业收入三年平均增长率

营业收入三年平均增长率表明企业营业收入连续三年的增长情况，反映企业的持续发展态势和市场扩张能力，其计算公式为

$$营业收入三年平均增长率=\left(\sqrt[3]{\frac{本年营业收入总额}{三年前营业收入总额}}-1\right)×100\%$$

一般认为，营业收入三年平均增长率越高，表明企业营业持续增长势头越好，市场扩张能力越强。

8. 资本总额三年平均增长率

资本总额三年平均增长率表示企业资本连续三年的积累情况，在一定程度上反映了企业的持续发展水平和发展趋势，其计算公式为

$$资本总额三年平均增长率=\left(\sqrt[3]{\frac{本年资本总额}{三年前资本总额}}-1\right)×100\%$$

三、应用 Excel 进行发展能力分析

下面以粤顺小家电厂三大报表为例，分析该企业的发展能力情况。

（1）计算营业收入增长率指标。将光标移至工作表"财务指标分析"中的 C373 单元格，构建如图 8-43 所示的表格样式。为计算粤顺小家电厂 2019 年的营业收入增长率，在 F377:F379 单元格区域设置公式，如图 8-43 所示，同时在 E377 单元格输入公式"=利润及利润分配表!F5"，引入 2018 年的营业收入，即可在 F379 单元格求得 2019 年营业收入增长率。公式计算结果以及相应的分析如图 8-44 所示。

	财 务 指 标 分 析		
	A B　　C　　　D　　　E　　　F		
373	四、发展能力指标		
374	(一)营业收入增长率		
375	表4-1	营业收入增长率计算表	=F366
376	项　目	2018年	2019年
377	营业收入	=利润及利润分配表!F5	=利润及利润分配表!E5
378	营业增长额		=F377-E377
379	营业增长率		=IF(E377=0, 0, F378/E377)

图 8-43　设置营业收入增长率公式

	财 务 指 标 分 析		
	A B　　C　　　D　　　E　　　F　　　G		
373	四、发展能力指标		
374	(一)营业收入增长率		
375	表4-1	营业收入增长率计算表	金额单位:千元
376	项　目	2018年	2019年
377	营业收入	18,800.00	21,200.00
378	营业增长额		2,400.00
379	营业增长率		12.77%
380	公式:营业收入增长率=本期营业收入增长额÷上期营业收入总额×100%		
381	其中,本期营业收入增长额=本期营业收入总额-上期营业收入总额。		
382	本公司本年度的营业增长率比上年度大幅提高,表明本公司产品所占的市场份额不断扩大。		

图 8-44　营业收入增长率计算结果

（2）计算资本保值增值率指标。将光标移至工作表"财务指标分析"中的 C384 单元格,构建如图 8-45 所示的表格样式。为计算粤顺小家电厂 2019 年的资本保值增值率,在 F387:F388 单元格区域设置公式,如图 8-45 所示,同时在 E387 单元格输入公式"=资产负债表!I41",引入 2018 年的所有者权益总额,即可在 F388 单元格求得 2019 年资本保值增值率。公式计算结果以及相应的分析如图 8-46 所示。

	财 务 指 标 分 析		
	A B　　C　　　D　　　E　　　F　　　G		
384	(二)资本保值增值率		
385	表4-2	资本保值增值率计算表	=F375
386	项　目	2018年	2019年
387	所有者权益总额	=资产负债表!I41	=资产负债表!J41
388	资本保值增值率		=IF(E387=0, 0, F387/E387)

图 8-45　设置资本保值增值率公式

（3）计算资本累积率指标。将光标移至工作表"财务指标分析"中的 C392 单元格,构建如图 8-47 所示的表格样式。为计算粤顺小家电厂 2019 年的资本累积率,在 F395:F397 单元格区域设置公式,如图 8-47 所示,同时在 E395 单元格输入公式"=资产负债表!I41",引入 2018 年的所有者权益总额,即可在 F397 单元格求得 2019 年资本累计率。公式计算结果以及相应的分析如图 8-48 所示。

图 8-46　资本保值增值率计算结果

财 务 指 标 分 析				
㈡资本累积率				
表4-3	资本累积率计算表		=F385	
项　目		2018年		2019年
所有者权益总额		=资产负债表!I41		=资产负债表!J41
所有者权益增长额				=F395-E395
资本累积率				=IF(E395=0,0,F396/E395)

图 8-47　设置资本累积率公式

财 务 指 标 分 析				
㈡资本累积率				
表4-3	资本累积率计算表		金额单位:千元	
项　目		2018年		2019年
所有者权益总额		14,600.00		16,500.00
所有者权益增长额				1,900.00
资本累积率				13.01%
公式: 资本累积率=本期所有者权益增长额÷上期所有者权益总额×100%				
其中, 本期所有者权益增长额=期末所有者权益总额-期初所有者权益总额。				
计算结果看出, 本公司的资本累积不断增长, 表明本公司应付风险、持续发展的能力不断扩大。				

图 8-48　资本累积率计算结果

（4）计算总资产增长率指标。将光标移至工作表"财务指标分析"中的 C402 单元格，构建如图 8-49 所示的表格样式。为计算粤顺小家电厂 2019 年的总资产增长率，在 F405:F407 单元格区域设置公式，如图 8-49 所示，同时在 E405 单元格输入公式"=资产负债表!E42"，引入 2018 年的资产总额，即可在 F407 单元格求得 2019 年总资产增长率。公式计算结果以及相应的分析如图 8-50 所示。

（5）计算营业利润增长率指标。将光标移至工作表"财务指标分析"中的 C412 单元格，构建如图 8-51 所示的表格样式。为计算粤顺小家电厂 2019 年的营业利润增长率，在 F415:F417 单元格区域设置公式，如图 8-51 所示，同时在 E415 单元格输入公式"=利润及利润分配表!F13"，引入 2018 年的营业利润总额，即可在 F417 单元格求得 2019 年营业利润增长率。公式计算结果以及相应的分析如图8-52所示。

	A B	C	D	E	F	G
1			财 务 指 标 分 析			
402		(四)总资产增长率				
403		表4-4	总资产增长率计算表		=F393	
404			项 目	2018年	2019年	
405			资产总额	=资产负债表!E42	=资产负债表!F42	
406			总资产增长额		=F405-E405	
407			总资产增长率		=IF(E405=0, 0, F406/E405)	

图 8-49　设置总资产增长率公式

	A B	C	D	E	F	G
1			财 务 指 标 分 析			
402		(四)总资产增长率				
403		表4-4	总资产增长率计算表		金额单位:千元	
404			项 目	2018年	2019年	
405			资产总额	20,000.00	23,000.00	
406			总资产增长额		3,000.00	
407			总资产增长率		15.00%	
408		公式:总资产增长率=本期总资产增长额÷上期资产总额×100%				
409		其中,本期总资产增长额=期末资产总额-期初资产总额。				
410		计算结果表明,本公司的总资产规模不断扩张,具备不错的发展潜力,同时应实地考查资产规模扩张的具				
411		体原因,考虑分析规模扩张的质和量的关系,避免企业资产盲目扩张。				

图 8-50　总资产增长率计算结果

	A B	C	D	E	F	G
1			财 务 指 标 分 析			
412		(五)营业利润增长率				
413		表4-5	营业利润增长率计算表		=F403	
414			项 目	2018年	2019年	
415			营业利润总额	=利润及利润分配表!F13	=利润及利润分配表!E13	
416			营业利润增长额		=F415-E415	
417			营业利润增长率		=IF(E415=0, 0, F416/E415)	

图 8-51　设置营业利润增长率公式

	A B	C	D	E	F	G
1			财 务 指 标 分 析			
412		(五)营业利润增长率				
413		表4-5	营业利润增长率计算表		金额单位:千元	
414			项 目	2018年	2019年	
415			营业利润总额	4,200.00	4,400.00	
416			营业利润增长额		200.00	
417			营业利润增长率		4.76%	
418		公式:营业利润增长率=本期营业利润增长额÷上期营业利润总额×100%				
419		其中,本期营业利润增长额=期末营业利润总额-上期营业利润总额。				

图 8-52　营业利润增长率计算结果

（6）计算技术投入比率指标。将光标移至工作表"财务指标分析"中的 C422 单元格，构建如图 8-53 所示的表格样式。为计算粤顺小家电厂 2019 年的技术投入比率，在 F425:F430 单元格区域设置公式，如图 8-53 所示。其中 2019 年的研究开发支出、技术改造支出以及科技创新支出分别为 180 千元、160 千元和 140 千元，可在 F430 单元格求出技术投入比率。同理在 E425:E430 单元格区域设置公式，如图 8-53 所示。其中 2018 年的研究开发支出、技术改造支出以及科技创新支出分别为 150 千元、130 千元和 120 千元，可在 E430 单元格求出 2018 年企业技术投入比率。公式计算结果以及相应的分析如图 8-54 所示。

	项　目	2018年	2019年
			=F413
研究开发支出		150	180
技术改造支出		130	160
科技创新支出		120	140
技术投入合计		=SUM(E425:E427)	=SUM(F425:F427)
营业收入净额		=利润及利润分配表!F5	=利润及利润分配表!E5
技术投入比率		=IF(E429=0,0,E428/E429)	=IF(F429=0,0,F428/F429)

（㈠技术投入比率　表4-6　技术投入比率计算表　财务指标分析）

图 8-53　设置技术投入比率公式

㈠技术投入比率

表4-6　技术投入比率计算表　金额单位:千元

项　目	2018年	2019年
研究开发支出	150.00	180.00
技术改造支出	130.00	160.00
科技创新支出	120.00	140.00
技术投入合计	400.00	480.00
营业收入净额	18,800.00	21,200.00
技术投入比率	2.13%	2.26%

公式：技术投入比率=本年科技支出合计÷本年营业收入净额×100%
其中，本年科技支出合计=本年研究开发支出+本年技术改造支出+本年科技创新支出。

图 8-54　技术投入比率计算结果

（7）计算三年平均增长率指标。光标移至工作表"财务指标分析"中的 C433 单元格，构建如图 8-55 所示的表格样式。为计算粤顺小家电厂 2019 年的三年平均增长率，在 E437:F442 单元格区域设置公式，如图 8-55 所示。其中 2017 年的营业收入、利润总额和资本总额分别为 17,800 千元、3,500 千元和 14,000 千元，即可在 F440 单元格求出营业收入三年平均增长率，在 F441 单元格求出利润总额三年平均增长率，在 F442 单元格求出资本总额三年平均增长率。公式计算结果以及相应的分析如图 8-56 所示。

	项 目	2017年	2018年	2019年
			三年平均增长率计算表	=F423
437	营业收入	17800	=利润及利润分配表!F5	=利润及利润分配表!E5
438	利润总额	3500	=利润及利润分配表!F18	=利润及利润分配表!E18
439	资本总额	14000	=资产负债表!I41	=资产负债表!J41
440	营业收入三年平均增长率			=IF(D437=0, 0, ((F437/D437)^0.5-1))
441	利润总额三年平均增长率			=IF(D438=0, 0, ((F438/D438)^0.5-1))
442	资本总额三年平均增长率			=IF(D439=0, 0, ((F439/D439)^0.5-1))

图 8-55 设置三年平均增长率公式

	项 目	2017年	2018年	2019年
			三年平均增长率计算表	金额单位:千元
437	营业收入	17,800.00	18,800.00	21,200.00
438	利润总额	3,500.00	4,000.00	4,200.00
439	资本总额	14,000.00	14,600.00	16,500.00
440	营业收入三年平均增长率			9.13%
441	利润总额三年平均增长率			9.54%
442	资本总额三年平均增长率			8.56%
443	其中,资本总额=所有者权益总额。			

图 8-56 三年平均增长率计算结果

任务五 应用 Excel 进行综合分析

一、任务目的及要求

目的:通过本次任务,读者能够学会运用 Excel 进行综合分析。

要求:由 6 人组成一个学习小组,共同学习综合分析的有关知识,共同探讨应用 Excel 进行综合分析的方法并实际操作,从而学会应用 Excel 进行综合分析。

二、背景知识

财务状况综合分析是指对各种财务指标进行系统、综合的分析,以便对企业的财务状况做出全面合理的评价。企业的财务状况是一个完整的系统,内部各种因素相互依存、相互作用,所以进行财务分析要了解企业财务状况内部的各项因素及其相互之间的关系,这样才能比较全面地揭示企业财务状况的全貌。下面主要介绍杜邦分析法。

杜邦分析法是对企业财务状况进行综合分析，通过分析几项主要的财务指标及其指标之间的关系，直观、明了地反映出综合财务状况。该分析法是由美国杜邦公司的经理创造的，因此称之为杜邦分析系统。该方法主要以股东权益报酬率（又称净资产收益率）为切入点进行分析。股东权益报酬率的计算公式为

股东权益报酬率（净资产收益率）=总资产报酬率×权益乘数

=营业净利率×总资产周转率×权益乘数

其中，营业净利率=净利润÷营业收入；总资产周转率=营业收入÷平均资产总额；权益乘数=平均资产总额÷平均所有者权益总额。

杜邦分析体系的作用在于解释指标变动的原因和变动趋势，为决策者采取措施指明方向。从杜邦分析系统中可以了解到下面的财务信息。

（1）股东权益报酬率是一个综合性极强、最有代表性的财务比率，它是杜邦系统的核心。企业财务管理的重要目标之一就是实现股东财富的最大化，股东权益报酬率反映了股东投入资金的获利能力，反映了企业筹资、投资和生产运营等各方面经营活动的效率。股东权益报酬率取决于企业的总资产报酬率和权益乘数。总资产报酬率主要反映企业运用资产进行生产经营活动的效率如何，而权益乘数则主要反映了企业的筹资情况，即企业资金的来源结构。

（2）总资产报酬率是反映企业获利能力的一个重要财务比率，它揭示了企业生产经营活动的效率，综合性极强。企业的营业收入、成本费用、资产结构、资产周转速度以及资金占用量等各种因素都直接影响资产报酬率的高低。总资产报酬率是营业净利率与总资产周转率的乘积。因此，可以从企业的销售活动与资产管理各方面来对其进行分析。

（3）从企业的销售方面来看，营业净利率反映了企业的净利润与营业收入之间的关系。一般来说，营业收入增加，企业的净利也会随之增加。但是，要想提高营业净利率，则需要一方面提高营业收入，另一方面降低各种成本费用，这样才能使净利润的增长高于营业收入的增长，从而使营业净利率得到提高。

（4）在企业资产方面，主要应该分析以下两个方面：首先分析企业的资产结构是否合理，即流动资产与非流动资产的比例是否合理。资产结构实际上反映了企业资产的流动性，它不仅关系到企业的偿债能力，也会影响企业的获利能力。其次，结合营业收入，分析企业的资产周转情况。资产周转速度直接影响企业的获利能力，如果企业资产周转较慢，就会占用大量资金，增加资金成本，减少企业的利润。对资产周转情况，不仅要分析企业总资产周转率，更要分析企业的存货周转率与应收账款周转率，并将其周转情况与资金占用情况结合分析。

总之，从杜邦分析系统可以看出，企业的获利能力涉及生产经营活动的方方面面。股东权益报酬率与企业的筹资结构、销售规模、成本水平、资产管理等因素密切相关，这些因素构成了一个完整的系统，而系统内部各因素又相互作用。只有协调好系统内部各个因素之间的关系，才能使股东权益报酬率得到提高，从而实现股东财富最大化的理想目标。

三、应用 Excel 进行杜邦分析

下面以粤顺小家电厂三大报表为例，运用杜邦分析法分析该企业的综合发展情况。

（1）搭建股东权益报酬率框架。双击"综合指标分析"工作表，选中 G9 单元格并输入"股东权益报酬率"，在 I9 单元格输入公式"=E11*M11"，计算股东权益报酬率。在 D11 单元格输入"总资产净利率"，并在 E11 单元格输入公式"=C14*E14"，计算总资产净利率。在 K11 单元格输入"权益乘数"，并在 M11 单元格输入公式"=1/(1-M14)"，计算权益乘数，如图 8-57 所示。

图 8-57　搭建股东权益报酬率总体框架

（2）搭建计算权益乘数的框架。权益乘数=平均资产总额/平均所有者权益总额，而平均所有者权益总额=平均资产总额-平均负债总额，那么权益乘数=平均资产总额/(平均资产总额-平均负债总额)，此时分子分母同时除以"平均资产总额"，那么公式变为权益乘数=1/(1-平均负债总额/平均资产总额)=1/(1-资产负债率)。在 M11 单元格设置公式"=1/(1-M14)"，计算权益乘数，如图 8-58 所示。在 M14 单元格设置公式"=IF((M17+M18)=0,0,(K17+K18)/(M17+M18))"，计算资产负债率。在 K17、K18 单元格设置公式"=J21+K21""=J22+K22"，分别计算年初负债总额和年末负债总额。在 M17、M18 单元格设置公式"=M21+N21""=M22+N22"，分别计算年初资产总额和年末资产总额，如图 8-58 所示。在 J21、K21、J22、K22 分别设置公式，引入资产负债表中年初的流动负债和长期负债数据以及年末的流动负债和长期负债数据；在 M21、N21、M22、N22 分别设置公式，引入资产负债表中年初的流动资产和非流动资产以及年末的流动资产和非流动资产，如图 8-58 所示。

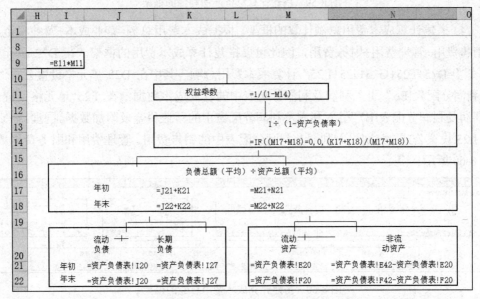

图 8-58　搭建计算权益乘数的框架

（3）搭建计算总资产净利率的框架。总资产净利率=营业净利率×总资产周转率，在

D11 单元格输入"总资产净利率"，在 E11 单元格设置公式"=C14*E14"，计算总资产净利率，其中 C14 单元格设置公式"=IF(D17=0,0,C17/D17)"计算营业净利率，E14 单元格设置公式"=IF(G17=0,0,F17/G17)"计算总资产周转率，如图 8-59 所示。因为净利润=营业收入-成本费用总额+投资收益+营业外收支净额-所得税费用，所以在 C18 单元格设置公式"=C21-D21+E21+F21-G21"计算净利润，在 D18 单元格设置公式"=C21"计算营业收入，在 F18 单元格设置公式"=C21"计算营业收入，在 G18 单元格设置公式"=(M17+M18)/2"计算资产平均总额。在 C22 单元格设置公式"=利润及利润分配表!E5"，引入利润及利润分配表中的营业收入，在 D22 单元格设置公式"=D25+F25+G25+J25+L25"，计算成本费用总额。同理，在 E22、F22、G22 单元格设置公式，分别引入利润及利润分配表中的投资收益、营业外收支净额以及所得税费用，如图 8-59 所示。

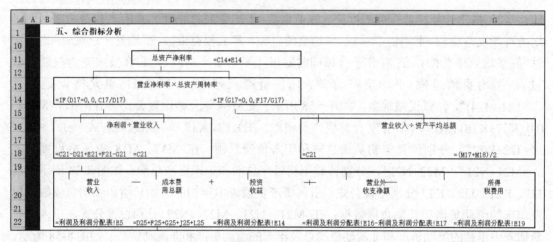

图 8-59　搭建计算总资产净利率的框架

（4）搭建计算成本费用总额计算的框架。根据成本费用总额=营业成本+营业税金及附加+销售费用+管理费用+财务费用，因此可以搭建计算成本费用的框架。在 D22 单元格设置公式"=D25+F25+G25+J25+L25"计算成本费用总额，其中在 D25 单元格设置公式"=利润及利润分配表!E6"引入利润及利润分配表中的营业成本数据，在 F25 单元格设置公式"=利润及利润分配表!E7"引入利润及利润分配表中的营业税金及附加数据。同理，在 G25、J25、L25 设置公式，分别引入利润及利润分配表中的销售费用、管理费用和财务费用数据，如图 8-60 所示。

图 8-60　搭建计算成本费用总额的框架

（5）股东权益报酬率计算结果。以上公式设置完毕并运行计算结果，如图 8-61 所示。

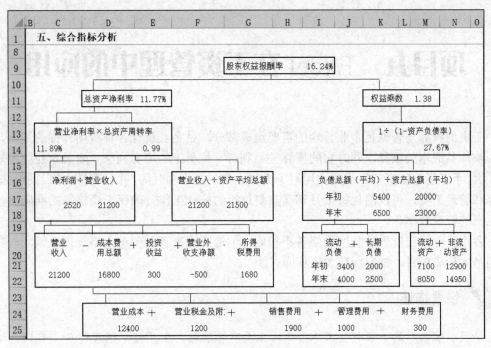

图 8-61 股东权益报酬率计算结果

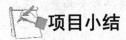 项目小结

通过本项目的学习，我们熟悉了使用 Excel 进行财务比率分析的方法。总的来说，使用 Excel 进行财务比率分析可以分成 5 个部分：偿债能力分析、营运能力分析、盈利能力分析、发展能力分析和综合分析。通过完成本项目的 5 个任务，我们重点了解了如何应用 Excel 进行各项财务比率分析，这些分析对我们以后的实际工作有很大的用处。

 思考与操作题

1. 思考题

（1）杜邦分析系统的起点是什么？

（2）杜邦分析的主要指标有哪些？

（3）杜邦分析指标之间的内在关系有哪些？

2. 操作题

在任务五中我们计算出粤顺小家电厂 2019 年的股东权益报酬率为 16.24%，那么根据粤顺小家电厂三大报表数据，其 2018 年的股东权益报酬率是多少？股东权益报酬率受营业净利率、总资产周转率、权益乘数 3 个指标的影响。请根据粤顺小家电厂的股东权益报酬率从 2018 年的数据变化到 2019 年的数据，分析以上 3 个指标对股东权益报酬率具体的影响程度。

项目九 Excel 在工资管理中的应用

工资的核算与管理是企业管理的重要组成部分，是企业进行各种费用计提的基础，直接影响产品成本的核算，同时它的核算关系到每一位员工的切实利益。随着企业业务规模的扩大，手工进行工资核算需要占用财务人员大量的精力和时间，并且容易出错。采用 Excel 核算和管理工资，可以简化每个月都需重复进行的统计工作，确保工资核算的准确性，提高工资的管理效率。

各个企业的工资管理制度虽然各不相同，但遵照国家有关劳动人事管理政策，一些工资的基本构成项目、制定标准大致相同。

 **情景描述**

粤顺小家电厂是一家小型工业企业，主要有管理部、生产部、销售部 3 个部门。该企业员工类别分为行政人员、技术人员、营销人员。每位员工的工资项目有基本工资、岗位工资、奖金、住房补助、事病假扣款、养老保险、医疗保险扣款、住房公积金扣款、代扣个人所得税。

2019 年 12 月粤顺小家电厂员工基本工资情况及该月出勤情况如表 9-1 所示。

表 9-1 2019 年 12 月粤顺小家电厂员工基本工资情况及出勤情况表

职工代码	部门	姓名	性别	年龄	职工类别	基本工资	事病假天数
1001	管理部	崔思君	男	50	行政人员	20,000	
1002	管理部	官利	女	40	行政人员	15,000	3
2001	销售部	费云龙	男	30	营销人员	5,000	
2002	销售部	李华	男	25	营销人员	4,000	
2003	销售部	张强	男	26	营销人员	4,500	5
3001	生产部	范勇	男	23	技术人员	3,500	
3002	生产部	何冰冰	女	23	技术人员	4,000	
2004	销售部	侯佳琪	女	21	营销人员	3,000	1
2005	销售部	詹志强	男	24	营销人员	3,500	
2006	销售部	刘洪	女	28	营销人员	8,000	
3003	生产部	张晓华	男	37	技术人员	10,000	2
3004	生产部	马洪	男	45	技术人员	12,000	
1003	管理部	刘晓红	女	35	行政人员	8,000	

其他工资项目的发放情况及相关规定如下：

（1）岗位工资：按照职工类别发放，管理人员为 1,500 元，技术人员为 1,200 元，营销人员为 1,000 元。

（2）住房补贴：按照职工类别发放，管理人员为 800 元，技术人员为 500 元，营销人员为 1,000 元。

（3）奖金：根据本月的考核结果，管理部 500 元/人，生产部 700 元/人，销售部 1,000 元/人。

（4）事病假扣款：一个月工作天数按照 20.92 天计算，扣款工资基数为基本工资与岗位工资之和。计算日平均固定工资后，根据病事假天数与日平均固定工资相乘计算病事假扣款。

（5）养老保险：个人缴款部分按照个人基本工资与岗位工资之和的 8%缴纳，由公司代扣代缴。

（6）医疗保险：个人缴款部分按照个人基本工资与岗位工资之和的 2%缴纳，由公司代扣代缴。

（7）住房公积金：个人缴款部分按照个人基本工资与岗位工资之和的 8%缴纳，不超过 1,417 元，由公司代扣代缴。

（8）个人所得税：个人所得税的免征额为 5,000 元。依据个人所得税税率表（见表 9-2）计算数额。

表 9-2　个人所得税税率表

级　　数	全月应纳税所得额/元	税率/%	速算扣除数/元
1	全月应纳税所得额≤3,000	3	0
2	3,000<全月应纳税所得额≤12,000	10	210
3	12,000<全月应纳税所得额≤25,000	20	1,410
4	25,000<全月应纳税所得额≤35,000	25	2,660
5	35,000<全月应纳税所得额≤55,000	30	4,410
6	55,000<全月应纳税所得额≤80,000	35	7,160
7	全月应纳税所得额>80,000	45	15,160

根据以上信息，编制 Excel 工作表，完成粤顺小家电厂 2019 年 12 月工资核算。

问题分析

运用 Excel 编制粤顺小家电厂的工资核算与管理表格可以具体分为以下 3 项任务，即任务一"编制员工基本数据表"；任务二"设置基本工资项目"；任务三"查询与汇总分析工资数据"。

学习目标

● 能够灵活运用 Excel 的常用函数，如 IF()函数、VLOOKUP()函数、CONCATENATE()函数等；
● 复习并灵活运用社会保险、个人所得税计算知识；
● 能够应用 Excel 编制工资核算表格。

任务一　编制员工基本数据表

一、任务目的及要求

目的：通过本次任务，读者能够根据以前学过的数据有效性、表格的设计与美化等知识，编制员工基本数据表，形成的表格如图 9-1 所示。

职工代码	部门	姓名	性别	年龄	职工类别	基本工资	事病假天数
1001	管理部	崔思君	男	50	行政人员	20,000	
1002	管理部	官利	女	40	行政人员	15,000	3
2001	销售部	费云龙	男	30	营销人员	5,000	
2002	销售部	李华	男	25	营销人员	4,000	
2003	销售部	张强	男	26	营销人员	4,500	5
3001	生产部	范勇	男	23	技术人员	3,500	
3002	生产部	何冰冰	女	23	技术人员	4,000	
2004	销售部	侯佳琪	女	21	营销人员	3,000	1
2005	销售部	詹志强	男	24	营销人员	3,500	
2006	销售部	刘洪	女	28	营销人员	8,000	
3003	生产部	张晓华	男	37	技术人员	10,000	2
3004	生产部	马洪	男	45	技术人员	12,000	
1003	管理部	刘晓红	女	35	行政人员	8,000	

图 9-1　粤顺小家电厂员工基本数据表

要求：由 3～6 人组成一个学习小组，在规定的时间内完成粤顺小家电厂员工基本数据表。

二、操作步骤

（1）新建工作表。打开 Excel 工作簿，命名为"工资表.xlsx"，在该工作簿中新建一张名为"基本工资数据"的工作表，如图 9-2 所示。

（2）输入公司名称及字段名。在"基本工资数据"表的第 1、2、3、4 行分别设置表的题目和相应字段，包括职工代码、部门、姓名、性别、年龄、职工类别、基本工资、事病假天数，如图 9-3 所示。

图 9-2　建立工作表

	A	B	C	D	E	F	G	H
1								
2	粤顺小家电厂基本数据表							
3								
4	职工代码	部门	姓名	性别	年龄	职工类别	基本工资	事病假天数

图 9-3　输入公司名称及字段名

（3）进行数据验证。按照表 9-1 的内容，依次在"基本工资数据"表中输入相应数据。为了输入方便并防止出错，可对某些数据段进行数据验证。例如，对"职工类别"数据段进行数据验证。将光标移至 F5 单元格，切换至"数据"选项卡的"数据工具"组，单击"数据验证"按钮，在弹出的下拉菜单中选择"数据验证"命令，弹出"数据验证"对话框，在"设置"选项卡的"允许"下拉列表框中选择"序列",在"来源"文本框中输入"行政人员,技术人员,营销人员",单击"确定"按钮即可,如图 9-4 所示。

图 9-4 设置"数据验证"

▶ **注意:** 在设置单元格的数据验证时,需要特别注意两点:一是在"来源"文本框中输入数据时使用半角的逗号,即英语输入模式下的逗号;二是输入时应避免使用键盘上的上下左右键移动光标,因为在设置数据验证时,这些键是用来移动选中的单元格的。

(4)使用自动填充功能。设置完毕后,使用自动填充功能,将 F5 单元格的有效性控制复制到 F 列其他单元格,将光标移动到 F5 单元格的右下角,此时光标变成"+",按住鼠标左键向下拖动即可。

(5)用同样的方法,对其他需要设置数据验证的数据段进行设置,再根据表 9-1,将数据输入 Excel 表,并通过"开始"选项卡的"字体"组与"对齐方式"组设计、美化工作表,形成的效果如图 9-1 所示。

任务二 设置基本工资项目

一、任务目的及要求

目的:通过本次任务,读者学会如何应用 Excel 的公式设置基本工资项目。

要求:由 3～6 人组成一个学习小组,共同学习如何应用 Excel 设置基本工资项目,如交通补助、奖金、病事假扣款、养老保险、医疗保险、住房公积金、个人所得税。

二、操作步骤

数据输入的基础是基本工资项目的设置,本任务将带领读者设置岗位工资、交通补助、奖金、病事假扣款、养老保险、医疗保险、住房公积金、个人所得税项目。

首先需建立工资项目。在"工资表"工作簿中增加一张"工资项目"工作表，将"基本工资数据"表中的数据复制到"工资项目"中，如图 9-5 所示。在第 4 行，自第 I 列起，分别输入"岗位工资""住房补贴""奖金""应发合计""事病假扣款""养老保险""医疗保险""住房公积金""应发工资""应纳税所得额""个人所得税""实发合计"。

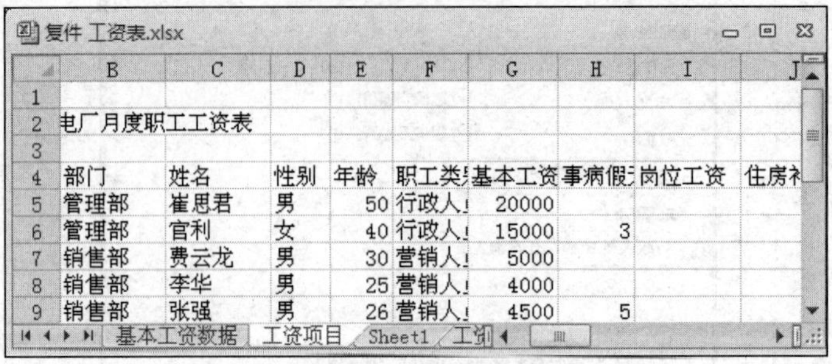

图 9-5　设置工资项目

1. 设置"岗位工资"项目

（1）岗位工资按照职工类别发放，行政人员为 1,500 元，技术人员为 1,200 元，营销人员为 1,000 元。该语句可以通过 IF() 函数实现。将光标移至 I5 单元格，首先输入"="，切换至"公式"选项卡的"函数库"组，单击"插入函数"按钮，弹出"插入函数"对话框，选择 IF() 函数并输入相应参数，形成函数"=IF(F5="行政人员", 1500,IF(F5="技术人员", 1200,1000))"，如图 9-6 所示。

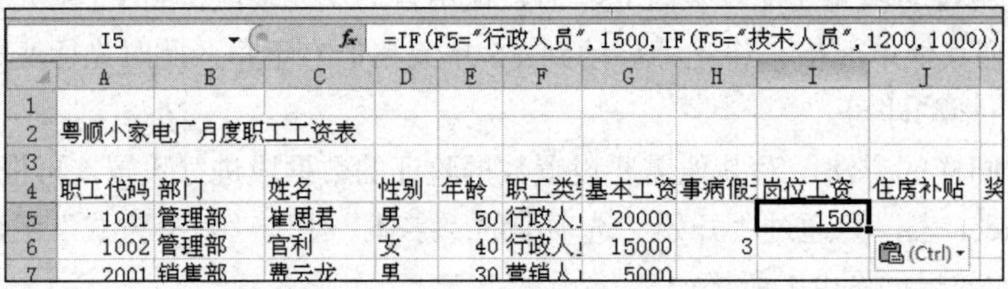

图 9-6　设置"岗位工资"函数

（2）将 I5 单元格的公式复制到 I 列其他单元格，结果如图 9-7 所示。

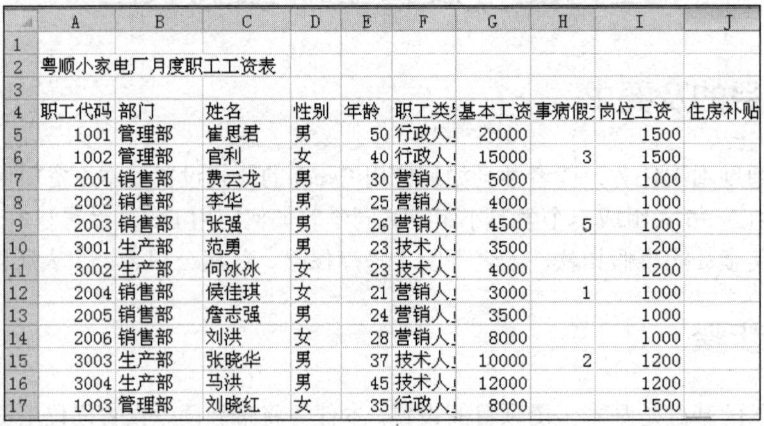

图 9-7　"岗位工资"设置结果

2. 设置"住房补贴"项目

（1）住房补贴按照职工类别发放，管理人员为 800 元，技术人员为 500 元，营销人员为 1,000 元。该语句可以通过 IF() 函数实现。在 J5 单元格插入 IF() 函数，并设置相应参数，形成函数"=IF(F5="行政人员",800,IF(F5="技术人员",500,1000))"，如图 9-8 所示。

J5				fx	=IF(F5="行政人员",800,IF(F5="技术人员",500,1000))		
名称框	B	C	H	I	J	K	L
1							
2	粤顺小家电厂月度职工工资表						
3							
4	职工代码 部门	姓名	事病假	岗位工资	住房补贴	奖金	应发合计 事病假
5	1001 管理部	崔思君		1500	800		
6	1002 管理部	官利	3	1500			

图 9-8　设置"住房补贴"函数

（2）将 J5 单元格的公式复制到 J 列其他单元格，结果如图 9-9 所示。

	A	B	C	H	I	J	K	L
1								
2	粤顺小家电厂月度职工工资表							
3								
4	职工代码	部门	姓名	事病假	岗位工资	住房补贴	奖金	应发合计
5	1001	管理部	崔思君		1500	800		
6	1002	管理部	官利	3	1500	800		
7	2001	销售部	费云龙		1000	1000		
8	2002	销售部	李华		1000	1000		
9	2003	销售部	张强	5	1000	1000		
10	3001	生产部	范勇		1200	500		
11	3002	生产部	何冰冰		1200	500		
12	2004	销售部	侯佳琪	1	1000	1000		
13	2005	销售部	詹志强		1000	1000		
14	2006	销售部	刘洪		1000	1000		
15	3003	生产部	张晓华	2	1200	500		
16	3004	生产部	马洪		1200	500		
17	1003	管理部	刘晓红		1500	800		

图 9-9　"住房补贴"设置结果

3. 设置"奖金"项目

（1）奖金根据本月的考核结果，管理部 500 元/人，生产部 700 元/人，销售部 1,000元/人。该语句可以通过 IF() 函数实现。在 K5 单元格插入 IF() 函数，并设置该函数的各项参数，形成函数"=IF(B5="管理部",500,IF(B5="生产部",700,1000))"，如图 9-10 所示。

K5				fx	=IF(B5="管理部",500,IF(B5="生产部",700,1000))		
	A	B	C	H	I	J	K	L
1								
2	粤顺小家电厂月度职工工资表							
3								
4	职工代码 部门		姓名	事病假	岗位工资	住房补贴	奖金	应发合计 事
5	1001 管理部		崔思君		1500	800	500	
6	1002 管理部		官利	3	1500	800		

图 9-10　设置"奖金"函数

（2）将 K5 单元格的公式复制到 K 列其他单元格，结果如图 9-11 所示。

图 9-11 "奖金"设置结果

4. 设置"应发合计"项目

（1）将光标移至 L5 单元格，输入公式"=G5+I5+J5+K5"，如图 9-12 所示。

图 9-12 设置"应发合计"函数

（2）将 L5 单元格的公式复制到 L 列其他单元格中，结果如图 9-13 所示。

图 9-13 "应发合计"设置结果

5. 设置"事病假扣款"项目

（1）事病假扣款，一个月工作天数按照 20.92 天计算，扣款工资基数为基本工资与岗位工资之和。计算日平均固定工资后，根据病事假天数与日平均固定工资相乘计算事病假扣款。将光标移至 M5 单元格，插入 IF() 函数并设置相应参数，形成函数"=(G5+I5)/20.92*H5"，如图 9-14 所示。

（2）将 M5 单元格的公式复制到 M 列其他单元格，设置 M 列单元格格式为保留两位小数，使用千位分隔符，结果如图 9-15 所示。

图 9-14 设置"事病假扣款"函数

	A	B	C	L	M	N
1						
2	粤顺小家电厂月度职工工资表					
3						
4	职工代码	部门	姓名	应发合计	事病假扣款	养老保险
5	1001	管理部	崔思君	22800	0.00	
6	1002	管理部	官利	17800	2,366.16	
7	2001	销售部	费云龙	8000	0.00	
8	2002	销售部	李华	7000	0.00	
9	2003	销售部	张强	7500	1,314.53	
10	3001	生产部	范勇	5900	0.00	
11	3002	生产部	何冰冰	6400	0.00	
12	2004	销售部	侯佳琪	6000	191.20	
13	2005	销售部	詹志强	6500	0.00	
14	2006	销售部	刘洪	11000	0.00	
15	3003	生产部	张晓华	12400	1,070.75	
16	3004	生产部	马洪	14400	0.00	
17	1003	管理部	刘晓红	10800	0.00	

图 9-15 "事病假扣款"设置结果

6. 设置"养老保险"项目

（1）养老保险，个人缴款部分按照个人基本工资与岗位工资之和的 8% 缴纳，由公司代扣代缴。将光标移至 N5 单元格，在该单元格输入公式"=(G5+I5)*8%"，如图 9-16 所示。

	A	B	C	M	N	O
1						
2	粤顺小家电厂月度职工工资表					
3						
4	职工代码	部门	姓名	事病假扣款	养老保险	医疗保险
5	1001	管理部	崔思君	0.00	1,720.00	
6	1002	管理部	官利	2,366.16		
7	2001	销售部	费云龙			

图 9-16 设置"养老保险"函数

（2）将 N5 单元格的公式复制到 N 列其他单元格，结果如图 9-17 所示。

	A	B	C	M	N	O	P
1							
2	粤顺小家电厂月度职工工资表						
3							
4	职工代码	部门	姓名	事病假扣款	养老保险	医疗保险	住房公积金
5	1001	管理部	崔思君	0.00	1,720.00		
6	1002	管理部	官利	2,366.16	1,320.00		
7	2001	销售部	费云龙	0.00	480.00		
8	2002	销售部	李华	0.00	400.00		
9	2003	销售部	张强	1,314.53	440.00		
10	3001	生产部	范勇	0.00	376.00		
11	3002	生产部	何冰冰	0.00	416.00		
12	2004	销售部	侯佳琪	191.20	320.00		
13	2005	销售部	詹志强	0.00	360.00		
14	2006	销售部	刘洪	0.00	720.00		
15	3003	生产部	张晓华	1,070.75	896.00		
16	3004	生产部	马洪	0.00	1,056.00		
17	1003	管理部	刘晓红	0.00	760.00		

图 9-17 "养老保险"设置结果

7. 设置"医疗保险"项目

（1）医疗保险，个人缴款部分按照个人基本工资与岗位工资之和的 2%缴纳，由公司代扣代缴。将光标移至 O5 单元格，输入公式"=(G5+I5)*2%"，如图 9-18 所示。

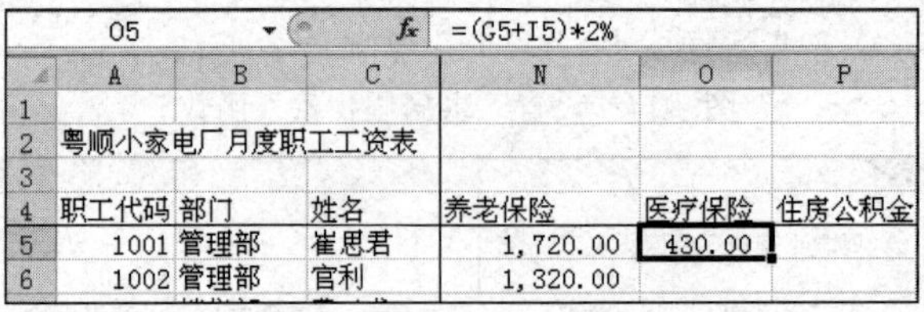

图 9-18　设置"医疗保险"函数

（2）将 O5 单元格的公式复制到 O 列其他单元格中，结果如图 9-19 所示。

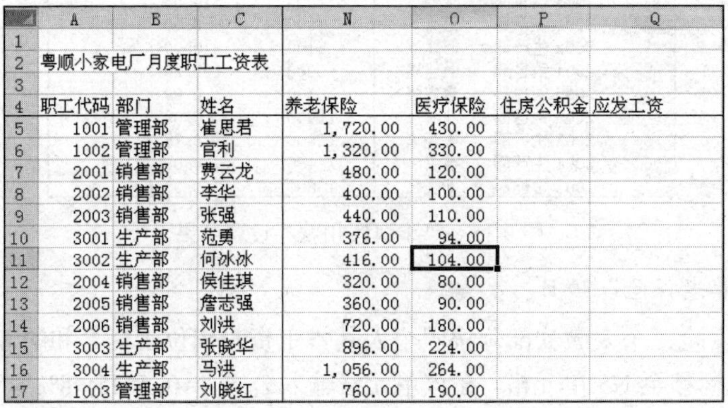

图 9-19　"医疗保险"设置结果

8. 设置"住房公积金"项目

（1）住房公积金，个人缴款部分按照个人基本工资与岗位工资之和的 8%缴纳，不超过 1,417 元，由公司代扣代缴。将光标移至 P5 单元格，输入公式"=IF((G5+I5)*8%<1417，(G5+I5)*8%,1417)"，如图 9-20 所示。

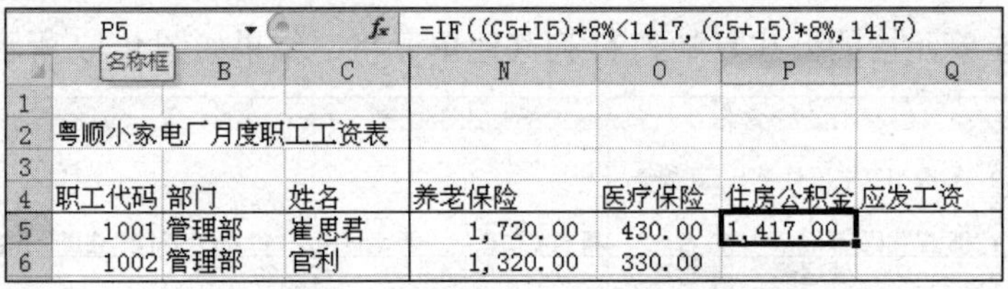

图 9-20　设置"住房公积金"函数

（2）将 P5 单元格的公式复制到 P 列其他单元格，结果如图 9-21 所示。

9. 设置"应发工资"项目

（1）应发工资=基本工资+岗位工资+住房补贴+奖金-事病假扣款-养老保险-医疗保险-住房公积金。又因应发合计=基本工资+岗位工资+住房补贴+奖金，所以应发工资=应发合计-事病假扣款-养老保险-医疗保险-住房公积金。将光标移至 Q5 单元格，输入公式"=L5-M5-N5-O5-P5"，如图 9-22 所示。

	A	B	C	N	O	P	Q
1							
2	粤顺小家电厂月度职工工资表						
3							
4	职工代码	部门	姓名	养老保险	医疗保险	住房公积金	应发工资
5	1001	管理部	崔思君	1,720.00	430.00	1,417.00	
6	1002	管理部	官利	1,320.00	330.00	1,320.00	
7	2001	销售部	费云龙	480.00	120.00	480.00	
8	2002	销售部	李华	400.00	100.00	400.00	
9	2003	销售部	张强	440.00	110.00	440.00	
10	3001	生产部	范勇	376.00	94.00	376.00	
11	3002	生产部	何冰冰	416.00	104.00	416.00	
12	2004	销售部	侯佳琪	320.00	80.00	320.00	
13	2005	销售部	詹志强	360.00	90.00	360.00	
14	2006	销售部	刘洪	720.00	180.00	720.00	
15	3003	生产部	张晓华	896.00	224.00	896.00	
16	3004	生产部	马洪	1,056.00	264.00	1,056.00	
17	1003	管理部	刘晓红	760.00	190.00	760.00	

图 9-21 "住房公积金"设置结果

Q5 · fx =L5-M5-N5-O5-P5

	B	C	O	P	Q	R
1						
2	粤顺小家电厂月度职工工资表					
4	部门	姓名	医疗保险	住房公积金	应发工资	应纳税所得额
5	管理部	崔思君	430.00	1,417.00	19,233.00	
6	管理部	官利	330.00	1,320.00		

（表头：职工代码 部门）

图 9-22 设置"应发工资"函数

（2）将 Q5 单元格的公式复制到 Q 列其他单元格，结果如图 9-23 所示。

	A	B	C	O	P	Q	R
1							
2	粤顺小家电厂月度职工工资表						
3							
4	职工代码	部门	姓名	医疗保险	住房公积金	应发工资	应纳税所得额
5	1001	管理部	崔思君	430.00	1,417.00	19,233.00	
6	1002	管理部	官利	330.00	1,320.00	12,463.84	
7	2001	销售部	费云龙	120.00	480.00	6,920.00	
8	2002	销售部	李华	100.00	400.00	6,100.00	
9	2003	销售部	张强	110.00	440.00	5,195.47	
10	3001	生产部	范勇	94.00	376.00	5,054.00	
11	3002	生产部	何冰冰	104.00	416.00	5,464.00	
12	2004	销售部	侯佳琪	80.00	320.00	5,088.80	
13	2005	销售部	詹志强	90.00	360.00	5,690.00	
14	2006	销售部	刘洪	180.00	720.00	9,380.00	
15	3003	生产部	张晓华	224.00	896.00	9,313.25	
16	3004	生产部	马洪	264.00	1,056.00	12,024.00	
17	1003	管理部	刘晓红	190.00	760.00	9,090.00	

图 9-23 "应发工资"设置结果

10. 设置"应纳税所得额"项目

（1）个人所得税的免征额为 5,000 元。因此应纳税所得额=应发工资-5,000。将光标移至 R5 单元格，输入公式"=Q5-5000"，如图 9-24 所示。

R5 · × ✓ fx =Q5-5000

	A	B	C	P	Q	R	S	T	U
1									
2	粤顺小家电厂月度职工工资表								
4	职工代码	部门	姓名	住房公积金	应发工资	应纳税所得额	个人所得税	实发合计	
5	1001	管理部	崔思君	1,417.00	19,233.00	14,233.00			
6	1002	管理部	官利	1,320.00	12,463.84				

图 9-24 设置"应纳税所得额"函数

（2）将 R5 单元格的公式复制到 R 列其他单元格，结果如图 9-25 所示。

	A	B	C	P	Q	R	S	T
1								
2	粤顺小家电厂月度职工工资表							
3								
4	职工代码	部门	姓名	住房公积金	应发工资	应纳税所得额	个人所得税	实发合计
5	1001	管理部	崔思君	1,417.00	19,233.00	14,233.00		
6	1002	管理部	官利	1,320.00	12,463.84	7,463.84		
7	2001	销售部	费云龙	480.00	6,920.00	1,920.00		
8	2002	销售部	李华	400.00	6,100.00	1,100.00		
9	2003	销售部	张强	440.00	5,195.47	195.47		
10	3001	生产部	范勇	376.00	5,054.00	54.00		
11	3002	生产部	何冰冰	416.00	5,464.00	464.00		
12	2004	销售部	侯佳琪	320.00	5,088.80	88.80		
13	2005	销售部	詹志强	360.00	5,690.00	690.00		
14	2006	销售部	刘洪	720.00	9,380.00	4,380.00		
15	3003	生产部	张晓华	896.00	9,313.25	4,313.25		
16	3004	生产部	马洪	1,056.00	12,024.00	7,024.00		

图 9-25　"应纳税所得额"设置结果

11. 设置"个人所得税"项目

（1）企业个人所得税采取七级超额累进税制，各级税率表如表 9-2 所示。该语句可以通过 IF()函数的七层嵌套实现。将光标移至 S5 单元格，输入公式"=IF(R5<=3000,R5*3%, IF(R5<=12000,R5*10%-210,IF(R5<=25000,R5*20%-1410,IF(R5<=35000,R5*25%-2660,IF(R5<=55000,R5*30%-4410,IF(R5<=80000,R5*35%-7160,R5*45%-15160))))))"，如图 9-26 所示。

S5			× ✓ fx	=IF(R5<=3000,R5*3%,IF(R5<=12000,R5*10%-210,IF(R5<=25000,R5*20%-1410,IF(R5<=35000,R5*25%-2660,IF(R5<=55000,R5*30%-4410,IF(R5<=80000,R5*35%-7160,R5*45%-15160))))))				
	A	B	C	P	Q	R	S	T	U
1								
2	粤顺小家电厂月度职工工资表							
3								
4	职工代码	部门	姓名	住房公积金	应发工资	应纳税所得额	个人所得税	实发合计
5	1001	管理部	崔思君	1,417.00	19,233.00	14,233.00	1,436.60	
6	1002	管理部	官利	1,320.00	12,463.84	7,463.84		

图 9-26　设置"个人所得税"函数

（2）将 S5 单元格的公式复制到 S 列其他单元格，结果如图 9-27 所示。

	A	B	C	P	Q	R	S
1							
2	粤顺小家电厂月度职工工资表						
3							
4	职工代码	部门	姓名	住房公积金	应发工资	应纳税所得额	个人所得税
5	1001	管理部	崔思君	1,417.00	19,233.00	14,233.00	1,436.60
6	1002	管理部	官利	1,320.00	12,463.84	7,463.84	536.38
7	2001	销售部	费云龙	480.00	6,920.00	1,920.00	57.60
8	2002	销售部	李华	400.00	6,100.00	1,100.00	33.00
9	2003	销售部	张强	440.00	5,195.47	195.47	5.86
10	3001	生产部	范勇	376.00	5,054.00	54.00	1.62
11	3002	生产部	何冰冰	416.00	5,464.00	464.00	13.92
12	2004	销售部	侯佳琪	320.00	5,088.80	88.80	2.66
13	2005	销售部	詹志强	360.00	5,690.00	690.00	20.70
14	2006	销售部	刘洪	720.00	9,380.00	4,380.00	228.00
15	3003	生产部	张晓华	896.00	9,313.25	4,313.25	221.33
16	3004	生产部	马洪	1,056.00	12,024.00	7,024.00	492.40
17	1003	管理部	刘晓红	760.00	9,090.00	4,090.00	199.00

图 9-27　"个人所得税"设置结果

12. 设置"实发合计"项目

（1）实发合计=应发工资-个人所得税。将光标移至 T5 单元格，输入公式"=Q5-S5"，如图 9-28 所示。

图 9-28　设置"实发合计"函数

（2）将 T5 单元格中的公式复制到 T 列其他单元格，结果如图 9-29 所示。

图 9-29　"实发合计"设置结果

任务三　查询与汇总分析工资数据

一、任务目的及要求

目的：通过本次任务，读者能够利用 Excel 的筛选功能、数据透视表功能查询并汇总分析工资数据。

要求：由 3～6 人组成一个学习小组，在规定的时间内完成工资数据的查询和汇总分析。

二、查询工资数据

要查询工资表的工资数据必须用到 Excel 的筛选功能。将光标移至工资数据清单中任何一个单元格，然后切换至"数据"选项卡的"排序和筛选"组，单击"筛选"按钮，该工资数据清单即进入筛选状态，如图 9-30 所示。

职工代	部门	姓名	性别	年龄	职工类别	基本工资	事病	岗位工资	住房补贴
	粤顺小家电厂月度职工工资表								
1001	管理部	崔思君	男	50	行政人员	20000		1500	800
1002	管理部	官利	女	40	行政人员	15000	3	1500	800
2001	销售部	费云龙	男	30	营销人员	5000		1000	1000
2002	销售部	李华	男	25	营销人员	4000		1000	1000
2003	销售部	张强	男	26	营销人员	4500	5	1000	1000
3001	生产部	范勇	男	23	技术人员	3500		1200	500
3002	生产部	何冰冰	女	23	技术人员	4000		1200	500
2004	销售部	侯佳琪	女	21	营销人员	3000	1	1000	1000
2005	销售部	詹志强	男	24	营销人员	3500		1000	1000
2006	销售部	刘洪	女	28	营销人员	8000		1000	1000
3003	生产部	张晓华	男	37	技术人员	10000	2	1200	500
3004	生产部	马洪	男	45	技术人员	12000		1200	500
1003	管理部	刘晓红	女	35	行政人员	8000		1500	800

图 9-30　工资表的筛选

【例 9-1】

查询何冰冰的工资清单。

【操作步骤】

（1）单击"姓名"字段名右侧的下拉按钮。

（2）在弹出的下拉菜单的"文本筛选"中输入"何冰冰"，如图 9-31 所示。

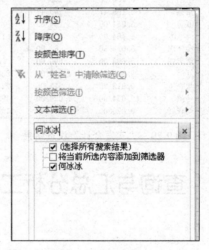

图 9-31　筛选菜单

（3）单击"确定"按钮，数据筛选结果如图 9-32 所示。

职工代	部门	姓名	性别	年龄	职工类别	基本工资	事病
	粤顺小家电厂月度职工工资表						
3002	生产部	何冰冰	女	23	技术人员	4000	

图 9-32　筛选"何冰冰"工资清单

【例 9-2】

查询营销人员的工资清单。

【操作步骤】

（1）单击图 9-30 中"职工类别"字段名右侧的下拉按钮。

（2）弹出如图 9-33 所示的下拉菜单，在"文本筛选"下方选中"营销人员"复选框。

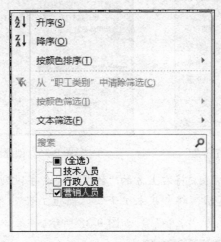

图 9-33 筛选菜单

（3）单击"确定"按钮，即筛选出"营销人员"的工资清单，如图 9-34 所示。

职工代 ▼	部门 ▼	姓名 ▼	性别▼	年龄▼	职工类别 ▼	基本工资 ▼	事病▼
2001	销售部	费云龙	男	30	营销人员	5000	
2002	销售部	李华	男	25	营销人员	4000	
2003	销售部	张强	男	26	营销人员	4500	5
2004	销售部	侯佳琪	女	21	营销人员	3000	1
2005	销售部	詹志强	男	24	营销人员	3500	
2006	销售部	刘洪	女	28	营销人员	8000	

图 9-34 筛选"营销人员"工资清单

三、汇总分析工资数据

我们可以利用 Excel 的数据透视表和数据透视图功能对工资数据进行汇总分析，具体举例如下。

【例 9-3】

统计不同部门员工的基本工资、岗位工资以及实发工资合计。

【操作步骤】

（1）选中工资数据清单中的任何一个单元格。

（2）单击"插入"选项卡"表格"组中的"数据透视表"按钮，在弹出的下拉菜单中选择"数据透视表"，如图 9-35 所示。

（3）弹出"创建数据透视表"对话框，在"请选择要分析的数据"中选中"选择一个表或区域"单选按钮，在"表/区域"中选择要进行数据透视的源数据清单区域，在"选择放置数据透视表的位置"中选中"新工作表"单选按钮，单击"确定"按钮，如图 9-36 所示。

图 9-35　选择"数据透视表"

图 9-36　创建数据透视表

（4）弹出空白数据透视表，将右上方的"数据透视表字段列表"（见图 9-37）中的"部门"字段拖到"行标签"区域，将"基本工资""岗位工资""实发合计"字段拖到"数值"区域，并设置汇总方式为"求和"，如图 9-38 所示。

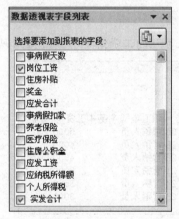

图 9-37　字段列表

图 9-38　区域列表

（5）按部门统计汇总的工资数据即形成，将该数据透视表中的数据设置为保留两位小数，使用千位分隔符，如图 9-39 所示。

	A	B	C	D
1				
2				
3	行标签 ▼	求和项:基本工资	求和项:岗位工资	求和项:实发合计
4	管理部	43,000.00	4,500.00	38,614.86
5	生产部	29,500.00	4,800.00	31,125.99
6	销售部	28,000.00	6,000.00	38,026.44
7	总计	100,500.00	15,300.00	107,767.28

图 9-39　按部门汇总工资数据结果

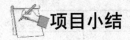

项目小结

通过本项目的学习，我们运用 Excel 进行了工资的核算与管理，运用 IF()函数的嵌套功能设计公式完成了工资项目的设置，尤其是个人所得税的计算设置。我们在本项目中复习了工作表的格式设置知识，掌握了工资数据的查询与汇总分析方法，并进一步巩固了数据清单的筛选、数据透视表知识。

思考与操作题

1. 思考题

（1）运用 Excel 进行工资核算与管理的流程是什么？

（2）工资核算的项目主要包括哪些？

（3）如何运用 IF()函数以及 IF()函数的嵌套？

（4）如何计算个人所得税？

（5）如何在工资核算表格中运用数据筛选以及数据透视表功能？

2. 操作题

华兴公司的工资项目如下：基本工资、职务补贴、福利补贴、交通补贴、奖金、缺勤扣款、住房公积金、缺勤天数等。2019 年 12 月该公司员工基本情况如表 9-3 所示。

表 9-3　2019 年 12 月华兴公司员工基本情况表

职员编号	人员姓名	性　别	学　历	所属部门	人员类别
001	杨文	男	大学	人事部	企业管理人员
002	周建	男	大学	财务部	企业管理人员
003	王东	男	大学	财务部	企业管理人员
004	张平	女	大学	财务部	企业管理人员
005	杨明	男	大学	供应部	经营人员
006	汪波	男	大学	销售科	经营人员
007	韩晓乐	男	大专	销售科	经营人员
008	刘伟	男	大专	生产部	车间管理人员
009	齐奇	男	高中	生产部	生产工人

2019 年 12 月有关的工资数据表如表 9-4 所示。

表 9-4　2019 年 12 月华兴公司员工工资数据表

职员编号	人员姓名	基本工资	职务补贴	福利补贴	奖　金	缺勤天数
001	杨文	3,000	2,000	200	800	
002	周建	2,300	1,500	200	800	
003	王东	1,800	1,000	200	800	3

续表

职 员 编 号	人 员 姓 名	基 本 工 资	职 务 补 贴	福 利 补 贴	奖 金	缺 勤 天 数
004	张平	2,300	1,000	200	800	
005	杨明	1,500	900	200	1,000	
006	汪波	1,500	900	200	1,200	
007	韩晓乐	1,500	900	200	1,200	
008	刘伟	2,000	1,000	200	1,100	
009	齐奇	1,200		200	1,000	3

部分工资项目的算法如下。

（1）缺勤扣款=基本工资÷22×缺勤天数。

（2）企业管理人员和经营人员交通补助为 200 元，其他人员的交通补助为 60 元。

（3）住房公积金=(基本工资+职务补贴+福利补贴+奖金)×0.08

（4）个人所得税应在"实发工资"扣除 5,000 元后计税，税率表如表 9-2 所示。

要求：根据以上信息，应用 Excel 编制华兴公司 2019 年 12 月的工资核算表。

项目十 Excel 在固定资产管理中的应用

固定资产管理涉及固定资产卡片管理、固定资产折旧计算、固定资产查询和固定资产折旧费用分析等方面知识。由于单位价值较大、使用年限较长，因此固定资产管理在企业财务管理中占有特殊的地位，利用 Excel 可以方便地建立固定资产卡片，计提固定资产折旧并进行固定资产卡片查询以及折旧的汇总分析。

 情景描述

粤顺小家电厂是一家小型工业企业，其固定资产有建筑物、厂房、生产线、电脑等。固定资产卡片一般包括卡片编号、固定资产编号、固定资产名称、类别编号、类别名称、部门名称、使用状况、使用年限、折旧方法、开始使用日期、币种、原值、净残值率等项目。

2019 年 12 月粤顺小家电厂固定资产情况如表 10-1 所示。

表 10-1　2019 年 12 月粤顺小家电厂固定资产情况表

卡片编号	00001	00002	00003	00004	00005
固定资产编号	01100001	01200002	02100001	02100002	02200001
固定资产名称	1 号楼	2 号楼	A 生产线	B 生产线	电脑
类别编号	011	012	021	021	022
类别名称	办公楼	厂房	生产线	生产线	办公设备
部门名称	人事部	生产部	生产部	生产部	财务部
使用状况	在用	在用	在用	在用	在用
使用年限	30 年	30 年	10 年	10 年	5 年
折旧方法	平均年限法	平均年限法	双倍余额递减法	双倍余额递减法	年数总和法
开始使用日期	2018-12-01	2018-05-10	2018-12-02	2019-01-20	2019-04-04
币种	人民币	人民币	人民币	人民币	人民币
原值	4,120,000	4,500,000	200,000	300,000	8,000
净残值率	2%	2%	3%	3%	3%

请根据以上信息，运用 Excel 编制粤顺小家电厂的固定资产卡片，计算本月固定资产折旧，查询固定资产卡片并对本月固定资产折旧进行汇总分析。

 问题分析

可以将以上工作分为 3 项任务，即任务一"编制固定资产卡片"；任务二"计提固定资产折旧"；任务三"查询与汇总分析固定资产数据"。在任务二中，我们主要用到几个

折旧函数，分别是直线折旧函数 SLN()、双倍余额递减函数 DDB()、年数总和函数 SYD()。在任务三中，需要运用数据清单的筛选功能和数据透视表功能。

 学习目标

● 复习并灵活运用固定资产折旧核算与固定资产管理知识；
● 会灵活运用 Excel 的折旧函数，如 SLN()函数、DDB()函数、SYD()函数；
● 会灵活运用数据清单的筛选、数据透视表功能。

任务一　编制固定资产卡片

一、任务目的及要求

目的：通过本次任务，读者能够根据以前学过的数据验证、表格的设计与美化知识编制固定资产卡片，形成如图 10-1 所示的表格。

卡片编号	固定资产编号	固定资产名称	类别编号	类别名称	部门名称	使用状况	使用年限	折旧方法	开始使用日期	币种	原值
\multicolumn{12}{c}{粤顺小家电厂固定资产卡片}
00001	01100001	1号楼	011	办公楼	人事部	在用	30年	平均年限法	2018-12-01	人民币	4120000
00002	01200002	2号楼	012	厂房	生产部	在用	30年	平均年限法	2018/5/10	人民币	4500000
00003	02100001	A生产线	021	生产线	生产部	在用	10年	双倍余额递减法	2018/12/2	人民币	200000
00004	02100002	B生产线	021	生产线	生产部	在用	10年	双倍余额递减法	2019/1/20	人民币	300000
00005	02200001	电脑	022	办公设备	财务部	在用	5年	年数总和法	2019/4/4	人民币	8000

图 10-1　粤顺小家电厂固定资产卡片

要求：由 3～6 人组成一个学习小组，在规定的时间内完成粤顺小家电厂固定资产卡片的操作。

二、操作步骤

固定资产卡片在固定资产日常管理中非常常见，用来登记与固定资产有关的基本信息，虽然不同单位固定资产卡片的格式略有不同，但基本的字段是相同的，如都有资产编号、资产类别、资产名称、使用年限、购置日期、折旧方法等。下面详细介绍粤顺小家电厂固定资产卡片的建立步骤。

1. 新建工作表

打开 Excel 工作簿，命名为"固定资产管理.xlsx"，在该工作簿中新建一张名为"固定资产卡片"的工作表，如图 10-2 所示。

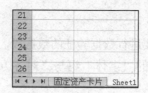

图 10-2　新建工作表

2. 输入公司名称及字段名

在"固定资产卡片"工作表的第 1、2、3、4 行分别设置表的题目和相应字段，包括卡片编号、固定资产编号、固定资产名称、类别编号、类别名称、部门名称、使用状况、使用年限、折旧方法、开始使用日期、币种、原值、净残值率，如图 10-3 所示。

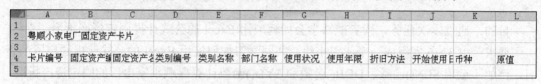

图 10-3　设置"固定资产卡片"字段

3. 进行数据验证

按照表 10-1 所示的内容，依次在"固定资产卡片"表中输入相应数据。为了输入方便并防止出错，可对某些数据段进行数据验证。例如，对"部门名称"数据段进行数据验证。将光标移至 F5 单元格，切换至"数据"选项卡的"数据工具"组，单击"数据验证"按钮，在弹出的下拉菜单中选择"数据验证"，弹出"数据验证"对话框，在"设置"选项卡中，将"允许"设置为"序列"，在"来源"处输入"财务部,人事部,生产部"，单击"确定"按钮，如图 10-4 所示。

图 10-4　设置数据验证

4. 使用自动填充功能

设置完毕后，使用自动填充功能，将 F5 单元格的数据验证复制到 F 列其他单元格，将光标移动到 F5 单元格的右下角，此时光标变成"+"，按住鼠标左键向下拖动即可。

5. 输入数据与设计工作表

用同样的方法，设置其他需要进行数据验证的数据段，再根据表 10-1，将数据输入 Excel 表中，并通过"开始"选项卡中的"字体"组与"对齐方式"组设计、美化工作表，形成的效果如图 10-1 所示。

任务二　计提固定资产折旧

一、任务目的及要求

目的：通过本次任务，读者能够学会如何应用 Excel 的公式计提固定资产折旧。

要求：由 3～6 人组成一个学习小组，共同学习如何应用 Excel 的公式计提固定资产折旧。例如，运用 SLN()函数、DDB()函数和 SYD()函数计算粤顺小家电厂的固定资产折旧，形成如图 10-5 所示的表格。

卡片编号	固定资产编号	固定资产名称	累计折旧	月折旧额	月折旧率	净值
00001	01100001	1号楼	123,371.11	11,215.56	0.27%	3,985,413.33
00002	01200002	2号楼	220,500.00	12,250.00	0.27%	4,267,250.00
00003	02100001	A生产线	33,758.91	2,770.68	1.39%	163,470.40
00004	02100002	B生产线	46,411.90	4,226.47	1.41%	249,361.63
00005	02200001	电脑	1,691.93	224.74	2.81%	6,083.32

图 10-5　粤顺小家电厂固定资产折旧表

二、背景知识

本任务涉及的固定资产折旧方法有 3 个，即直线折旧法、双倍余额递减法和年数总和法。

1. 直线折旧法

直线折旧法又称年限平均法，是将固定资产折旧均衡地分摊到各期的一种方法，采用这种方法计算折旧的公式为

$$年折旧额 = \frac{固定资产 - 净残值}{使用年限}$$

在 Excel 中，直线折旧函数为 SLN()函数，其语法如下：

SLN(cost,salvage,life)

其中各参数的意义如下。

● cost：固定资产入账价值。

● salvage：固定资产净残值。

● life：固定资产进行折旧计算的周期总数，也称固定资产的生命周期。

2．双倍余额递减法

双倍余额递减法是在不考虑固定资产残值的情况下，根据每期初固定资产账面余额和双倍的直线法折旧率，计算固定资产折旧的一种方法。计算公式为

$$年折旧率 = \frac{2}{预计折旧年限} \times 100\%$$

$$年折旧额 = （固定资产原值-预计净残值）\times 年折旧率$$

在 Excel 中，双倍余额递减法的折旧函数为 DDB()函数，其语法如下：

DDB(cost,salvage,life,period,factor)

其中各参数的意义如下。

● cost：固定资产入账价值。

● salvage：固定资产净残值。

● life：固定资产进行折旧计算的周期总数，也称固定资产的生命周期。

● period：需要计提折旧的期间。

● factor：余额递减速率，如果省略，则为双倍余额递减，即默认为 2。

3．年数总和法

年数总和法又称合计年限法，是将固定资产的原值减去净残值后的净额乘以一个逐年递减的分数计算每年的折旧额，这个分数的分子代表固定资产尚可使用的年数，分母代表使用年数的逐年数字总和。计算公式为

$$年折旧率 = \frac{预计使用年限-已使用年限}{预计使用年限 \times (预计使用年限+1)/2}$$

在 Excel 中，年数总和法函数为 SYD()函数，其语法如下：

SYD(cost,salvage,life,per)

其中各参数的意义如下。

● cost：固定资产入账价值。

● salvage：固定资产净残值。

● life：固定资产进行折旧计算的周期总数，也称固定资产的生命周期。

● per：需要计提折旧的期间。

三、操作步骤

1．建立固定资产折旧项目

在"固定资产核算"工作簿中增加一张"计提折旧"工作表，将"固定资产卡片"工作表中的数据复制到"计提折旧"中，如图 10-6 所示。在第 4 行，自第 O 列起，分别输入"净残值""累计折旧""月折旧额""月折旧率""净值"字段，如图 10-7 所示。

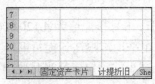

图 10-6　新建工作表

图 10-7 输入固定资产卡片字段名

2. 设置"净残值"项目

（1）净残值=原值×净残值率。将光标移至 O5 单元格，输入公式"=M5*N5"，得知 1 号楼的净残值为 82,400，如图 10-8 所示。

图 10-8 设置"净残值"项目

（2）将 O5 单元格的公式复制到 O 列其他单元格，并设置 O 列的单元格格式为保留两位小数，使用千位分隔符，结果如图 10-9 所示。

图 10-9 "净残值"设置结果

3. 设置"累计折旧"项目

（1）设置 1 号楼的累计折旧。1 号楼原值为 4,120,000 元，使用年限为 30 年，开始使用日期为 2018 年 12 月 1 日，采用平均年限法计提折旧，净残值为 82,400.00 元。根据当月新增的资产当月不提折旧，当月减少的固定资产当月照提折旧，2018 年 12 月，该资产新增，因此不提折旧，那么到 2019 年 12 月，1 号楼已经累计提了 11 个月折旧，那么该资产的累计折旧=11×月折旧额，具体操作如下：

将光标移至 P5 单元格，输入公式 "=11*SLN(M5,O5,30*12)"，得出 1 号楼的累计折旧为 123,371 元，如图 10-10 所示。

	卡片编号	固定资产编号	固定资产名称	原值	净残值率	净残值	累计折旧
5	00001	01100001	1号楼	4120000	2%	82,400.00	123371
6	00002	01200002	2号楼	4500000	2%	90,000.00	
7	00003	02100001	A生产线	200000	3%	6,000.00	
8	00004	02100002	B生产线	300000	3%	9,000.00	
9	00005	02200001	电脑	8000	3%	240.00	

图 10-10　计提 1 号楼累计折旧

（2）设置 2 号楼的累计折旧。2 号楼的原值为 4,500,000 元，净残值为 90,000 元，使用年限为 30 年，资产开始使用日期为 2018 年 5 月 10 日，采用平均年限法计提折旧。2018 年 5 月，该资产为新增资产，因此不提折旧，截至 2019 年 12 月，该资产累计计提了 18 个月的折旧，因此 2 号楼的累计折旧=18×月折旧额。具体操作如下：

将光标移至 P6 单元格，输入公式 "=18*SLN(M6,O6,30*12)"，得出结果为 220,500 元，如图 10-11 所示。

	卡片编号	固定资产编号	固定资产名称	原值	净残值率	净残值	累计折旧
5	00001	01100001	1号楼	4120000	2%	82,400.00	123371
6	00002	01200002	2号楼	4500000	2%	90,000.00	220500
7	00003	02100001	A生产线	200000	3%	6,000.00	
8	00004	02100002	B生产线	300000	3%	9,000.00	
9	00005	02200001	电脑	8000	3%	240.00	

图 10-11　计提 2 号楼累计折旧

（3）设置 A 生产线的累计折旧。A 生产线的原值为 200,000 元，净残值为 6,000 元，使用年限为 10 年，资产开始使用日期为 2018 年 12 月 2 日，该资产采用双倍余额递减法计提折旧。该资产 2018 年 12 月不提折旧，2019 年 1 月至 11 月各月计提折旧情况，具体操作如下：

① 在"固定资产核算"工作簿中新建一个工作表，命名为"累计折旧"，在该表格中设置各个字段，如"序号""日期""月折旧"等，如图 10-12 所示。

图 10-12　设置"累计折旧"表格

② 将光标移至 D4 单元格，输入公式"=DDB(计提折旧!$M$7,计提折旧!$O$7,120,B4,2)"，得出结果为 3,333.33 元，如图 10-13 所示。

图 10-13　计提 A 生产线 2019 年 1 月折旧

③ 将光标移至 D4 单元格的右下角，当光标变成十字时，按住鼠标左键向下拖动，将 D4 单元格的公式复制到 D 列其他单元格，在 D15 单元格对 D 列数据求和，D 列公式如图 10-14 所示。

图 10-14　设置 A 生产线各月折旧函数

④ 由此求出 A 生产线各月的折旧数额，D 列各公式的计算结果如图 10-15 所示。

⑤ 根据计算结果即可计算出 A 生产线的累计折旧为 33,758.91 元，即图 10-15 中 D15 单元格的数据。将该数据引入"计提折旧"工作表的 P7 单元格，即得 A 生产线的累计折旧，如图 10-16 所示。

序号	日期	月折旧		
		A生产线	B生产线	电脑
1	2019/1/31	￥3,333.33		
2	2019/2/28	￥3,277.78		
3	2019/3/31	￥3,223.15		
4	2019/4/30	￥3,169.43		
5	2019/5/31	￥3,116.61		
6	2019/6/30	￥3,064.66		
7	2019/7/31	￥3,013.58		
8	2019/8/31	￥2,963.36		
9	2019/9/30	￥2,913.97		
10	2019/10/31	￥2,865.40		
11	2019/11/30	￥2,817.65		
合计		￥33,758.91	￥0.00	￥0.00

图 10-15　A 生产线各月折旧结果

P7 　　=累计折旧!D15

卡片编号	固定资产编码	固定资产名称	净残值率	净残值	累计折旧
00001	01100001	1号楼	2%	82,400.00	123371
00002	01200002	2号楼	2%	90,000.00	220500
00003	02100001	A生产线	3%	6,000.00	￥33,758.91
00004	02100002	B生产线	3%	9,000.00	
00005	02200001	电脑	3%	240.00	

图 10-16　A 生产线累计折旧

（4）设置 B 生产线的累计折旧。B 生产线原值为 300,000 元，净残值为 9,000 元，该资产使用年限为 10 年，自 2019 年 1 月 20 日开始使用，采用双倍余额递减法计提折旧。该资产 2019 年 1 月不提折旧，截至 2019 年 12 月，已计提折旧 10 个月，其中各月计提折旧的计算方法如下：

① 将光标移至工作表"累计折旧"的 E5 单元格，计算 2019 年 2 月该资产应计提折旧，输入公式"=DDB(计提折旧!$M$8,计提折旧!$O$8,120,B4,2)"，计算结果为 5,000，如图 10-17 所示。

E5　　=DDB(计提折旧!$M$8,计提折旧!$O$8,120,B4,2)

序号	日期	月折旧		
		A生产线	B生产线	电脑
1	2019/1/31	￥3,333.33		
2	2019/2/28	￥3,277.78	￥5,000.00	

图 10-17　B 生产线月折旧函数设置

② 将光标移至 E5 单元格的右下角，当光标变成十字时，按住鼠标左键向下拖动，将 E5 单元格的公式复制到该列其他单元格中，在 E15 单元格对 E 列各个月份计提折旧求和，E 列各个单元格公式如图 10-18 所示。

	A B	C	D	E	
1					
2	序号	日期		月折旧	
3			A生产线	B生产线	
4	1	39844	=DDB(计		
5	2	39872	=DDB(计	=DDB(计提折旧!$M$8,计提折旧!$O$8,120,B4,2)	
6	3	39903	=DDB(计	=DDB(计提折旧!$M$8,计提折旧!$O$8,120,B5,2)	
7	4	39933	=DDB(计	=DDB(计提折旧!$M$8,计提折旧!$O$8,120,B6,2)	
8	5	39964	=DDB(计	=DDB(计提折旧!$M$8,计提折旧!$O$8,120,B7,2)	
9	6	39994	=DDB(计	=DDB(计提折旧!$M$8,计提折旧!$O$8,120,B8,2)	
10	7	40025	=DDB(计	=DDB(计提折旧!$M$8,计提折旧!$O$8,120,B9,2)	
11	8	40056	=DDB(计	=DDB(计提折旧!$M$8,计提折旧!$O$8,120,B10,2)	
12	9	40086	=DDB(计	=DDB(计提折旧!$M$8,计提折旧!$O$8,120,B11,2)	
13	10	40117	=DDB(计	=DDB(计提折旧!$M$8,计提折旧!$O$8,120,B12,2)	
14	11	40147	=DDB(计	=DDB(计提折旧!$M$8,计提折旧!$O$8,120,B13,2)	
15		合计	=SUM(D	=SUM(E4:E14)	

图 10-18　设置 B 生产线各月折旧函数

③ 根据各公式的计算结果，B 生产线在各月份计提折旧的数据如图 10-19 所示，B 生产线的累计折旧为 46,411.90 元，即 E15 单元格的合计数。

	A B	C	D	E	F
1					
2	序号	日期		月折旧	
3			A生产线	B生产线	电脑
4	1	2019/1/31	￥3,333.33		
5	2	2019/2/28	￥3,277.78	￥5,000.00	
6	3	2019/3/31	￥3,223.15	￥4,916.67	
7	4	2019/4/30	￥3,169.43	￥4,834.72	
8	5	2019/5/31	￥3,116.61	￥4,754.14	
9	6	2019/6/30	￥3,064.66	￥4,674.91	
10	7	2019/7/31	￥3,013.58	￥4,596.99	
11	8	2019/8/31	￥2,963.36	￥4,520.38	
12	9	2019/9/30	￥2,913.97	￥4,445.04	
13	10	2019/10/31	￥2,865.40	￥4,370.95	
14	11	2019/11/30	￥2,817.65	￥4,298.10	
15		合计	￥33,758.91	￥46,411.90	￥0.00

图 10-19　B 生产线各月折旧函数设置结果

④ 将光标移至"计提折旧"工作表，将"累计折旧"工作表中 E15 单元格 B 生产线的累计折旧引入"计提折旧"工作表的 P8 单元格，如图 10-20 所示。

（5）设置电脑的累计折旧。电脑的原值为 8,000 元，净残值为 240 元，电脑的使用年限为 5 年，自 2019 年 4 月 4 日开始使用，采用年数总和法计提折旧。2019 年 4 月该资产不提折旧，截至 2019 年 12 月该资产已经计提了 7 个月折旧，各月计提折旧的计算如下：

① 将光标移至"累计折旧"工作表的 F8 单元格，计算电脑 2019 年 5 月的折旧，输入公式"=SYD(计提折旧!$M$9,计提折旧!$O$9,60,B4)"，得出 2019 年 5 月电脑的折旧结果为 254.43 元，如图 10-21 所示。

	P8		▼		fx	=累计折旧!E15	

	A	B	C	D	N	O	P
1							
2							
3							
4		卡片编号	固定资产编号	固定资产名称	净残值率	净残值	累计折旧
5		00001	01100001	1号楼	2%	82,400.00	123371
6		00002	01200002	2号楼	2%	90,000.00	220500
7		00003	02100001	A生产线	3%	6,000.00	￥33,758.91
8		00004	02100002	B生产线	3%	9,000.00	￥46,411.90
9		00005	02200001	电脑	3%	240.00	

图 10-20　B 生产线的累计折旧

	F8		▼	:	× ✓	fx	=SYD(计提折旧!$M$9,计提折旧!$O$9,60,B4)	

	A	B	C	D	E	F	G	H
1								
2		序号	日期	月折旧				
3				A生产线	B生产线	电脑		
4		1	2019/1/31	￥3,333.33				
5		2	2019/2/28	￥3,277.78	￥5,000.00			
6		3	2019/3/31	￥3,223.15	￥4,916.67			
7		4	2019/4/30	￥3,169.43	￥4,834.72			
8		5	2019/5/31	￥3,116.61	￥4,754.14	￥254.43		
9		6	2019/6/30	￥3,064.66	￥4,674.91			

图 10-21　设置电脑月折旧函数

② 将光标移至 F8 单元格的右下角，当光标变成十字时，按住鼠标左键向下拖动，将 F8 单元格的公式复制到 F 列其他单元格中，在 F15 单元格求出 F 列所有数据的合计数，即累计折旧数值，F 列各单元格的公式如图 10-22 所示。

	A	B	C	D	E	F
1						
2		序号	日期	月折旧		
3				生产线	B生产线	电脑
4		1	39844	=DDB		
5		2	39872	=DDB	=DDB(计	
6		3	39903	=DDB	=DDB(计	
7		4	39933	=DDB	=DDB(计	
8		5	39964	=DDB	=DDB(计	=SYD(计提折旧!$M$9,计提折旧!$O$9,60,B4)
9		6	39994	=DDB	=DDB(计	=SYD(计提折旧!$M$9,计提折旧!$O$9,60,B5)
10		7	40025	=DDB	=DDB(计	=SYD(计提折旧!$M$9,计提折旧!$O$9,60,B6)
11		8	40056	=DDB	=DDB(计	=SYD(计提折旧!$M$9,计提折旧!$O$9,60,B7)
12		9	40086	=DDB	=DDB(计	=SYD(计提折旧!$M$9,计提折旧!$O$9,60,B8)
13		10	40117	=DDB	=DDB(计	=SYD(计提折旧!$M$9,计提折旧!$O$9,60,B9)
14		11	40147	=DDB	=DDB(计	=SYD(计提折旧!$M$9,计提折旧!$O$9,60,B10)
15		合计		=SUM	=SUM(E	=SUM(F4:F14)

图 10-22　设置电脑各月折旧函数

③ 以上各公式的计算结果如图 10-23 所示，由该表可以得知电脑的累计折旧为 1,691.93 元。

④ 将光标移至"累计折旧"工作表的 P9 单元格，输入公式"=累计折旧!F15"，这样

即把电脑的累计折旧数据引入该工作表中，如图 10-24 所示。

序号	日期	月折旧		
		A生产线	B生产线	电脑
1	2019/1/31	￥3,333.33		
2	2019/2/28	￥3,277.78	￥5,000.00	
3	2019/3/31	￥3,223.15	￥4,916.67	
4	2019/4/30	￥3,169.43	￥4,834.72	
5	2019/5/31	￥3,116.61	￥4,754.14	￥254.43
6	2019/6/30	￥3,064.66	￥4,674.91	￥250.19
7	2019/7/31	￥3,013.58	￥4,596.99	￥245.95
8	2019/8/31	￥2,963.36	￥4,520.38	￥241.70
9	2019/9/30	￥2,913.97	￥4,445.04	￥237.46
10	2019/10/31	￥2,865.40	￥4,370.95	￥233.22
11	2019/11/30	￥2,817.65	￥4,298.10	￥228.98
合计		￥33,758.91	￥46,411.90	￥1,691.93

图 10-23 电脑各月折旧函数设置结果

P9		fx	=累计折旧!F15	
卡片编号	固定资产编号	固定资产名称	净残值	累计折旧	月
00001	01100001	1号楼	82,400.00	123371	
00002	01200002	2号楼	90,000.00	220500	
00003	02100001	A生产线	6,000.00	￥33,758.91	
00004	02100002	B生产线	9,000.00	￥46,411.90	
00005	02200001	电脑	240.00	￥1,691.93	

图 10-24 电脑累计折旧值

4. 设置"月折旧额"项目

（1）将光标移至"计提折旧"工作表的 Q5 单元格，输入公式"=SLN(M5,O5,30*12)"，按 Enter 键后即可计算出 1 号楼采用平均年限法的月折旧额为 11,216 元，如图 10-25 所示。

Q5		fx	=SLN(M5,O5,30*12)		
卡片编号	固定资产编号	固定资产名称	净残值	累计折旧	月折旧额
00001	01100001	1号楼	82,400.00	123371	11216

图 10-25 计算 1 号楼月折旧额

（2）将光标移至 Q5 单元格右下角，当光标变成十字时，按住鼠标左键向下拖动到

Q6 单元格，即将 Q5 单元格的公式复制到 Q6 单元格，如图 10-26 所示。

	卡片编号	固定资产编号	固定资产名称	净残值	累计折旧	月折旧额
Q6　fx =SLN(M6,O6,30*12)						
5	00001	01100001	1号楼	82,400.00	123371	11216
6	00002	01200002	2号楼	90,000.00	220500	12250

图 10-26　计算 2 号楼月折旧额

（3）将光标移至 Q7 单元格，输入公式 "=DDB(M7,O7,120,12,2)"，即得出 2019 年 12 月 A 生产线采用双倍余额递减法计提折旧为 2,770.68 元，如图 10-27 所示。

	卡片编号	固定资产编号	固定资产名称	累计折旧	月折旧额	
Q7　fx =DDB(M7,O7,120,12,2)						
5	00001	01100001	1号楼	123371	11216	
6	00002	01200002	2号楼	220500	12250	
7	00003	02100001	A生产线	￥33,758.91	￥2,770.68	

图 10-27　计算 A 生产线月折旧额

（4）将光标移至 Q8 单元格，输入公式 "=DDB(M8,O8,120,11,2)"，即得出 2019 年 12 月 B 生产线采用双倍余额递减法计提折旧为 4,226.47 元，如图 10-28 所示。

	卡片编号	固定资产编号	固定资产名称	累计折旧	月折旧额	
Q8　fx =DDB(M8,O8,120,11,2)						
5	00001	01100001	1号楼	123371	11216	
6	00002	01200002	2号楼	220500	12250	
7	00003	02100001	A生产线	￥33,758.91	￥2,770.68	
8	00004	02100002	B生产线	￥46,411.90	4,226.47	

图 10-28　计算 B 生产线月折旧额

（5）将光标移至 Q9 单元格，输入公式 "=SYD(M9,O9,60,8)"，即得出 2019 年 12 月电脑采用年数总和法计提折旧为 224.74 元，如图 10-29 所示。

Q9				*fx* =SYD(M9,09,60,8)	
A	B	C	D	P	Q
1					
2					
3					
4	卡片编号	固定资产编号	固定资产名称	累计折旧	月折旧额
5	00001	01100001	1号楼	123371	11216
6	00002	01200002	2号楼	220500	12250
7	00003	02100001	A生产线	￥33,758.91	￥2,770.68
8	00004	02100002	B生产线	￥46,411.90	4,226.47
9	00005	02200001	电脑	￥1,691.93	224.74

图 10-29　计算电脑月折旧额

5. 设置"月折旧率"项目

（1）月折旧率=月折旧额/固定资产原值。将光标移至 R5 单元格，输入公式"=Q5/M5"，并设置 R 列单元格的单元格格式为百分比显示，保留两位小数，结果为 0.27%，如图 10-30 所示。

R5				*fx* =Q5/M5	
A	B	C	D	Q	R
1					
2					
3					
4	卡片编号	固定资产编号	固定资产名称	月折旧额	月折旧率
5	00001	01100001	1号楼	11216	0.27%

图 10-30　计算 1 号楼的月折旧率

（2）将光标移至 R5 单元格的右下角，当光标变成十字时，按住鼠标左键向下拖动，将 R5 单元格的公式复制到 R 列其他单元格中，得出其他资产本月的月折旧率情况，如图 10-31 所示。

A	B	C	D	Q	R
1					
2					
3					
4	卡片编号	固定资产编号	固定资产名称	月折旧额	月折旧率
5	00001	01100001	1号楼	11216	0.27%
6	00002	01200002	2号楼	12250	0.27%
7	00003	02100001	A生产线	￥2,770.68	1.39%
8	00004	02100002	B生产线	4,226.47	1.41%
9	00005	02200001	电脑	224.74	2.81%

图 10-31　计算其他资产的月折旧率

6. 设置"净值"项目

（1）固定资产净值=固定资产原值-累计折旧-月折旧额。将光标移至 S5 单元格，输入公式"=M5-P5-Q5"，由此算出 2019 年 12 月 1 号楼的净值为 3,985,413.33 元，如图 10-32 所示。

	A	B	C	D	R	S
					f_x	=M5-P5-Q5
1						
2						
3						
4		卡片编号	固定资产编号	固定资产名称	月折旧率	净值
5		00001	01100001	1号楼	0.27%	3,985,413.33

图 10-32　计算 1 号楼净值

（2）将光标移至 S5 单元格的右下角，当光标变成十字时，按住鼠标左键向下拖动，将 S5 单元格的公式复制到 S 列其他单元格中，得出各资产 2019 年 12 月的净值，如图 10-33 所示。

	A	B	C	D	R	S
1						
2						
3						
4		卡片编号	固定资产编号	固定资产名称	月折旧率	净值
5		00001	01100001	1号楼	0.27%	3,985,413.33
6		00002	01200002	2号楼	0.27%	4,267,250.00
7		00003	02100001	A生产线	1.39%	163,470.40
8		00004	02100002	B生产线	1.41%	249,361.63
9		00005	02200001	电脑	2.81%	6,083.32

图 10-33　计算其他各项资产的净值

任务三　查询与汇总分析固定资产数据

一、任务目的及要求

目的：通过本次任务，读者学会利用 Excel 的筛选功能、数据透视表功能查询与汇总分析固定资产数据。

要求：由 3～6 人组成一个学习小组，在规定的时间内完成固定资产数据的查询和汇总分析。

二、查询固定资产数据

要查询固定资产数据，必须用到 Excel 的筛选功能。将光标移至"固定资产卡片"表中的任何一个单元格中，然后切换至"数据"选项卡的"排序和筛选"组，单击"筛选"按钮，该表即进入筛选状态，如图 10-34 所示。

A	B	C	D	E	F	G	H	I	J	K	L	M
					粤顺小家电厂固定资产卡片							
	卡片编号	固定资产编	固定资产名	类别编号	类别名称	部门名称	使用状况	使用年限	折旧方法	开始使用日期	币种	原值
	00001	01100001	1号楼	011	办公楼	人事部	在用	30年	平均年限法	2018-12-01	人民币	4120000
	00002	01200002	2号楼	012	厂房	生产部	在用	30年	平均年限法	2018/5/10	人民币	4500000
	00003	02100001	A生产线	021	生产线	生产部	在用	10年	双倍余额递减法	2018/12/2	人民币	200000
	00004	02100002	B生产线	021	生产线	生产部	在用	10年	双倍余额递减法	2019/1/20	人民币	300000
	00005	02200001	电脑	022	办公设备	财务部	在用	5年	年数总和法	2019/4/4	人民币	8000

图 10-34 筛选固定资产卡片

【例 10-1】

查询 B 生产线的固定资产卡片。

【操作步骤】

（1）单击"固定资产名称"字段名右侧的下拉按钮。

（2）在弹出的下拉菜单的"文本筛选"文本框中输入"B 生产线"，如图 10-35 所示。

图 10-35 筛选菜单

（3）单击"确定"按钮，数据筛选结果如图 10-36 所示。

A	B	C	D	E	F	G	H	I	J	K	L	M
					粤顺小家电厂固定资产卡片							
	卡片编号	固定资产编	固定资产名	类别编号	类别名称	部门名称	使用状况	使用年限	折旧方法	开始使用日期	币种	原值
	00004	02100002	B生产线	021	生产线	生产部	在用	10年	双倍余额递减法	2019/1/20	人民币	300000

图 10-36 查询 B 生产线的固定资产卡片

【例 10-2】

查询生产部的固定资产卡片。

【操作步骤】

（1）单击图 10-34 中"部门名称"字段名右侧的下拉按钮。

（2）在弹出的下拉菜单的"文本筛选"下方选中"生产部"，如图 10-37 所示。

图 10-37　筛选菜单

（3）单击"确定"按钮，即筛选出生产部的固定资产卡片，如图 10-38 所示。

	卡片编号	固定资产编号	固定资产名称	币种	原值	净残值率	净残值	累计折旧	月折旧额	月折旧率
6	00002	01200002	2号楼	人民币	4500000	2%	90,000.00	220,500.00	12,250.00	0.27%
7	00003	02100001	A生产线	人民币	200000	3%	6,000.00	33,758.91	2,770.68	1.39%
8	00004	02100002	B生产线	人民币	300000	3%	9,000.00	46,411.90	4,226.47	1.41%

图 10-38　查询生产部的固定资产卡片

三、汇总分析固定资产数据

我们可以利用 Excel 的数据透视表和数据透视图功能对固定资产数据进行汇总分析。

【例 10-3】

统计不同部门固定资产的原值、累计折旧以及月折旧额合计。

【操作步骤】

（1）选中固定资产折旧清单中的任何一个单元格。

（2）切换至"插入"选项卡的"表格"组，单击"数据透视表"按钮，在弹出的下拉菜单中选择"数据透视表"，如图 10-39 所示。

（3）弹出"创建数据透视表"对话框，在"请选择要分析的数据"中选中"选择一个表或区域"单选按钮，在"表/区域"中选择要进行数据透视的源数据清单区域，在"选择放置数据透视表的位置"中选中"新工作表"单选按钮，单击"确定"按钮，如图 10-40

所示。

图 10-39　数据透视表菜单

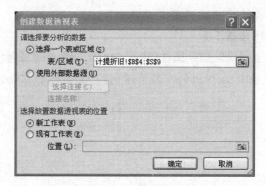

图 10-40　创建数据透视表

（4）弹出空白数据透视表，将右上方的"数据透视表字段列表"（见图 10-41）中的"部门名称"字段拖到右下方的"行标签"区域，将"原值""累计折旧""月折旧额""净值"字段拖到"数值"区域，并设置汇总方式为"求和"，如图 10-42 所示。

图 10-41　字段列表

图 10-42　字段区域

（5）按部门统计汇总的固定资产数据即形成，将该数据透视表中的数据设置为保留两位小数，使用千位分隔符，结果如图 10-43 所示。

行标签	求和项:原值	求和项:累计折旧	求和项:月折旧额	求和项:净值
财务部	8,000.00	1,691.93	224.74	6,083.32
人事部	4,120,000.00	123,371.11	11,215.56	3,985,413.33
生产部	5,000,000.00	300,670.81	19,247.15	4,680,082.03
总计	9,128,000.00	425,733.86	30,687.45	8,671,578.69

图 10-43　按部门汇总固定资产数据

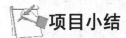项目小结

通过本项目的学习，我们了解了运用 Excel 进行固定资产的核算与管理的方法，能够灵活运用 SLN() 函数、DDB() 函数和 SYN() 函数完成固定资产折旧项目的设置，复习了工作

表的格式设置知识，掌握了固定资产卡片数据的查询及汇总分析方法，进一步巩固了数据清单的筛选、数据透视表知识。

思考与操作题

1. 思考题

（1）运用 Excel 制作固定资产核算与管理表格的流程是什么？

（2）固定资产的折旧方法有哪些？对应的折旧函数是什么？如何使用这些折旧函数？

2. 操作题

华兴公司是一家小型工业制造企业，其固定资产原始卡片如表 10-2 所示。

表 10-2 华兴公司固定资产情况表

固定资产编号	021001	521001	071001	072001
固定资产名称	综合办公室	人货两用车	车床	数控机床
类别名称	房屋建筑物	汽车	金属加工设备	金属加工设备
部门名称	企管部	企管部	A 生产车间	B 生产车间
增加方式	直接购入	直接购入	直接购入	直接购入
使用状况	在用	在用	在用	在用
使用年限/月	480	240	120	60
工作总量		300,000/千米		
折旧方法	平均年限法	工作量法	平均年限法	年数总和法
开始使用日期	2018/2/7	2019/5/7	2011/6/10	2019/12/8
已提折旧月份	34	19	114	12
累计工作量		106,580 千米		
原值/元	1,562,500	180,000	810,000	1,200,000
净残值/元	62,500	9,000	24,300	120,000
累计折旧				
净值				

要求：根据表 10-2，运用 Excel 编制华兴公司固定资产核算表，计算 2020 年 1 月该公司固定资产本月折旧数、累计折旧以及固定资产净值。

参 考 文 献

1. 张辉. Excel 在财务中的应用[M]. 大连：大连理工大学出版社，2008.

2. 王新友. Excel 2003 财务管理专业技能培训教程[M]. 北京：航空工业出版社，2006.

3. 樊斌，赵志坚. 会计信息化基础——Excel 高级应用[M]. 北京：人民邮电出版社，2008.

4. 王顺金，庄小欧. Excel 财务与会计应用精髓[M]. 北京：北京理工大学出版社，2009.

5. 谢岚，林润华. Excel 在公司理财中的应用[M]. 北京：人民邮电出版社，2004.

6. 林宏谕，熊汉琳. Excel 在财务分析与经济上的应用[M]. 北京：中国铁道出版社，2002.

7. 邵静. Excel 在财务管理中的应用[M]. 北京：科学出版社，2003.

8. 徐艳，周静. Excel 财务管理[M]. 上海：立信会计出版社，2006.

9. 周丽媛，付艳. Excel 在财务管理中的应用[M]. 大连：东北财经大学出版社，2007.

10. 聂军. 会计模拟实验教程[M]. 长沙：中南大学出版社，2004.

11. 崔婕，姬昂. Excel 在会计和财务中的应用[M]. 2 版. 北京：清华大学出版社，2008.

12. 财政部中华人民共和国. 企业会计准则——应用指南[M]. 北京：中国财政经济出版社，2006.

13. 中华人民共和国财政部. 企业会计准则 2006[M]. 北京：经济科学出版社，2006.

14. 中国注册会计师协会. 会计[M]. 北京：中国财政经济出版社，2008.

15. 中国注册会计师协会. 财务成本管理[M]. 北京：经济科学出版社，2008.

16. 王顺金. 会计信息系统功能架构的研究[M]. 成都：西南交通大学出版社，2007.

17. 钟爱军，李良敏，刘静. Excel 在会计中的应用[M]. 武汉：武汉大学出版社，2011.

18. 刘永志. 财务管理中的 Excel 应用实训[M]. 北京：北京邮电大学出版社，2015.

19. 李江霞. Excel 在财务管理中的应用[M]. 北京：北京邮电大学出版社，2016.

20. 王顺金. Excel 财务会计[M]. 北京：北京理工大学出版社，2016.

21. 吴保琴，许琴. Excel 财务与会计管理必知必会的 180 个文件[M]. 北京：中国铁道出版社，2013.

22. 王国胜. Excel 会计与财务实战技巧精粹词典[M]. 北京：中国青年出版社，2018.

23. 智云科技. Excel 财务应用[M]. 北京：清华大学出版社，2015.